나의 몸 그 이상

당신의 몸은
장식이 아니라 도구다

MORE than a BODY

린지 카이트 · 렉시 카이트 지음
박순미 옮김

일러두기

· 도서, 잡지, 신문의 제목은 겹낫표(『』)로, 논문, TV 시리즈, 영화의 제목은 홑낫표(「」)로 표기했습니다.
· 본문에서 언급된 단행본의 한글 제목은 국내에 출간된 경우 그대로 따랐으며, 이를 제외하고는 원제를 번역하였습니다.

목차

들어가며

일란성 쌍둥이는 낯선 사람은 물론 가까운 이들에게도 유난히 과하다 싶을 만큼 관찰과 비교를 당한다. 일란성 쌍둥이인 나와 렉시 역시 자라면서 거의 매일 이런 시선을 견뎌야 했다. 사람들은 우리를 구분할 만한 차이를 찾으려 애썼고 우리는 그저 미소를 띠고 묵묵히 기다려야만 했다. 나는 렉시보다 얼굴이 조금 더 동그랗고 치아가 가지런했다. 렉시는 나보다 키가 1센티미터 정도 더 크고 코에 점이 있었다. 때로 렉시가 더 날씬할 때도 반대로 내가 그럴 때도 있었지만 그 차이는 너무 미미해 우리는 물론이고 아무도 눈치채지 못할 정도였다. 아홉 살 무렵, 우리는 서로 체중이 2킬로그램, 키가 1센티미터만 달라도 '뚱뚱하고 못생긴' 사람을 지칭하는 온갖 표현으로 놀려댔다. 엄마는 둘이 똑같이 생겼는데 터무니없는 짓이라고 나무라셨지만 우리는 그럴 리 없다며 서로를 '뚱뚱한 돼지'라 놀리곤 했다.

중학생 때 우리는 누가 더 살을 많이 빼고, 탄수화물을 적게 섭취하며, 오래 운동하는지를 두고 경쟁하고는 했다. 렉시가 열세 살 때 쓴 일기에는 이렇게 적혀 있다. "린지와 누가 더 많은 시간을 운동하는지 시합하기로 했다. 내가 린지보다 2시간 정도 더 많이 운동한 것 같다. 다음 주부터 다이어트를 시작할 계획이다. 절대로 도중에 포기하지 않을 거다. 26일 후에 참가하는 캠프에서 수영복을 입고 날씬한 몸매를 뽐내고 싶다. 곧 수영팀 연습이 시작된다. 더 날씬하고 튼튼해지고 싶다."

기억이 닿는 한, 우리는 줄곧 외모를 의식하며 날씬해지려 집착했다. 사람들이 우리의 외모에서 미세한 차이를 찾아내 끊임없이 언급한 탓이기도 했고, 우리가 별반 다를 바 없는 서로의 모습이나 행동을 매일 다른 각도에서 관찰한 결과이기도 했다. 사실상 우리는 상대방을 통해 늘 자기 외모를 보고 있었던 셈이다. 이렇게 외모를 끊임없이 비판적으로 바라보는 것이 삶의 질과 자존감, 관계, 건강에 부정적인 영향을 미치고 주의를 요하는 일인지도 몰랐다. 몸을 정신적으로 끊임없이 감시하는 행위가 우리에게 얼마나 심각한 해악을 끼쳤는지 깨달은 것은 대학원에 진학한 이후였다. 그리고 쌍둥이가 아니더라도 모두에게 나타나는 이 현상이 '자기대상화self-objectification'로 불린다는 사실도 이때 처음 알게 되었다.

자기대상화는 자기 몸을 외부의 관점으로 바라볼 때 발생한다. 몸이 대상화되는 환경에서는 자연스럽게 발현하는 현상이다. 우리는 여성의 몸이 미디어에서 시각적 쾌락의 대상물로 이상화되고 성애화되어 표현되는 것을 보며 자랐다. 대상화는 미디어에만 국한되지 않는다. 지극히 일상적이거나 예기치 못한 상황에서도 일어난다. 영화 이론가 로라 멀비 Laura Mulvey는 '남성의 시선male gaze'이라는 용어를 1975년에 처음 사용했다. 미디어 속 여성이 남성 이성애자의 시각에 따라 성애화되고 남성의 관심이나 욕망의 수동적 대상으로 묘사되는 현상을 설명하는 표현이다. 이는 대상화의 또 다른 이름이다. 여성은 외부의 시각에서 자기 몸을 감시하고 이해하는 법을 배우게 되며 이를 자기대상화라고 한다.

자기대상화에 빠지면 정체성은 둘로 나뉜다. 자신의 삶을 사는 자아와 자신을 관찰하고 판단하는 자아이다. 우리는 자신이 느끼는 감정이나 행동을 살피기보다 외모를 우선적으로 감시하는 자의식 강한 일란성 쌍둥이가 된다. 타인에게 어떻게 보일지 상상하면서 그에 맞춰 자신을 조정하거나 왜곡하고 외모가 곧 정체성과 가치를 나타내는 주요 수단이 되는 과정을 멀찍이 서서 바라보게 된다. **몸에 대한 느낌과 인식, 즉 신체 이미지는 자기 자신과 타인이 바라보는 방식에 따라 왜곡된다.** 여성에게 가장 중요한 것은 몸이며 그 몸의 가치는 타인에게 어떻게 보이느냐에 달려 있다고 배우는 것이다.

외모를 대상화하는 우리 문화는 외모에 높은 가치를 매기고 어떤 몸은 찬양하며 가치 있게 여기는 반면, 어떤 몸은 폄하하고 소외시킨다. 이러한 환경 속에서 자기 신체 이미지, 즉 자기 몸에 대한 감정은 여성의 가치를 외모에 두는 메시지에 평생 지배당한다. 이러한 메시지들은 모근부터 발톱 색깔까지 외모 전체를 아우르는 외모 전반의 허용 범위를 규정한다. 신체 이미지는 외부의 인식 대상이 되는데 마치 쌍둥이 자매가 서로를 비판적으로 바라보는 것과 비슷하다. 그 쌍둥이는 옷을 갈아입거나 교실, 회의실에서 발표를 앞두고 망설일 때 머릿속에서 작은 목소리가 '뚱뚱한 돼지!'라고 속삭인다. 뱃살을 숨기고, 화장을 고치고, 옷매무시를 가다듬고, 올바른 자세를 취하고, 외모 중 가장 자신 있는 부분을 강조하라고 말하는 끊임없는 잔소리가 일종의 점검표처럼 따라붙는다. 많은 사람이 자기대상화를 배운 뒤에야 비로소 큰 깨달음을 얻는 순간을 맞이한다. 무심코 지나쳤던 몸에 대한 지속적인 평가가 알고 보니 자기대상화였다는 것과 그동안 분간하기 어려워 문제를 제기해 본 적은 없지만 사실 너무나 익숙한 경험이었다는 것을 말이다.

정체성 분열이 가장 두드러지는 순간은 여성과 소녀에게 '자기 몸을 어떻게 느끼는가?'라는 간단한 질문을 던질 때이다. 여기서부터 논의를 시작해 보자.

만약 바로 이 순간 당신의 몸을 어떻게 느끼느냐고 질문받는다면 어떤 대답을 하겠는가? 더 좋아 보이기 위해 또는 자신이나 다른 사람이 원하는 틀에 맞추기 위해 답을 꾸미지 말고 솔직하게 답변해 보자. 자기 몸을 어떻게 느끼고, 왜 그렇게 느끼는지도 함께 생각해 보자.

이 감정들을 일기나 노트 혹은 안전한 곳에 최대한 솔직하

게 작성해 보자. 이 책에 있는 각 장의 시작에 제시된 질문에
도 같은 방식으로 응답해 보기를 권한다. 나중에 자신이 쓴
답변을 다시 돌아보면 그때 솔직하게 작성한 답변에 만족하
게 될 것이다.

우리는 18~35세 여성을 대상으로 한 박사 과정 연구와 14세
이상 소녀와 여성을 대상으로 수년간 진행한 온라인 신체 이
미지 강좌에서도 똑같은 질문, '자기 몸을 어떻게 느끼는가?'
로 시작했다. 반복해서 확인된 사항은 여성들에게 자기 신
체 이미지, 즉 자기 몸을 어떻게 느끼는지 물어보면 전혀 다
른 질문에 대한 반응처럼 답변한다는 점이었다. 대부분은 자
신의 외모에 관한 질문에 답하면서 자신이나 타인이 최악의
결점이라고 인식하는 부분을 강조했다. 예를 들어 뱃살, 허리
군살, 셀룰라이트, 늘어진 피부, 납작한 가슴처럼 숨기거나
고치고 싶은 부끄러운 부분을 언급했다. 마치 '자기 몸을 어
떻게 느끼는가?'라는 질문이 아니라 '다른 사람에게 가장 드
러나기 두려운 점은 무엇인가?'라는 질문을 받은 것처럼 대답
한다. 그리고 압도적으로 많은 답변에 부끄러움, 두려움, 불
안, 고통이 묻어 있었다.

타고나거나 노력해서 얻은 날씬한 몸, 깨끗한 피부, 탄탄
한 팔, 육감적인 몸매가 언급된 답변들도 있었다. 이는 마치
'사람들이 당신을 볼 때 어떤 모습을 가장 좋아하기를 바라는
가?'라는 질문의 답변처럼 보였다. 얼핏 보면 이 답변들이 더

긍정적으로 들릴 수도 있지만 우리는 이 여성들의 미래가 심히 걱정된다. 자기 외모를 긍정적으로 평가하는 여성일수록 노화, 질병, 임신 또는 다른 이유로 더 이상 이상적인 모습에 부합하지 않게 될 때 부정적인 신체 이미지와 수치심에 쉽게 빠지는 경향이 있다. 자신감과 인정의 주요 원천이 더 이상 예전과 같은 결과를 주지 못할 때 그 상실감은 더욱 크게 다가온다.

여성들이 자기 몸을 어떻게 느끼는지 묘사할 때 두려움이든 찬양이든 공통적으로 보이는 것은 자기 몸을 외부에서 관찰하듯 거리감과 분리감이 드러난다는 점이다. 비판적이고 대상화하는 관찰자가 자기 몸을 어떻게 느껴야 할지 판단하는 쌍둥이 현상과 같다. 사실 신체 이미지는 외부에서 관찰하거나 인식할 수 있는 것이 아닌데도 많은 이들은 자기 몸을 다른 시각에서 바라보는 방식을 상상조차 하지 못한다. 이로 인해 여성의 신체 이미지와 자존감의 문제가 일반적인 인식보다 훨씬 심각하다는 사실을 알 수 있다. '당신은 아름답습니다!'라는 식의 대중적인 캠페인으로 해결할 수 있는 문제가 아니다. **여성들은 내면의 일인칭 관점보다 외부의 관점으로 본 자기 몸에 더 큰 가치를 부여한다.** 그 결과 여성의 몸은 마치 다른 사람의 눈에 비친 모습으로만 이해될 수 있는 것처럼 자기 몸이 자신을 벗어나 외부에 존재하는 것처럼 취급된다.

여성이 자기 몸을 어떻게 느끼는지에 대해 자기대상화된

방식으로 답하는 것은 신체 이미지가 작동하는 방식에 대한 착오나 오해에서 비롯된 것이 아니다. 그것은 세뇌의 결과이다. 우리는 여성을 볼 때, 심지어 자기 자신을 바라볼 때조차 '몸'으로 먼저 인식하고 그다음에야 '사람'으로 본다. 소년, 남성을 포함해 성 정체성을 지닌 그 누구도 자기대상화에서 완전히 자유로울 수는 없다. 그러나 소녀와 여성 또는 전통적인 여성적 표현을 따르는 사람들 사이에서 이러한 현상은 특히 두드러지게 나타난다. 자기 인식과 신체 이미지가 우리가 보이는 방식이나 생각하는 방식과 깊이 연관되어 있을 때 우리는 심각한 불이익을 받는다. 이상적인 아름다움의 기준에 도달하거나 이를 유지하는 것은 불가능하다. 그 결과 우리는 외모에 불만을 품고 외모만 신경 쓰게 됨에 따라 적응력 있고, 역동적이며, 경이로운 몸 자체에 대한 불만으로 번진다. 이것이 바로 부정적인 신체 이미지의 뿌리이다. 설상가상으로 우리는 몸이 곧 우리의 가치를 결정한다고 배웠기 때문에 자신 전반에 대해 불만을 느낄 가능성이 높다. 이에 따라 부정적인 신체 이미지는 부정적 자아 이미지로 확대되며, 단순히 아름다움에 초점을 맞춘 해결책으로는 대응하기 어려운 더 큰 문제로 발전한다.

　그렇다면 이 문제를 어떻게 해결해야 할까? 긍정적인 신체 이미지를 강조할 때 흔히 쓰이는 방법은 '모든 몸은 아름답다.', '모든 몸이 비키니 몸매다.', '우리의 결점이야말로 우리를 아름답게 만든다.'와 같은 메시지이다. 이러한 구호는 순간적인 위안을 주고 시선을 끌 수 있지만 근본적인 해결책이 되지는 못한다. 아름다움의 정의가 아무리 확장되어도 아름다움은 여전히 우리에게 가장 중요한 요소로 강조된다. 신체 이미지 문제를 바로잡기 위해서는 외모에 집중하는 것이 문제라는 인식이 필요하다. 이러한 인식을 바탕으로 내린 새로운 정의는 이렇다. **긍정적인 신체 이미지란 내 몸이 좋아 보인다고 믿는 것이 아니라 보이는 모습과 상관없이 내 몸은 본래부터 좋다는 믿음이다.**

우리는 모두 자기 몸과 함께 성장하며 삶의 매 순간을 살아왔다. 그런데도 다른 사람의 시선에 따라 자기 몸을 어떻게 느낄지 판단하고 정의하려 하는가? 가볍게 웃어넘기기에는 지나치게 슬프고 안타까운 사고방식이다. 우리가 외부의 제한된 관점에 의존하지 않고 자신의 몸을 직접 경험하고 이해하며 공감할 수 있을 때 우리는 단순히 바라보고, 평가받고, 소비되고, 버려지는 몸 이상의 것을 발견할 수 있다. 외모를 인정받고 싶어 하는 마음은 결코 비난받아야 할 것이 아니라 지극히 정상적인 현상이다. 또한 긍정적인 관심은 긍정적인 힘으로 전환되고, 아름다움은 즐겁고 창의적인 표현이 될 수 있다. 그러나 온전한 존재로서 자신을 경험하고 가치 있게 여긴다는 것은 다른 사람의 인정을 나의 행복, 건강, 웰니스보다 앞세우지 않고 외부의 시선에 휘둘리지 않는다는 것을 의미한다. 더 이상 자신을 주류 문화가 정한 협소한 아름다움의 기준에 맞추려 하거나 모두의 기대에 부응하려고 노력할 필요가 없다. 아름다움이 곧 상상할 수 있는 최고의 가치이자 자신감의 원천이라는 이유로 자신을 아름답다고 설득하려고 애쓸 필요도 없다. 이제 우리 자신과 우리가 사랑하는 모든 사람을 위해 아름다움 너머를 상상할 때다.

많은 여성에게 긍정적인 신체 이미지를 형성해 몸과 화해하는 일은 자신감, 성취감, 힘, 자아실현을 획득하기 위한 마지막 과제이자 가장 큰 난관이다. 우리는 삶의 모든 영역에서 힘과 용기, 자신감, 성공을 쟁취할 수 있으면서도 여전히 뿌리 깊은 신체수치심과 자기대상화에 시달리며 막대한 시간, 돈, 감정, 에너지를 낭비하고 있다. 타인이 우리를 평가하는 방식이나 대상화하고 비인간화하며 폄하하는 환경은 통제할 수 없는 영역이다. 하지만 그러한 압박과 고통을 어떻게 다룰지는 우리가 통제할 수 있다.

특정 신체와 얼굴을 중시하는 문화 속에서 일부 사람들은 긍정적인 신체 이미지를 확립하고 대상화에 저항하기까지 훨씬 큰 장벽을 경험한다. 사람들이 세상을 경험하는 방식과 세상이 그들의 몸을 바라보는 방식에 지대한 영향을 미치는 인종, 민족, 성별, 성 정체성, 계급, 경제적 능력, 체격 등과 같은 교차 지점에서 이 문제는 더 두드러진다. 그중에서도 백인 여성들은 유색인종 여성들이 겪는 인종 차별, 특히 흑인 여성에게 가해지는 외모와 관련된 부담을 겪지 않는다는 사실과 때로는 그러한 차별을 지속시키는 위치에 서 있다는 점을 인식해야 한다. 비장애여성들은 대부분의 미디어가 장애를 드러내지 않을 정도로 신체에 집착하는 세상에서 장애여성들이 거대한 장벽을 직면할 수밖에 없다는 사실을 깨달아야 한다. 또한 전형적인 남성/여성 이분법에 속하지 않거나 외모에서 성별 규범을 깨트리는 방식으로 자신을 표현하는 사람들이 겪는 심각한 백래시에도 주목할 필요가 있다. 신체 이미지에 대한 부담은 느끼지만 대중교통 좌석에 쉽게 앉을 수 있고 자신의 사이즈에 맞는 옷을 어렵지 않게 구할 수 있는 여성들역시 깨달아야 한다. 신체수치심은 누구에게나 있지만, 몸집이 큰 여성들은 매일 가시적이고 공개적으로 차별과 억압을 겪고 있음을 말이다. 신체 이미지 운동이나 캠페인이 '플러스 사이즈'로 분류되지 않는 여성들만을 앞세울 때 이들이 어려움을 겪었을지라도 실제로 가장 큰 편견과 차별을 경험하는 집단은 아니라는 점을 잊지 말아야 한다.

누구도 대상화의 피해에서 완전히 자유로울 수는 없다. 그러나 이 책의 저자인 우리 자매는 그 고통의 가장 가혹한 부분에서 벗어나 혜택을 누리고 있다는 사실을 인정하지 않을 수 없다. 렉시와 나는 오랫동안 우리의 몸을 미워했고 우리 사회가 추구하는 이상적인 몸에 미치지 못한다고 느낀 적도 많았다. 그럼에도 우리는 백인이자 중산층, 이성애자, 교육받은 비장애여성으로서 심각한 차별로부터 보호받아 왔음을 인지하고 있다. 이러한 삶의 측면들은 분명 우리가 몸을 어떤 방식으로 경험하는지와 활동가·연구자로서 어떤 관점을 형성하는지에 큰 영향을 끼쳤다. 우리는 다양한 관점을 배우고 통합하려 노력했지만, 백인, 이성애자, 중산층, 비장애인으로서 특권을 누려왔다는 점을 인정한다.

이 책 전반에서 우리는 주로 여성 대명사를 사용하며 소녀와 여성을 중심으로 이야기를 전개한다. 소년, 남성, 논바이너리nonbinary 또한 신체 이미지 문제로 어려움을 겪는다는 것을 알지만 연구 초기부터 여성의 신체 이미지에 초점을 맞추었기 때문이다. 이는 특정 집단을 배제하려는 의도가 아니라, 전문성을 담보하지 못한 분야까지 섣불리 다루기보다는 특정 연구 분야에 집중하고 도출된 결과를 명확하게 전달하기 위함이다. 그러나 이 책에서 다루는 개념과 전략이 성 정체성, 성적 지향, 인종과 민족, 사회경제적 지위, 장애 여부, 국적 등의 변수와 상관없이 대상화와 자기대상화를 경험한 사람이라면 누구에게나 도움이 될 수 있다고 믿는다. 우리의 논의가 당신의 삶이나 모든 상황과 문제를 아우를 수는 없으며 완전한 해답을 제시한다고 주장하지도 않는다. 다만 우리의 노력이 누군가에게 도움이 되기를 진심으로 바랄 뿐이다.

앞으로 이어질 장에서는 타인을 대상화하거나 타인에 의해 대상화되는 것을 자연스럽게 여기는 통념을 뒤흔들어 긍정적인 신체 이미지로 나아가는 경로를 모색한다. 그 출발점으로 문제뿐만 아니라 해결책까지 함께 이해할 수 있도록 신체 이미지 회복력을 설명할 것이다. 2장 〈미디어 환경을 비평하고 구축하기〉에서는 우리를 대상화 문화에 머무르게 만드는 메시지와 그 영향력을 탐구한다. 또한 이후의 장들에서는 긍정적인 신체 이미지와 강한 자기감sense of self을 키우기 위해 필요한 자원과 기술을 소개한다. 여기서 말하는 자기감은 단순히 외모가 아닌 당신의 전체적인 정체성을 우선시한다.

1장

신체 이미지
회복력으로
일어서기

· 몸을 느끼는 방식에 큰 혼란이나 변화를 겪었던 경험을 떠올려
보자. 중요한 것은 횟수가 아니라 당신이 몸과 자신을 바라보는
방식에 그 경험이 어떠한 의미 있는 영향을 주었는가이다.
· 그 경험 이후 몸에 대한 감정을 긍정적이든 부정적이든 어떻게
다루고 받아들였는가?

> 의식이 한 단계씩 고양될 때마다, 앞으로 한 걸음씩 나아갈
> 때마다 우리는 트래베시아travesia, 즉 중요한 변화의 순간을
> 맞이하게 된다. 나는 새로운 영역에 들어서면 다시 이방인
> 이 된다. 그러나 의식적인 자각, 다시 말해 '깨달음'을 회피
> 한다면 나는 더 이상 전진하지 못할 것이다. '깨달음'은 고
> 통스럽다. 일단 한 번 깨닫게 되면 더이상 익숙하고 편안한
> 장소에 머물 수 없기 때문이다. 나는 더 이상 과거의 내가
> 아니다.
>
> 글로리아 안잘두아Gloria Anzaldúa,
> 『경계지대/경계선Borderlands/La Frontera』

당신은 몸 그 이상의 존재이다. 어쩌면 당신도 이미 그 사실을 한 번쯤 깨달았을지도 모른다. 그러나 더 아름다운 존재 또는 고쳐야 할 부분의 집합이거나 관찰과 평가를 받아야 할 대상 그 이상의 존재라는 진실을 기억하고, 이해하며, 온전히 경험하기 위해서는 상당한 노력이 필요하다. 당신이 몸 그 이상의 존재라는 사실을 인지했던 순간을 떠올려 보라. 끊임없는 외모 걱정에서 벗어나 자유로웠던 때는 언제인가? 외모 걱정 없이 친구들과 게임하고 누군가와 대화하거나 거리를 달리던 때는 언제인가? 어쩌면 그 기억은 아주 어린 시절로 거슬러 올라가야 할지도 모른다. 잠시 시간을 내어 외모나 타인의 시선을 전혀 의식하지 않았던 어린 시절의 특정한 경험을 떠올려 보자. 기억이 나지 않는다면 적어도 외모에 집착하지 않았던 시절의 모습을 담은 사진이나 영상을 떠올려도 좋다. 그 순간의 당신은 어디에서 무엇을 하고 있었는가? 어떤 기분이었는가?

어린아이를 관찰하는 것도 과거를 떠올리는 데 도움이 될 수 있다. 아이들이 자유롭게 움직이고 뛰놀며 말하는 모습을 지켜보자. 그 자유로움이 어떤 느낌일지 상상하고, 과거에 당신이 경험했던 감정을 되살려 보자. 그 과정에서 한때 있었던, 또는 일어날 수도 있었던 일에 대한 그리움, 향수, 후회, 부러움, 슬픔이 밀려올 수도 있다. 이러한 감정들은 신체 이미지를 회복하는 여정에서 중요한 단계이므로 억누르거나 외면하지 말아야 한다. 당신의 본래 자유로운 모습으로 돌아가기 위해 소환된 감정에 몸을 맡겨 보자.

대상화의 바다

이 책에서 우리는 신체 이미지와 '내면아이inner child'의 신체 이미지를 변화시킨 요소들을 탐구한다. 즉, 신체 이미지를 외부 시선으로만 인식되는 것으로 왜곡하고 자아 정체성을 '보는 사람'과 '보이는 사람'으로 분열시킨 원인을 살펴볼 것이다. 이어서 자신을 평가하기에 앞서 어린 시절의 신체 감각과 자기감을 회복하는 방법을 다룬다. 우리는 이 여정을 '대상화의 바다'라는 은유로 설명하려 한다. 이 바다는 어린 시절 발밑에서 일어나는 물보라에서 시작해 성장하면서 점점 더 깊어지고 마침내 기억하거나 상상할 수 있는 유일한 터전으로 자리 잡는다. 대상화를 바다에 비유하는 이유는 그것이 바다처럼 깊고 넓으며, 몰입적이면서도 유혹적이고 즐겁지만 동시에 위험하기 때문이다. 이는 특히 여성의 몸이 인간성보다 더 중시되는 방식과 여성이 인정받고 존중받으며 가치 있고 바람직한 사람으로 보이기 위해 어떻게 행동해야 하는지를 학습하는 방식을 보여 준다. 우리는 이 대상화의 바다에서 적응하고 살아남을 수 있지만 그 과정에서 정신적·육체적 에너지를 끊임없이 소모할 수밖에 없다.

우리는 모두 어린 시절 '몸 그 이상의 해변More Than a Body Beach'이라 불리는 모래사장에서 살았다. 그곳에서 시간을 보내는 어린 시절의 자신을 상상해 보자. 해변을 사랑하는 당신은 타인의 시선을 의식하지 않고 모래 위에서 자유롭게 놀고 파도를 바라보며 즐거운 하루를 보낸다. 수영복을 입거나 자외선 차단제를 바르고 큰 티셔츠와 모자를 착용하는 데 아무런 거리낌이 없다. 모래성을 쌓을 때 배가 어떻게 보일지, 선탠 자국이 있는지, 몸이 땀으로 뒤덮였는지, 털이 많은지, 노출이 심한지 전혀 걱정하지 않는다. 수평선 너머로 드넓게 펼쳐진 바다가 매력적으로 보인다. 사람들이 물장구를 치거나 패들링하며 당신에게 물속으로 들어오라고 손짓한다.

대상화의 바다에 발을 들여놓는 시기와 방식은 사람마다 다르다. 누군가는 호기심에 잡지를 몰래 훔쳐보다가 발끝을 살짝 담갔을 수도 있고, 누군가는 희롱꾼의 외설스러운 말이나 '뚱보'나 '껑다리' 같은 동급생의 조롱에 떠밀려 들어갔을 수도 있다. 혹은 성적 학대라는 쓰나미에 휩쓸려 들어갔을 수도 있다. 당신은 언제 어떻게 처음 대상화의 바다에 발을 들였는가? 엄마나 언니가 자기 몸을 스스로 비하하는 말을 듣고 나 또한 그래야 한다고 생각하던 때였는가? 당신이나 주변 사람과는 전혀 닮지 않은 이상적으로 아름다운 여성 캐릭터가

TV 프로그램들 속에 등장했을 때였는가? 길거리에서 추파를 던지거나 당신의 몸을 훑는 남성의 시선을 받았을 때였는가? 아니면 같은 반에서 누가 가장 주목받는 여학생인지 알아차렸을 때였는가?

타인의 시선이나 미디어, 문화, 개인적인 상호작용 속에서 떠밀리듯 신체 대상화를 경험하면 우리는 서서히 자신을 대상화하는 법을 배우게 되고 정체성도 둘로 분열한다. 해변 위에서 온전히 통합된 자아 그리고 자기대상화와 이미지에 사로잡혀 물속에 잠기지 않으려고 버둥거리는 부분적 자아로 분리되는 것이다. 물속으로 걸어 들어가거나, 끌려 들어가거나, 다이빙할 때 우리의 온전하고 통합된 자아는 해변에 남겨진다. 옷과 피부, 머리카락이 흠뻑 젖듯 세상 속의 자신을 새로운 방식으로 탐색하고 이해하게 된다. 시간이 지나면 숨이 멎을 것 같던 충격도 사라지고 오히려 물속이 공기가 있는 육지보다 더 편안하게 느껴지기도 한다. 그렇게 '몸 그 이상의 해변'과 점점 더 멀어진다. 우리는 다양한 깊이의 물속에서 성장하며, 그 옆에는 이미 물속에 들어갔거나 나중에 들어온 지인과 사랑하는 사람들이 함께한다. 우리는 점차 이 환경에 적응한다. 한때 삶과 희망, 목표에 제한받지 않고 평온했던 내면아이를 잊고, 이제는 남들의 시선을 신경 쓰며 이 새로운 환경에서 살아가는 법을 배운다.

대상화의 물결 속에서 우리는 저마다 구명보트가 되어 줄

자신만의 신체 이미지 안전지대를 찾았을지도 모른다. 구명
보트는 허술해 보이지만 적어도 물속으로 가라앉는 것은 막
아 준다. 이런 상태가 신체 이미지의 '정상'으로 여겨지지만
결코 편하지는 않다. "당신은 자신의 몸을 어떻게 생각하는
가?"51쪽에서 다룬다.라는 질문을 던지면 그들 대부분은 자신의
신체 경험에 대한 불편함과 냉담함을 드러낸다. 그런데도 그
누구도 이를 비정상이라고 생각하지 않는다. 학자들은 이러
한 현상을 '규범적 불만normative discontent'이라 정의한다. 소녀
와 여성이 자신의 몸을 부정적으로 느끼는 것이 지극히 정상
적인 현상으로 받아들여지는 것이다. 우리는 몸에 대한 불편
이나 지속적인 자기감시self-monitoring를 자연스러운 일로 받아
들인다. 여성들은 자기대상화나 수치심조차 여성으로서 어쩔
수 없이 겪는 과정으로 치부한다.

　많은 사람이 일상에서 겪는 몸에 대한 불편함을 공유하며
유대감을 쌓는다. 우리가 싫어하거나 고치려 애쓰는 부분, 과
식이나 운동 부족에 따른 죄책감 또는 성공을 위한 계획에 다
른 이들을 끌어들이는 과정이 여기에 포함된다. 그러나 대부
분은 타인의 시선으로 자신의 몸을 감시하지 않고도 자연스
럽게 자신을 받아들이는 삶, 다이어트나 미용 시술을 떠올리
지 않아도 되는 삶, 메이크업이나 패션과 같은 일상적인 외모
관리에 시간을 쏟지 않아도 되는 삶을 상상조차 하지 못한다.
신체수치심과 외모 집착은 지극히 합당해 보이기에 문제로

여겨지지 않을 수도 있다. 그래서 우리는 설탕이나 탄수화물을 줄이고 운동 계획을 철저히 지키며 주름을 막기 위해 자세와 표정까지 조심한다. 그러면 외모 때문에 끔찍한 기분에 사로잡힐 걱정 따위는 할 필요가 없다고 생각한다. 결국 일상에서 자기 관리만 잘하면 다이어트 실패나 휴가 후에 유산소 운동을 다시 시작하거나 항노화 요법에 시간과 돈을 투자해야만 한다는 불안과 걱정 없이 신체 이미지를 자신 있게 유지할 수 있다고 확신한다.

광고는 미용 시술과 간단한 다이어트만으로 신체 이미지 고민을 쉽게 해결할 수 있다고 떠들어대며 문제의 원인은 언제나 나약하고 의지박약인 당신에게 있다고 지적한다. 그렇게 우리는 불편함에 익숙해지고 사회적 기준을 원망하기보다 자기 몸을 탓한다. 평생 노력해도 닿을 수 없는 이상을 쫓게 만든 이윤추구적 해결책을 비판하는 대신 자신의 나약함과 절제력을 탓하도록 학습된다.

이 불편하기 짝이 없는 신체 이미지 구명보트는 결코 한곳에 오래 머무르지 않는다. 변덕스러운 뷰티 트렌드와 수시로 변하는 신체 이상에 따라 이리저리 떠밀려 다닌다. 거의 모든 사람이 같은 방향으로 나아가고 있기 때문에 우리를 휩쓰는 해류를 인식조차 하지 못하는 경우가 많다. 그저 편안함과 안전을 찾아 표류할 뿐이다. 인스타그램에서 인기가 많은 계정을 살펴보면 시기와 상관없이 아름다움과 이상적인 몸에 대한 기준이 얼마나 획일적이고 응집력 있는지 알 수 있다. 동일한 매력의 기준이 광범위하게 퍼질 때 우리는 자기 몸에 대한 목표와 선호가 그 시류 속에서 형성되고 있음을 인식하지 못한 채 휩쓸린다. 어떤 해류는 위험한 역조逆潮와도 같다. 예기치 않게 들이닥쳐 우리를 물속 깊이 끌어내리고 평화와 만족을 앗아간다. 대상화의 바다에 널리 퍼진 이 역조는 이상적인 신체 기준에 부합하지 않는 사람들에 대한 편견과 차별비만공포증, 인종·성·나이·계급 차별, 소녀와 여성의 비인간화를 초래해 폭력과 학대를 부추긴다. 이러한 보이지 않는 암류는 우리의 문화를 형성하며 어떤 이들에게는 더욱 위태롭고 불편한 환경을 만들어 낸다.

모든 사람이 대상화의 물결에 휩쓸리거나 대상화의 위험과 피해에 노출되지는 않는다. 일부 사람들, 특히 남성은 외모로 평가되거나 가치가 매겨지는 경우가 상대적으로 드물다. 이들의 정체성은 보이는 대상과 바라보는 주체로 분리되지 않으며 더 큰 권력자에게 비인간적인 대우를 받거나 대상화되는 일이 거의 없다. 남성은 여성보다 이상적인 외모에 부합하지 않더라도 대상화의 영향을 훨씬 덜 받는다. 사회는 남성을 외모나 성적 매력으로만 평가하지 않기 때문이다. 남성에게 외모는 정체성의 일부일 뿐 가장 중요한 요소는 아니다. 물론 남성도 매력적인 외모에 가치를 두기도 하지만 외모와 상관없이 지성, 유머, 재능, 성취와 같은 다양한 인간적인 측면으로도 평가받는다. 또한 부와 권력은 이상적 외모에 부합하지 않더라도 대상화의 부정적인 영향을 최소화하는 역할을 한다. 그러나 많은 남성은 자신이 누리는 특권 덕분에 대상화의 깊은 물속으로 빨려 들어가지 않는다는 사실조차 인식하지 못한다. 그래서 그들은 이상적인 아름다움을 쫓는 사람들이 조금만 더 노력하면 마치 더 나은 목적지에 도달하거나 물 위에 계속 떠 있을 수 있다고 생각하는 경향이 있으며, 이는 여성도 별반 다르지 않다.

신체 이미지를 흔드는 파도

자기 신체 이미지의 '안전지대'에서 편안함을 느끼든 그렇지 않든, 누구나 구명보트 위에서 사회적 압력과 떠밀림을 경험한다. 신체 이미지를 흔드는 파도는 미디어가 제시하는 비현실적으로 이상화된 몸, 노화와 임신, 부상과 질병, 따돌림과 비판, 자기 비교, 학대와 폭력 등 다양한 모습으로 다가온다. 이 파도들은 우리를 쓰러뜨리고 충격에 빠뜨리며 신체와의 관계를 어지럽힌다. 어떤 파도는 불시에 닥쳐오지만, 어떤 파도는 미리 감지할 수 있다. 예를 들어 사랑하는 사람이 당신의 몸무게를 언급하며 식습관을 질문할 때, 사진 속 자신의 모습에 부끄러움을 느낄 때, 거울에 비친 자기 모습을 마주할 때, '신체윤곽성형'이나 젊음을 되찾아 준다는 시술 광고를 접할 때 또는 신체적인 문제를 비롯해 다양한 고민을 해결해 준다고 은밀하게 속삭이는 수술 광고를 볼 때처럼 말이다. 타인의 몸이나 과거의 자신과 비교할 때 혹은 체중 감량에 지나치게 몰두하거나 성형수술을 받는 지인을 볼 때도 타격을 받을 수 있다.

신체 이미지의 안전지대를 벗어나게 하는 심각한 충격은 여러 상황에서 발생할 수 있다. 만성 질환으로 예전처럼 일할 수 없게 되거나 외모가 변하면 몸을 바라보는 관점이 송두리째 바뀔 수 있다. 파트너의 이별이나 배신으로도 심리적 충격을 받을 수 있다. 성폭행은 자신의 몸이 더 이상 내 것 같지 않고 나를 공격하는 무기처럼 느껴지게 하기도 한다. 임신과 유산 또한 예상치 못한 방식으로 몸을 변화시키며 동시에 생활 방식과 신체와의 관계까지 흔들어 놓을 수 있다. 이러한 변화의 파도는 개인마다 편차가 있을 수 있지만 공통적으로 몸에 대한 자기 회의, 수치심, 두려움, 불안을 일으킨다. 당신은 이러한 감정에 주의를 기울이고 적절히 대응할 필요가 있다. 우리는 누구나 신체 이미지의 혼란에 어떤 식으로든 반응하지만 어떻게 반응해야 하는지, 무엇이 더 나은 선택인지는 그다지 깊이 생각하지 않는다. 안전지대의 구명보트에서 밀려나는 경험은 대체로 긍정적이지 않기 때문에, 즉각적인 해결책을 주는 대응일지라도 장기적으로 도움이 되지 않을 가능성이 크다. 신체수치심이나 자기대상화를 겪었던 구체적인 경험을 떠올려 보라. 그때의 나는 어떻게 대처했는가. 신체 이미지 혼란에 대응하는 길은 세 가지이며 당신이나 가까운 이들이 인생의 다양한 순간에 경험했을 법한 익숙한 경로이기도 하다.

수치심에 빠지기

신체 이미지 혼란에 대응하는 최초이자 최악의 경로는 수치심에 빠지는 것이다. 많은 이들이 몸과의 관계에서 혼란을 겪으면 고통이나 부끄러움을 피하려고 자신을 무감각한 상태로 몰아간다. 그러나 이러한 방임 상태나 무감각이 사라진 후에는 더 깊은 고통 속으로 빠져들기 마련이다. 극심한 수치심, 절망, 우울로 일상을 유지하는 것조차 어려워지며 극단적으로는 파괴적인 행동까지 이어질 수 있다. 놀랍게도 많은 소녀와 여성이 자살 시도, 자해, 과도한 운동, 섭식장애, 알코올을 비롯해 불법 및 처방 약물을 남용하는 등의 방법으로 자신을 해치고 있다. 성적·신체적 학대, 괴롭힘, 험담, 강렬한 신체수치심과 자기혐오에서 비롯된 고통에 압도 당해 스스로를 벌하거나, 내면의 고통과 수치심에서 잠시나마 벗어나고자 신체적 상해를 선택하기도 한다. 또 다른 여성들은 감정을 전환하려고 일시적 쾌락을 추구하지만 이는 단지 내면의 고통을 잠시 미루는 임시방편에 불과하다.

자상이나 기타 형태의 자해는 여성에게 큰 폭으로 편중되어 있다. 미국 일부 지역에서는 최대 10대 소녀의 30퍼센트가 '비자살적 자해'를 한 경험이 있다고 답했다고 연구진들은 밝혔다. 2019년에는 청소년기 여학생 4명 중 1명꼴로 자상이나 화상 등의 방법으로 자해한 반면 남학생은 약 10명 중 1명 수준이었다. 또한 미국 질병통제예방센터CDC에 따르면 2009년 이후 미국에 거주하는 10~14세 소녀들의 자해는 거의 세 배 가까이 증가했다. 이 수치는 소녀들이 여성으로 성장하는 과정에서 감내하기 어려운 극심한 고통과 수치심을 안고 있음을 보여준다.

강연이 끝난 후 우리를 찾아와 자해를 대응 기제로 삼았다고 고백하는 10대 소녀들의 수는 충격적일 만큼 많았다. 우리는 수년 동안 수백 명의 소녀와 직접 만나거나 이메일, 메시지로 대화해 왔다. 그들 대부분은 학대, 폭행, 따돌림, 신체 수치심에서 비롯된 고통을 자해라는 수단으로 견뎌내고 있었다. 자해는 섭식 장애와 함께 나타나는 경우가 많았다. 우리가 이 문제를 공개적으로 언급하면 소녀들은 혼자서 은밀하게 간직해 왔던 경험을 기꺼이 공유했다. 그 이야기들은 충격적이었지만 결코 예외적인 사례는 아니었다. 이 문제를 이해하고 해결하기 위해서는 무엇보다 그들의 이야기에 귀 기울여야 한다.

테네시주 강연에 마지못해 참석한 한 13세 소녀는 수치심에 빠지게 된 자신의 사례를 이렇게 공유했다.

"저는 칼로 몸을 긋곤 했어요. 사실, 마지막 자해는 어제였어요. 저는 외모 때문에 괴롭힘을 당하고 있고 거의 매일 자살하라는 말을 들어요. 제 외모 때문에 아무도 나를 좋아하지 않을 거라는 말도 들었어요."

지속적인 괴롭힘으로 손상된 신체 이미지를 자해라는 방법으로 대응한 가슴 아픈 사례이다.

다음은 아이다호 강연 후 다른 10대 소녀에게서 받은 이메일 내용이다.

"저 자신을 끊임없이 심판하며 오랫동안 음식을 거부해 왔어요. 기억하는 한 늘 그랬던 것 같아요. 저 자신이 견딜 수 없이 싫었어요. 거의 1년 동안 자해를 했죠. 수천 군데를 칼로 베고 수십 군데에 화상을 입혔어요. 쾌감을 느끼기 위해 자해하지는 않아요. 그 사실이 이상한 건지는 모르겠어요. 자해 전후 또는 도중에 어떤 감정의 변화도 없어요. 마땅히 받아야 할 고통을 회피한다는 생각이 들어서 자살은 못하겠어요."

다음은 섭식장애 클리닉 강연 후 한 참석자에게 받은 이메일 내용이다.

"2년 전 남자 친구에게 강간을 당했어요. 당시 저는 15살이었고 남자 친구는 23살이었어요. 그 끔찍한 사건 이후 제 몸을 그 어느 때보다도 혐오하게 되었어요. 처음 몇 주 동안은 거울조차 볼 수 없었어요. 임신 사실을 알고 바로 남자 친구에게 알렸는데, 낙태하지 않으면 제 인생을 박살 내겠다더군요. 그날 밤 저는 자살을 시도했어요. 아기를 잃었다는 사실을 알았을 때는 인생의 바닥에 떨어진 기분이었어요. 저 자신이 너무 싫고 끔찍했어요. 그 감정을 어떻게 말로 표현해야 할지 모르겠어요. 그 고통을 설명할 방법이 없네요. 이후 몇 달은 지옥과도 같았어요. 저는 학대적인 관계 abusive relationship를 전전했고 때로는 학대에 직접 가담하기도 했어요."

이 소녀들만 비밀스럽고, 어둡고, 수렁과도 같은 고통과 수치심에 빠져 있는 것은 아니다. 그러나 대부분의 이들이 스스로를 혼자라고 느낀다. 사회가 여성의 몸을 접시 위의 음식처럼 소비하고 평가하며 탐욕스러운 시선으로 훑고 쉽게 버려지는 대상으로 묘사하는 현실 속에서, 여성들이 그 어둠을 내면화해 더 깊은 수치심에 빠지는 방식으로 대응한다고 해서 그들을 비난할 수만은 없는 일이다. 아름답고 매력적인 여성이 되는 것만이 신체 이미지라는 거대한 문제의 상상할 수 있는 유일한 해결책으로 제시되는 한, 여성은 자신을 무가치하고 고통받아 마땅하다고 느낄 수밖에 없다. 이 비인간적이고 잔인한 현실에 대처할 다른 방법을 알지 못하고 더 나은 선택을 추구할 자격이나 준비가 되어 있지 않다고 느낀다면 침몰만이 합리적인 대응이자 유일한 선택처럼 보일 수 있다.

안전지대 고수하기

신체 이미지 혼란에 직면했을 때 두 번째로 흔히 선택되는 경로는 신체를 고치려는 시도이다. 새 화장품이나 옷을 사거나 주말에 해독 주스Liquid Cleanse를 마시거나, 얼굴·입술 필러, 지방흡입, 냉동지방분해 등과 같은 성형 수술이나 시술을 받는 방식이다. 이런 방법들은 잠시 불안을 완화할 수는 있지만 근본적인 해결책이 되지는 못한다. '결점'을 고치려는 시도는 겉모습만 바꿀 뿐 결국 근본적인 문제 해결을 뒤로 미루는 결과만을 초래한다. 이러한 노력이 외모에 즉각적인 변화가 일어나지 않더라도 '문제 부위'를 해결하기 위한 계획을 세우거나 실행한다는 사실 자체가 잠시나마 불안을 덜어주기도 한다. 많은 사람이 답보 상태에 놓여 있거나 체중 감량, 힙리프팅, 속눈썹 연장, 탈모 관리, 셀룰라이트 제거, 노화 방지 등 비교적 실패할 확률이 낮아 보이는 해결책에서 자신감을 얻고 이를 통해 긍정적인 신체 이미지를 구축할 수 있다는 신기루에 현혹되고는 한다. 문제는 이러한 자신감과 몸 사랑은 실현되기 어렵고 또 다른 '결점'을 발견해 고칠 때까지만 유효한 일시적인 위안에 불과할 수 있다는 점이다. 긍정적인 신체 이미지는 외적 수단이 아닌 내면의 문제다. **정신적인 문제를 외적·물리적 방법으로 해결하려는 시도는 임시방편일 뿐 결코 근본적인 해결책이 될 수 없다.** 이후 발생할지 모를 신체 이미지 혼란에도 효과적으로 대처하기 어렵다.

고쳐도 효과가 없거나 결함이 너무 도드라져 보여 시도할 엄두조차 나지 않을 때는 그냥 포기하고 싶어질 수 있다. 모습을 드러내야 하는 활동 자체를 피하며 아예 은둔하는 방식을 택하기도 한다.

린지 이야기: 처음으로 수영하기보다 숨기로 결심했던 순간을 기억한다. 이전에도 외모에 부끄러움을 느낀 적은 있었지만 나에게 수영은 일상이나 마찬가지였기 때문에 수영하고 싶다는 욕구를 억누른 적은 없었다. 렉시와 나는 아주 어릴 때부터 수영을 시작했다. 여섯 살 무렵에 이미 시에서 운영하는 수영팀에 합류할 정도로 어린 시절의 대부분을 수영하며 지냈다. 지금도 수영장의 소독제 냄새를 맡으면 심장이 뛰면서 주말마다 수영 대회에 참가했던 기억과 방과 후 연습이 떠오른다. 그러나 고등학교 2학년 체육 수업에서 수영팀 동료뿐만 아니라 다른 학생들과도 함께 수영하게 되면서 내 수영 생활은 완전히 바뀌었다. 그때까지만 해도 나는 수영 선수라는 사실이 늘 자랑스러웠다. 이전 학기에도 수영 수업을 즐기며 보냈다.

모든 것은 귀엽지만 위압적인 남자 선배들이 새로운 수업에 출석한다는 사실을 알았을 때 달라졌다. 내 수영 실력에 대한 자신감은 완전히 사라져 버렸다. 수영복을 입은 내 모습을 보고 남자 선배들이 허벅지 두께와 피부색을 평가하지는 않을까, 수경 자국으로 부어오른 눈 주위와 화장이 지워져 뾰루지로 덮인 턱이 드러나면 어쩌나 걱정되었기 때문이다. 수업 첫날 나는 얼어붙어 버렸다. 수영복을 안 가져온 척하며 풀사이드에 앉아 있다가 사람들 눈에 띄지 않도록 가장 먼저 물속에 들어가 마지막에 나오는 식으로 계속 사람들의 시선을 피해 다녔다.

그 후 몇 년 동안 우리 자매가 지속적으로 겪은 혼란 중 하나는 의외로 아무 문제 없어 보이는 경험에서 비롯되었다. 바로 수영하러 가자는 초대였다. 누구에게도 모욕이나 괴롭힘을 당한 적은 없었지만 수영장, 해변, 스파, 호수에 가자는 초대가 있을 때마다 우리는 자신을 모욕하고 괴롭혔다. 우리는 수영장에 가지 않는 진짜 이유를 누구에게도 말하지 않았다. 대신 변명을 늘어놓으며 다음에 수영장에 갈 '자격'을 갖추려고 외모 관리 계획을 세웠다. 우리는 "오늘은 할 일이 많네. 다음에 꼭 초대해 줘!" 또는 "몸 상태가 별로 안 좋아. 너희들이라도 즐거운 시간 보내!"라고 말하면서, 머릿속으로는 '수영복 입은 모습을 누구에게도 보일 수 없어. 너무 굴욕적일 거야. 이제 탄수화물은 그만 먹고 운동을 시작해야 해!'라고 생각했다.

이러한 대응의 문제는 극도로 당황해 몸을 숨겨 보호하려 했을 때 그리고, 체중 감량, 제모, 태닝, 귀여운 수영복 등으로 결점을 가렸을 때조차 몸이나 자신에 대한 인식은 절대 나아지지 않는다는 점이다. '다음' 기회가 찾아와도 우리는 여전히 그 초대를 거절했다.

회복탄력성으로 일어서기

신체 이미지 혼란에 어떻게 대응할지는 결국 당신의 선택에 달려 있다. 안전지대인 구명보트에만 매달리거나, 신체 이미지를 유지하려고 임시방편책을 찾거나, 세상에서 도피하거나, 수치심에 빠져 자기 파괴적인 행동을 할 수도 있다. 아니면 더 나은—그러나 대개 더 두려운—길을 선택할 수도 있다. 바로 회복탄력성을 기르고 다시 일어나는 것이다.

신체 이미지 혼란이라는 거대한 파도에 직면했을 때조차도 예상치 못한 이점은 있다. 당신이 대상화의 물결 한가운데 있다는 사실을 상기시켜 준다는 점이다. 처음에는 충격적이었던 환경도 시간이 지나면 일상처럼 무감각해지기 마련이다. 이러한 혼란은 스스로는 선택할 리 없는 방식으로 신체 이미지 안전지대를 파괴하지만, 그 과정에서 자신과 주변 환경에 대해 다른 어떤 방법으로도 배울 수 없는 것들을 깨닫게 된다. **대상화로 겪게 된 힘든 경험과 감정이 꼭 불리하게 작용하는 것만은 아니다. 오히려 도움이 될 수도 있다.** 이 파도와 해류는 당신과 주변 환경에 대해 '더 많은 것을 발견할' 기회를 제공할 뿐만 아니라 일상화된 불편과 비인간화를 극복하고 주변의 위험 상황을 변화시키기 위해 노력하는 '더 큰 자신이 될' 기회다. 깊은 수치심을 떨치고 일어나 몸에 대한 기대와 압력의 물살에 저항하려는 노력은 단순히 불만족스러운 상황에 대처하고 적응하는 것 이상의 의미가 있다. 더 큰 노력이 필요하지만 동시에 그만큼 더 좋은 결과를 만들어 낸다.

당신은 신체 이미지 혼란을 단순히 극복하는 수준을 넘어 이를 활용해 성장하고 발전하며, 강인함과 공감 능력을 키우고, 삶의 목표를 정립할 수 있다. 신체 이미지 회복탄력성을 기르면 선천적으로 타고난, 또는 후천적으로 학습된 기술과 전략을 활용해 혼란에서 오는 고통을 덜어낼 수 있다. 또한 몸과의 관계를 더 긍정적으로 만들어 가는 방향으로 신체 이미지 혼란이라는 파도에 대응할 수 있을 뿐 아니라 사회가 당연시하는 대상화의 부정적 영향을 인식하고 극복해 나갈 수 있다. 과거와 같은 방식으로 대처하지 않고 경험에서 배우고 자신과 그 경험에서 더 많은 것을 발견하며 더 강인하고 유능하며 유연한 사람으로 성장할 수 있다.

우리는 박사 과정 연구에서 긍정심리학이 말하는 회복탄력성 체계가 신체 이미지 개선에 효과적인 접근법이 될 수 있다는 사실을 확인했다. 회복탄력성은 하나의 특성이자 과정이다. 초기부터 이 분야를 개척해 온 대학원 멘토 중 한 명인 글렌 리처드슨Glenn Richardson은 회복탄력성을 "변화, 기회, 역경, 스트레스 또는 도전으로 인해 혼란을 겪고 난 후 개인의 재능과 강점을 활용해 혼란을 극복하며 더 강하게 성장하는 과정"으로 정의한다. 리처드슨이 주장하는 회복탄력성 모델은 혼란에 대처하는 방법으로 세 가지를 제시한다. 이는 상실과의

재통합수치심에 빠지기, 안전지대로의 재통합숨거나 고치면서 안전지대
에 집착, 회복탄력적 재통합회복탄력성으로 일어서기이다. 이 모델은
혼란이 얼마나 고통스러운지, 어떻게 우리를 안전지대에서
벗어나게 하는지 설명할 뿐만 아니라 변화의 필요성을 인식
하지 못하는 상황에도 변화를 위한 여지를 만들 수 있다. 우
리는 혼란을 '활성화'하는 방식으로 고통과 수치심에 대응할
수 있다. 불편하기 짝이 없는 '안전지대'에 머무는 것은 아무
런 변화도 끌어내지 못한다. 전진도 성장도 없으며 오직 숨거
나 고치는 행위만 반복될 뿐이다.

우리의 독창적인 접근 방식은 대상화·신체 이미지·회복
탄력성 연구를 통합하여 여성들이 외모로 평가받고 결국 자
기 자신마저 평가하는 자기대상화의 악순환을 밝히고 이를
멈추게 하는 것이다. 지금까지 이러한 악순환을 차단하거나
끊을 실질적인 해결책은 거의 제시되지 않았다. 우리가 제안
하는 신체 이미지 회복탄력성은 다음의 이해를 돕는다. 첫째,
대상화는 우리 주변 어디에나 존재하지만 그것을 존재 방식
으로 내면화할 필요는 없다. 둘째, 대상화는 우리를 시선의
주체와 객체로 분리해 온선히 통합된 손재로서 자기 몸에 편
안하게 머무는 것을 방해한다.

그렇다고 당신을 포함해 여성에 대한 대상화가 사라질 수
있음을 뜻하지는 않는다. 대상화는 설득력 있고 막대한 수익
을 창출하며 대상화의 해악을 벗어날 수 있는 특권층과 권력

자들의 위계 및 불평등을 유지하기 때문이다. 우리가 대상화의 물결에 둘러싸여 있는 한, 혼란의 파도와 변화하는 이상ideal, 만연한 편견의 흐름은 결코 멈추지 않을 것이다. 이것이 곧 우리가 처한 현실의 본질이다. 아무리 회복탄력성이 높고 능력이 뛰어나더라도 사람들—특히 여성과 유색인종—에 대한 뿌리 깊은 차별과 편견, 문화적 기대를 거스를 수는 없다. 몸무게와 사이즈에 따른 차별은 진보적인 사회에서도 여전히 뿌리 깊게 남아 있는 편견이다. 록산 게이Roxane Gay는 『헝거Hunger』에서 이를 이렇게 압축해 표현한다. "여성, 특히 뚱뚱한 여성으로서 나는 공간을 많이 차지해서는 안 된다. 하지만 페미니스트로서의 나는 얼마든지 공간을 차지할 수 있다고 격려받는다. 나는 공간을 차지해도 되지만 너무 많이 차지하거나 혹은 잘못된 방식으로 차지해서는 안 되는 모순 속에 살고 있는데, 여기서 잘못된 방식이란 내 몸과 관련된 모든 방식일 수 있다."

2019년 7월, 활동가 에이드리엔 힐Adrienne Hill은 문화 전반에 뿌리내린 체중 편견의 압박을 주제로 페이스북에 공개적으로 글을 올렸다.

"저는 평생 뚱뚱했어요. 19살 때부터 비만수용운동fat activism에 참여했고 신체 이미지 활동에도 활발하게 참여했어요. 그러나 그 어떤 활동도 비만을 혐오하는 세상에서 살아가는 고통을 지울 수는 없었어요. 비만은 사회 정의의 문제예요. 저에게 비만은 필요한 의료 서비스를 수년간 받지 못했다는 것을 의미해요. 내 말을 무시하며 모든 건강 문제를 체중 탓으로 돌리는 의사를 만날까 봐 두려워 병원에 갈 수 없었죠. 이 문제는 의료 서비스에만 국한되지 않아요. 뚱뚱한 사람은 직업을 얻고, 유지하고, 승진하는 데 많은 어려움을 겪어요. 우리 문화는 뚱뚱한 몸을 보면 그 사람의 직업 윤리까지 알 수 있다고 생각하니까요. 세상에서 겪는 제 경험이 결국은 자존감 문제라고 지적받는 것에 넌더리가 나요. 날마다 겪는 부당한 일이 실제로 존재하고 그게 내 잘못이 아니라는 사실을 끊임없이 변호해야 하는 현실이 너무 버거워요. 엄마가 겪었던 요요 다이어트라는 끝없는 쳇바퀴를 거부했다는 이유만으로 이런 불이익을 감수해야 한다는 게 정말 피곤해요."

고용주, 고객, 학생, 의사, 가족, 연인, 길거리나 인터넷에서 마주치는 낯선 사람이 이상적인 몸과 성적 매력을 여성의 평가 요소로 포함할 때 여성은 고통받는다. 감당하기 벅찬 부담이다. 바로 이것이 대상화 문화의 가혹한 현실을 반영한다. 우리가 이러한 혼란과 어려움에 대응하는 방식은 정부나 기관이 제안하는 하향식 해결책과는 다소 거리가 있다. 물론 이러한 해결책이 이루어지길 간절히 바라지만 현실적으로 성공할 것이라는 믿음은 거의 없다. 대신 개인의 신체 이미지를 변화시키기 위한 우리의 연구 방법은 대상화의 바다와 그로 인한 스트레스를 경험한 후 그러한 모멸적이고 고통스러운 경험을 발판으로 환경에 휘둘리지 않고 강인하게 일어설 수 있는 능력을 활용하는 데 중점을 둔다. 우리는 개인적·집단적 행동으로 우리 자신뿐만 아니라 모두가 몸 이상의 존재로 인정받을 수 있는 더 안전하고 나은 사회를 점진적으로 구축해 나갈 수 있다.

사회 영역 전반에서 신체 이미지와 몸과 관련된 문화적 관념과 현실을 개선하려고 노력하는 사람들에게 도움과 위안을 제공하기 위해 상대적으로 몸집이 더 큰 이들이 직면하는 비가시성과 불공정함에 맞서 꾸준히 비만수용운동을 펼쳐 온 선구자들의 업적에 감사를 표한다. 또한, 주류로 자리 잡은 '신체 긍정 운동body positivity movement'이 신체에 대한 억압적 이상을 인식하고 미디어에서 신체 다양성body diversity이 더 많이 표출되도록 노력을 기울여온 점도 경의를 표한다. 우리의 접근법은 이러한 노력을 바탕으로, 현재 '신체 중립주의body neutrality' 또는 '신체 수용주의body acceptance'로 알려진 접근 방식을 이어간다. 이는 외모나 능력과 관계없이 모든 신체를 존중하며 여성을 아름다움 그 이상의 가치로 평가하는 방식이다. 이러한 활동들을 기반으로 대상화되는 환경에서 생존하고 대처하는 데 필요한 기술을 제공할 뿐만 아니라, 이러한 환경과 당신 자신, 다른 모든 사람을 바라보고 관계 맺는 방식을 근본적으로 바꿀 수 있는 기술을 제공하고자 한다. 신체 이미지 회복력을 키우면 외모에 대해 일시적으로 기분이 좋아지는 것이 아니라, 당신의 놀라운 몸에 대해 자신의 관점을 우선시할 수 있는 능력을 키울 수 있다. 당신의 외모가 어떻게 보이는지 또는 타인이 당신의 외모를 어떻게 느끼는지는 중요하지 않다. 이 차이는 결정적이다. 아름답게 보이거나 아름답게 느끼는 틀을 벗어나 당신의 삶의 목적, 힘, 가능성과 다시 연결하는 것은 단순히 불편한 환경에 적응하는 것과 더 나은 환경을 만들기 위해 싸우는 것의 차이를 만들기 때문이다.

수영을 피하고 외모를 개선하기 위해 끊임없이 노력하며 수치심과 자기대상화에 적응해 온 시간은 결코 우리에게 도움이 되지 않았다. 꿈꾸던 사이즈에 맞게 체중이 줄고, 날씬해진 몸매나 깨끗해진 피부, 새로운 화상에 칭찬을 받아도 '나아졌다는' 느낌이 들지 않았다. 실질적으로 도움이 되었던 것은 강의실 수업과 몸 중심적 세계관을 깨뜨리며 대상화 환경을 이해하도록 도와준 책과 기사였다. 세상에 대한 시야가 확장되면서 우리는 신체수치심의 원인, 이를 이용해 이익을 얻는 사람들 그리고 사회 전반에 만연한 신체수치심에 대해 알게 되었다. 이러한 깨달음은 삶을 변화시키는 촉매제가 되었지만 그 변화는 결코 단번에 이루어지지 않았다. 수년간의 교육 덕분에 광고와 미디어 메시지가 여성이 자기 몸을 바라보는 방식을 왜곡한다는 사실을 머리로는 이해할 수 있었지만, 여전히 우리 몸 어딘가에는 부끄러워해야 마땅한 결함이 있다고 느꼈다. 우리가 따르던 이상이 본질적이거나 자연스러운 것이 아니라 대부분의 사람을 배제하고, 결함을 감추고 고치도록 끝없이 압박하기 위해 고안되었다는 사실을 알고 있었지만 그 영향력은 여전히 강력했다.

린지 이야기: 21살에 또다시 익숙한 혼란에 맞닥뜨리면서 그동안 맹목적으로 추종했던 비현실적인 이상에 처음으로 의문을 품게 되었다. 이번 상황도 이전과 동일했다. 수영하러 가자는 초대였다. 멋진 친구들과 착한 남자 친구와 함께 지역 호수에서 절벽 점프를 할 수 있는 기회였다. 이전 여행에서 찍은 친구의 사진은 정말 멋져 보였다. 하지만 막상 가려니 극심한 두려움과 수치심이 나를 신체 이미지 안전지대에서 밀어냈다. 나는 늘 그랬던 것처럼 핑계를 늘어놓으며 숨으려 했고, 다음번 초대에는 응할 수 있도록 몸을 고치겠다는 계획을 세웠다.

하지만 이번에는 안전지대에 매달려도 혼란이 불러 온 부정적인 감정이 가라앉지 않았다. 마음속에 슬픔, 실망, 혼란,

자기 배반과 같은 부정적인 감정이 솟구치면서 한 가지 생각이 떠올랐다. '가고 싶으면서 왜 가지 않겠다고 말하는 거지? 왜 이런 변명을 늘어놓는 거야?' 나는 이 혼란의 원인이 신체 수치심이라는 것을 알고 있었다. 바빠서 참석할 수 없다는 어설픈 변명을 친구들이 반박할 때도 나는 제대로 대꾸조차 못 했다. 나는 화장실에서 거의 공황 상태에 빠진 채 왜 망설이고 있는지, 이런 결정이 나에게 어떤 영향을 미칠지 곱씹었다. 서랍 깊숙이 넣어둔 낡은 수영복이 아직 몸에 맞을까? 다른 친구들보다 못나 보이지는 않을까? 남자 친구가 나를 창피해하지는 않을까? 혹시 그가 더 이상 나에게 매력을 느끼지 못하면 어떡하지?

홀로 화장실에 서서 나는 깨달았다. 수영복을 입은 모습을 부끄러워하는 파괴적인 파도에 휩쓸리거나 익사할 필요는 없다는 것을. 나는 외모 때문에 수영할 자격이 없다는 믿음에 맞서기로 결심했다. 파도에 휩쓸려 숨고 고치는 또 다른 악순환에 빠지는 대신 새로운 방식으로 정면 대응하기로 했다.

나는 용기를 내어 수영복을 입었다. 다시 수영하는 것이 나에게 얼마나 큰 사건인지, 얼마 만에 수영하는 건지 누구에게도 말하지 않았다. 호수로 가는 차 안에서도 초조함을 떨칠 수 없었다. 물가로 향하는 오솔길에서 일행을 따라 걸으며 뗏목과 튜브를 들고 반대편 절벽으로 건너갈 준비를 하는 그들의 모습을 지켜보았다. 모두가 정신이 팔린 틈을 타, 나는 혼자 차가운 물 속으로 걸어 들어갔다. 깊은 물에 다다르자, 바닥을 박차고 올라와, 수영하기 시작했다. 6년 만에 다시 수영하면서 과거에 수영하면서 느꼈던 감정과 흥분이 고스란히 밀려왔다.

차가운 물 속에서 홀로 나는 지금까지 경험한 감정 중 가장 깊고 강렬한 자긍심에 휩싸였다. 그 순간, 나는 할 수 있다는 내면의 힘에 압도되었다. 수영복을 입은 내 모습에 대한 두려움은 한순간에 사라져 하루 종일 다시 돌아오지 않았다. 나는 아무 문제가 없는 내 몸을 반복해서 고치려는 덫에 갇혀 있었다는 것을 깨달았다.

우리가 혼란에 새로운 방식으로 대응하고 혼란과 우리 자신을 더 깊이 들여다볼 때 파괴의 파도는 기회의 파도로 바뀔 수 있다. 나를 항상 위축시켰던 혼란을 이제는 지식과 자원으로 활용함으로써 수치심을 이겨내고 성장의 기회로 삼을 수 있었다. 나는 혼란의 파도에 무너지지 않기로 결심했다. 오히려 그 파도를 힘 삼아 앞으로 나아가기로 마음먹었다. 이 새로운 대응 덕분에 나는 지금도 여전히 수영을 즐기고 사랑한다. 또한 다른 방법으로는 결코 배울 수 없는 중요한 교훈을 얻었다. 바로 **문제는 내 몸이 아니라 몸을 바라보는 인식이라는 것이다.** 2007년, 익숙한 혼란에 맞서기로 한 그날의 선택은 내 삶을 완전히 바꿔놓았다. 숨거나 고치고 싶은 유혹을 느낄 때마다 그날의 교훈은 내 모습 그대로 존재하고 행동할 수 있음을 상기시켜 준다. 나는 내 삶을 지켜보는 사람이 아니라 내 삶의 주체이다. 나는 신체 이미지 회복력을 발휘해 우뚝 섰다.

혼란을 겪은 후 신체 이미지 회복력의 길을 선택하는 것은 수치심에 적응해 이를 새로운 일상으로 받아들이는 것이 아니다. 그에 맞서려는 의지가 필요하다. 나는 수치심에 맞서겠다는 한 가지 선택만으로 신체 이미지 회복의 길로 들어선 것은 아니다. 수영 초대가 불러일으킨 혼란의 물결에 맞서고 불편한 안전지대를 벗어나 몸 이상의 존재가 될 기회를 포착함으로써 그 길을 찾았다. 그 이후로는 어떤 상황에서도 타인의 시선을 의식하느라 수영할 기회를 놓치지 않았다. 나는 계속해서 새롭고 더 행복한 길을 선택했다. 그 선택은 내 삶에 기쁨을 안겨 주었으며, 내 몸을 나의 것으로 경험하도록 도왔다.

이는 단지 수영에 관한 이야기만은 아니다. 우리는 10대와 20대에 신체수치심, 불안감, 자기대상화를 경험한 후 인간성보다 몸을 우선시하는 문화 속에서 사람들이 겪는 현실에 대해 마음과 생각을 열게 되었다. 우리는 개인적 경험을 바탕으로 유타대학교에서 석사 학위2009년와 박사 학위2013년를 취득하는 등 10년간 학업에 정진했다. 2009년에는 '뷰티 리디파인드Beauty Redefined'라는 단체를 설립하고 블로그와 페이스북에 석·박사 연구 결과를 공유하기 시작했다. 2013년부터 동명의 비영리단체도 운영하고 있다. 이후 '신체 이상의 존재More Than a Body' 운동은 소셜 미디어, 온라인 신체 이미지 회복력 강좌, 수천 명을 대상으로 한 전미 강연, 수백만 명을 대상으로 한 온라인 강연에서 공유되며 성장하고 발전해 왔다. 고통스러운 자기대상화와 신체수치심의 경험이 없었다면 이 운동이 탄생하지도, 다른 사람들을 돕고자 하는 공동의 목적을 추구할 수도 없었을 것이다. 또한 자의식을 직면하고 신체 이미지 회복력을 키우는 연습을 하지 않았다면 여성이 자신의 몸에 대해 목소리를 낼 때 따라오는 온갖 비판을 감수하면서까지 공개적으로 의견을 밝히는 일은 어려웠을 것이다.

우리는 이 기술을 우리 자신의 삶에서 반복해 왔고 그것이 실제로 많은 사람의 삶에서도 효과를 발휘하는 것을 확인했다. 온라인 강좌 수강생과 연구 참여자에게 던진 질문인 "자기 몸을 어떻게 생각하는가?"를 고찰해 보자. 대다수는 자신의 외모와 관련된 부정적 감정을 투사하며 자기대상화된 방식으로 응답했다. 그러나 연구에 참여한 약 12퍼센트의 여성들은 외모를 묘사하는 외부인의 관점을 우선시하기보다는 자기 몸이 할 수 있는 일, 성취와 경험, 그리고 자신이 느낀 감정을 묘사했다. 이처럼 자신을 대상화하지 않는 여성 응답자들은 자기 몸을 더 긍정적으로 인식하는 경향이 있었다.

박사 연구에서 이 여성들의 삶을 더 깊이 탐구하고 이후로도 수백 명의 소녀와 여성의 삶을 조사하면서 자신의 몸에 대

해 긍정적이며 자기대상화 정도가 약한 여성 대다수도 신체
이미지 혼란을 경험했다는 사실을 발견했다. 이러한 어려움
의 파도는 여성들이 자기 몸과 관계 맺고 수치심에 대처하는
방식에 큰 변화를 불러일으켰다. 이 경험에는 성적 학대나 사
랑하는 사람이 섭식장애로 고생하는 모습을 지켜본 경험, 자
신이 섭식 문제로 어려움을 겪은 경험, 놀림이나 괴롭힘을 당
한 경험, 심각한 부상이나 질병으로 삶의 주변부로 밀려난 경
험, 예상치 못한 방식으로 몸이 변한 경험 등이 포함되었다.
우리는 이들의 이야기에서 신체 이미지 회복력의 힘을 확인
했다. 이 여성들은 혼란에 직면했을 때 안전지대라는 구명보
트에 매달리거나 수치심에 빠지거나 해로운 방식으로 대처하
던 방식에서 벗어나 자신의 강점을 발견하고 자기 몸을 더 긍
정적으로 생각하는 방법을 배웠다. 고통이 오히려 성장을 위
한 배움의 기회가 된 사례이다.

회복탄력성을 길러 다시 일어서는 길은 쉽지 않지만 안전
지대라는 구명보트에서 벗어나려는 노력은 놀랍고도 가치 있
는 변화를 불러올 수 있다. 자해를 일삼던 테네시주의 13살
소녀가 메시지를 보냈던 일화를 기억하는가? 우리는 그녀의
이야기가 자해 경험만으로 끝나지 않아서 무척 기쁘다. 그녀
는 강연에 참석한 후 이렇게 편지를 보내왔다. "강연 내용처
럼 경험은 저를 더 강하게 만들 수도, 망가뜨릴 수도 있다는
것을 깨달았어요. 저는 경험을 활용해 더 강인하고 배려하는

사람이 되기로 결심했어요." 그녀는 자해를 멈춘 지 각각 24일째, 45일째 되는 날에 소식을 전해 왔고, 몇 년이 지난 지금까지도 자해 시도 없이 살아가고 있다. 지금은 전문가의 도움을 받으면서 비슷한 고통을 겪고 있는 사람들에게 친구가 되어 주고 격려의 메시지를 전파하는 등의 노력을 하고 있다. 2020년, 우리는 그녀의 안부가 궁금해 연락을 취했다. 그러자 그녀는 이렇게 짧게 답했다. "저는 이제 열여덟 살이 되었고, 그동안 계속 당신들의 활동을 지켜보고 있었어요. 당신들의 메시지가 제 삶을 바꾸었고, 저는 지금 훨씬 행복해요." 소녀에서 성인이 된 그녀는 과거의 힘든 순간을 오히려 회복탄력성을 키우는 계기로 삼아 놀라운 변화를 이룬 대표적인 사례가 되었다.

그렇다면 섭식장애 치료 센터에서 자살을 시도했던 경험을 편지로 써 보냈던 다른 소녀는 어떻게 되었을까? 신체 이미지 회복 강연이 끝난 며칠 후, 그녀는 편지로 자신의 근황을 알려주었다. "강연 직전에 할아버지가 돌아가셨어요. 제 세계는 산산조각났고, 놀라울 정도로 급속하게 예전 습관으로 되돌아갔어요. 할아버지가 돌아가시기 전후 며칠 동안은 샤워도, 빨래도, 양치도 하지 않았어요. 제 몸이 다시 끔찍하게 느껴졌죠. 그러나 강연을 들으면서 제가 포기했던 희망이 떠올랐어요. 당신의 메시지가 진리라는 생각이 들었어요. 그날 저녁 샤워와 빨래, 양치를 하고 한 시간 동안 눈이 따가울 만큼 울면서 온 마음을 다해 기도했어요. 당신의 강연은 제게 큰 감동을 주었고 많은 것들이 갑자기 조금씩 이해되기 시작했어요. 저는 곧 집으로 돌아가 대학에서 간호학 학위를 취득하기 위한 첫 수업을 들을 계획이에요. 제 목표는 세상을 장식하는 것이 아니라 이 세상을 환하게 비추는 것이에요."

당신을 수치심에 빠지게 했거나 숨거나 고치는 방법으로 불편한 안전지대에 매달리게 했던 고통스러운 경험, 신념, 감정은 긍정적인 변화의 촉매제가 될 수 있다. 당신의 경험은 결코 마땅히 겪어야 할 일이 아니었고 상상할 수 있는 최악의 상황일지라도 마찬가지이다. 신체수치심과 불안이 밀려올 때 이전의 방식으로 자책하고 자신을 단죄해서는 안 된다. 감정에 휩싸여 자신을 더 상처 입히는 일시적인 대처법에 의존해서도 안 된다. 대신 이러한 파도를 자기 몸으로 돌아가기 위한 기회로 바라봐야 한다. 당신의 몸은 당신의 집이자 궁극적인 안식처이다. 그 누구의 것도 아닌, 오로지 당신만의 것이다. 신체 이미지와 몸과의 관계에서 발생하는 모든 혼란을 성장하고 배우며 더 큰 힘과 목표를 가지고 집으로 돌아오는 기회로 삼아야 한다.

이 책은 신체 이미지 회복탄력성을 키우는 데 필요한 여러 가지 강점과 기술, 전략을 소개한다. 어떤 것은 이미 당신 안에 자연스럽게 자리 잡고 있을 것이며 또 일부는 학습과 훈련으로 발전시킬 수 있을 것이다. 이어지는 장들에서는 회복탄력성을 함양하는 방법을 살펴본다. 이 과정은 대상화가 남긴 수치심과 상처에 맞서 싸우고, 진정한 자신과 연결함으로써 세상에 이바지할 수 있는 사람으로 성장하는 토대가 될 것이다.

2장

미디어 환경을
비평하고 구축하기

· 당신이 자신의 몸을 어떻게 느끼는지에 영향을 주는 것은 무엇
인가?
· 어떤 미디어, 메시지, 경험들이 당신이 자신의 몸과 타인의 몸을
바라보는 방식에 구체적으로 영향을 미쳤는가?

미디어 고찰

> 여자아이들은 아주 어린 시절부터 외모가 가장 중요한 가
> 치이며, 외모가 자신의 가치와 존엄을 좌우한다는 메시지를
> 받는다. 남자아이들 또한 여자아이들에게 중요한 것은 외
> 모라는 메시지를 받는다. 우리는 광고, 영화, 텔레비전 프로
> 그램, 비디오 게임 등 눈길 닿는 곳 어디에서나 이 메시지를
> 접한다. 여성은 무엇을 하든, 어떤 성취를 이루든, 결국 그
> 녀의 가치는 여전히 외모에 달려 있다는 현실을 마주한다.
>
> 진 킬본Jean Kilbourne,
> 다큐멘터리 「부드럽게 여성을 죽이는 법: 광고에 나타난
> 여성의 이미지*Killing Us Softly: Advertising's Image of Women*」 제작자

신체 이미지 지도 그리기

  텔레비전, 영화, 잡지, 비디오 게임, 소셜 미디어는 여성과 소녀를 대상화하는 메시지를 전달하는 가장 대중적인 매체다. 이러한 영향력은 어린 소녀에게까지 미친다. 여성과 소녀는 매번 새로운 메시지를 조합하여 서서히, 그러나 확실하게 최초의 신체 이미지 지도를 그려 나간다. 지도에 X로 표시된 목적지는 언제나 '아름다워지기'다. 이 지도는 앞으로 수년간 대상화라는 위험한 바다를 항해하고 이해하는 데 사용될 것이다. 신체 이미지 지도는 마음속에 존재하면서도 실제 문서처럼 생생하게 존재하는 지도이다. 지도는 이상적인 아름다움이 바뀌고 몸에 대한 자신감과 매력이라는 목적지로 향하는 새로운 경로를 발견하면서 계속 변화하고 진화한다. 지도에 영향을 미치는 메시지와 아이디어는 항상 존재하며 피할 수 없다. 최근 잡지, 광고판, TV, 영화, 인스타그램 속 인기 계정을 살펴본 경험이 있다면 미디어가 규정하는 매력적이고 건강하며 '전형적'인 여성상이 무엇인지 이미 알고 있을 것이다. 그 모습은 당신의 신체 이미지 지도에도 표시되어 있을 가능성이 크다. 당신이 원하는 이상형은 아마도 젊고 날씬하면서 동시에 '적당히' 풍만한 몸매, 굵고 매끄러우며 윤기 있는 머리카락, 풍성하면서도 정돈된 눈썹, 긴 속눈썹, 도톰한 입술, 모공과 주름이 없는 매끈한 피부, 작은 코의 조합일 것이다. 피부가 밝다면 건강한 '구릿빛'이어야 하고 까무잡잡하다면 '너무 어둡지 않아야' 한다.

이상적인 외모의 여성은 인스타그램 같은 소셜 미디어에 몸과 미용에 관한 게시물을 공유한다. 그녀는 자신이라는 브랜드에 사람들을 끌어들이는 방법을 정확히 알고 있다. 주변 사람들은 그녀의 아름다움과 매력을 칭송하고, 댓글에는 그녀의 몸매와 의상에 대한 찬사로 넘쳐난다. 그러나 이들이 영화나 TV 프로그램에 표현되는 모습은 남자 주인공의 애정 상대나 욕망의 대상일 뿐이다. 여성은 극 중에서 중요한 임무를 수행할 때도 상황과 전혀 어울리지 않는 옷을 입고 등장하기 일쑤다. 남성은 역할에 어울리는 옷을 입고 연기하지만, 여성은 죽음의 기로에 서 있는 순간에도 코르셋을 입고 있거나, 목숨 걸고 도망치는 상황에도 흠뻑 젖어 속이 환히 내비치는 상의에 12센티미터 하이힐 차림인 경우가 부지기수이다.

많은 소녀의 신체 이미지 지도가 결국 몇 가지 비슷하고 제한된 목적지로 이어진다는 사실은 어쩌면 당연하다. 그 목적지는 동경하는 공주 캐릭터, 유명 연예인, 인플루언서와 비슷한 외모를 갖춰 옷장 뒤쪽에 처박혀 있던 청바지를 다시 꺼내 입을 수 있을 정도로 날씬해지기, 당당하게 비키니 입기, '예전 몸매' 되찾기, 이마 주름과 눈가 주름 제거 등으로 집중된다. 그러나 목적지에 도달하는 경로와 지름길은 시술, 철저한 운동과 다이어트 등으로 비교적 다양하다. 다만 여기에는 한

가지 공통점이 있다. 이 길을 따르거나 적절한 대가를 지급하기만 하면 행복, 편안함, 사랑, 성공을 선사하겠노라고 공언한다는 점이다.

우리가 그리는 지도 속 목적지 이미지는 일관된 메시지로 상상할 수 있는 모든 경로로 전달된다. 이 메시지는 허용되는 신체와 외모의 범위를 좁혀서 보여 준다. 만약 당신의 타고난 외모가 그 범위를 벗어나면 경계선에 근접해 있든 멀리 떨어져 있든, 수많은 사람과 기업이 목적지에 도달하도록 이끌겠다고 주장하며 설계한 경로를 선보인다. 그들은 비용과 노력이 충분히 값어치 있을 거라며, 그 끝에는 자신감과 매력이라는 오아시스가 기다린다고 약속한다.

소셜 미디어, 어린이 영화, 지역 뉴스와 같은 미디어에서 여성은 쉽게 제공되는, 볼품 좋은 대상으로 자주 묘사된다. 사고하고 느끼는 인간이 아니라 단지 소비되기 위한 몸으로 표현된다. 예를 들어 어린이 만화에서 긴 속눈썹을 자랑하는 풍만한 몸매의 암컷동물!이 '치카―와우―와우' 음악과 함께 엉덩이를 흔들며 등장해 수컷의 시선을 사로잡는 장면은 사람을 신체 부위로 전락시키는 대상화의 교묘하고 전형적인 사례다. 2017년, 지나 데이비스 미디어 젠더 연구소Geena Davis Institute on Gender in Media는 주연, 방영 시간, 대사 시간 측면에서 상위 100대 가족 영화를 고찰했을 때 남성 등장인물이 여성 등장인물보다 2배나 더 많다는 사실을 확인했다. 대다수의 여성 등장인물은 고도로 정형화되고 과도하게 성애화된 역할을 수행했다. 2016년 보고서에 따르면 여성 등장인물은 남성 등장인물보다 성적으로 노출이 심한 의상을 입고 등장할 가능성과 언어적으로 대상화될 가능성이 각각 3배 더 높은 것으로 나타났다.

대상화의 예를 몇 가지 살펴보자. 잡지가 선정한 '올해의 여성'은 거의 나체로 표지를 장식하는 반면, '올해의 남성'은 정장에 넥타이를 매고 등장한다. 이런 측면에서 『GQ』는 우리가 예의 주시하는 잡지이다. 여성 잡지의 거의 모든 톱기사는 체중 감량과 미용 관련 기사로 도배되어 있다. 남성 앵커는 나이를 먹어 백발이 성성해도 '실버 폭스silver fox, 매력적인 중년 남성—옮긴이'라 불리며 변함없이 지위를 유지하고 심지어 우대받기도 한다. 하지만 여성 앵커는 체중을 엄격하게 유지해야 하고, 제작자에게 머리 스타일과 의상에 대한 승인과 지시를 받으며, 노화 방지 시술을 의무로 규정한 계약을 체결해야 한다. 남성은 다양한 외모와 특성을 표현할 수 있지만, 여성은 편협한 의미의 이상적인 아름다움에 부합할 때만 영화와 TV에 캐스팅된다. 카메라가 여성의 몸을 위아래로 훑으며 특정 부위에 초점을 맞출 때마다 대상화는 발생한다. 마치 모든 시청자가 이성애자 남성이라도 되는 듯한 태도이다. 조금만 찬찬히 들여다보면 이러한 현상은 충격적일 정도로 만연해 있다.

뉴욕필름아카데미New York Film Academy에 따르면 스크린에 등장하는 여성은 남성보다 대사가 적거나 나체 또는 반나체로 등장할 가능성이 훨씬 높다. 최근 몇 년 동안 나체 또는 반나체로 등장하는 10대 여성의 비율이 급격히 증가했다. 소셜 미디어에서도 이러한 경향은 비슷하게 나타난다. 노출이 심한 콘텐츠나 몸과 미용 중심 콘텐츠 게시물에 등장하는 소녀와 여성의 비율은 몇 배로 껑충 뛰었다.

엔터테인먼트 미디어는 스크린 속 남성과 여성에게 허용되는 나이에 이중 잣대를 들이댐으로써 현실을 더 왜곡한다. 무려 미국 여성의 62퍼센트가 40세 이상이지만 엔터테인먼트 미디어에는 고령의 남성이 비슷한 나이대의 여성보다 10배나 더 자주 등장한다. 2018년에 최고 수익을 올린 영화에서 남성 등장인물은 45퍼센트가 40세 이상인 반면, 같은 나이대의 여성 등장인물은 31퍼센트에 불과했다. 또한 영화에서 나이 많은 남성의 연인이나 아내로 등장하는 여성은 대부분 남성보다 수십 살 더 어린 경우가 많았다. 조니 뎁, 리어나도 디캐프리오, 제임스 본드 시리즈 출연 배우 등의 역할과 그들의 실생활에서 흔히 목격된다. 전반적으로 남성은 70대까지 출연하는 반면, 여성은 40세만 넘어도 미디어에서 점차 사라진다. 미디어 학자 게이 터크먼G. Tuchman은 여성의 심각한 과소 재현과 고정관념에 기반한 표현을 '상징적 소멸symbolic annihilation'이라고 명명했다. 그러나 이 상징적 소멸이 여성의 신체 이미지, 자존감, 은행 계좌에 미치는 영향은 결코 '상징적'이지 않다.

엔터테인먼트 미디어에 출연하는 고령 여성의 숫자가 줄어들면서 이들이 표현되는 방식 또한 중요해졌다. 해리슨 포드, 브루스 윌리스, 덴절 워싱턴, 콜린 퍼스, 하비에르 바르뎀, 톰 크루즈, 리엄 니슨, 제이슨 스타뎀, 윌 스미스, 조지 클루니와 같은 50~70대의 남성들은 시대를 막론하고 주로 현명하고 재미있고 지적이며 '섹시한' 이미지로 등장한다. 이러한 경향은 음악 산업에서도 별반 다르지 않다. 남성 아티스트들은 인생 후반에도 인기를 구가한다. 지난 20년간 「슈퍼볼 하프타임 쇼Super Bowl halftime show」내셔널 풋볼 리그 결승전 중간에 12~15분 동안 펼쳐지는 공연으로, 미국 최대 음악 축제—옮긴이에 출연했던 아티스트로는 폴 매카트니, 에어로스미스, 브루스 스프링스틴, 레드 핫 칠리 페퍼스, 스팅, 롤링 스톤즈, 레니 크라비츠, 더 후 등이 있다. 그러나 50세 이상의 여성 배우와 음악 아티스트들로 이와 같은 길고 다양한 목록을 만들기는 어렵다. 메릴 스트립, 줄리아 로버츠, 헬렌 미렌, 비올라 데이비스, 줄리안 무어, 다이앤 키튼 정도만이 이 기준에 부합하는 배우로 여겨진다. 그러나 이들조차도 남성 배우들처럼 '섹시'하다고 여겨지지는 않으며, 단독으로 등장하기보다는 젊은 파트너와 함께 등장한다. 「슈퍼볼 하프타임 쇼」에서 공연한 50세 이상의 여성 가수를 꼽기는 훨씬 어렵다. 공연 당시 50세였던 마돈나와 제니퍼 로페즈 두 명만이 이에 해당하는 정도이다.

우리는 80~90년대에 아이다호에서 어린 시절을 보냈다.

우리가 초등학교 시절에 가장 좋아했던 TV 프로그램은 「세이브드 바이 더 벨Saved by the Bell」이었다. 우리는 이 프로그램을 보면서 대상화의 얕은 물에 발을 적시며 우리만의 신체 이미지 지도를 만들기 시작했다. 남자 주인공 잭 모리스는 우리의 첫 번째 짝사랑 대상이었다. 그는 화면 안팎에서 수많은 소녀의 사랑을 독차지했다. 잭은 활기차고 아름다운 켈리 카포브스키나 비슷하게 매력적인 등장인물들과 사랑에 빠졌고, 그가 마지못해 데이트하던 통통하고 어수룩한 소녀들은 시청자들에게 동정의 대상이었다.

렉시 이야기: 4학년 어느 날 방과 후 「세이브드 바이 더 벨」의 무도회 편을 본 나는 목욕 수건을 몸에 꼭 끼는 튜브 드레스처럼 두르고 전신 거울 앞에 섰다. 댄스파티에 튜브 드레스를 입고 갈 만큼 날씬해질 수 있을지 의문이 들었다. 내 몸이 날씬하지 않다는 두려움은 「세이브드 바이 더 벨」 때문만은 아니었다. 어린이와 가족 대상 프로그램에서 날씬한 소녀와 여성 출연자들을 보며 자란 나는 두려움이 증폭되었다. 「풀 하우스Full House」, 「더 프레시 프린스 오브 벨 에어The Fresh Prince of Bel-Air」, 「클래리사 익스플레인스 잇 올Clarissa Explains It All」, 「캘리포니아 드림California Dreams」, 「케빈은 열두 살The Wonder Years」 등 거의 모든 프로그램의 여성 출연자들은 마른 몸매였다. 드문 예외라면 「보이 미트 월드Boy Meets World」의 출연자 토팡가 정도였는데, 그녀는 분명히 매력적이었지만 TV 속 다른 주인

공들보다 약간 더 통통했다.

TV 속 소녀들은 여성이 된다는 의미를 우리에게 가르치고 구체화하며 강화했다. 미디어 속 여성에게 절대 가치는 날씬한 몸매였고 그들의 가장 중요한 관심사는 섹시함과 남성에게 선택받는 것이었다. 매력적이지 않은 여성과 소녀는 늘 웃기는 조연, 든든한 친구, 끔찍한 악당, 농담의 대상일 뿐 주인공이나 연애 상대역은 될 수 없었다. 나는 아홉 살에 이미 너무 뚱뚱해서 비정상이라 선택받거나 사랑받기 어렵다고 느꼈다. 미디어에서 다른 신체 유형이 긍정적으로 표현되는 장면을 본 적이 없는데, 실제 삶은 드라마와 같지 않다는 것을 어떻게 알 수 있었겠는가?

대상화의 바다에 푹 빠지기까지는 몇 년이 더 걸렸지만, 우리는 어린 소녀였을 때조차 만족스럽고 충만한 삶을 살려면 특정한 외모가 필요하다고 생각했다. 언뜻 보기에 무해해 보이는 미디어 노출에서 또는 가족과 친구들이 자기 몸을 비롯해 다른 사람의 몸을 별 뜻 없이 추켜세우거나 헐뜯는 식으로 평가하는 과정에서 그러한 생각은 강화되었다. 이 과정에서 우리의 신체 이미지는 왜곡되기 시작했다. 그 결과, 우리의 몸은 느끼는 것이 아니라 보이는 대상으로 변질됐다. 우리의 신체 이미지는 내면에서 경험하는 전체론적 자기 인식의 일부에서 분리되어 외부적이며 일차원적인 관점으로 옮겨갔다.

우리는 광고주, 가지고 놀던 장난감, 미디어 제작자, 심지어 사랑하는 사람들의 조종을 받아 사랑과 성공을 누리기에 합당한 신체적 자신감과 날씬한 몸, 아름다움을 갖추려고 노력했다. 그러나 노력의 끝에서 발견한 것은 거짓과 신기루였다. 우리는 삶이 날씬한 몸과 아름다움에 좌우되는 것처럼 그 지도를 따라갔다. 그러나 피부를 관리하고 유명 브랜드 옷을 사고 체중을 감량하는 등의 헌신적인 노력에도 약속된 결과는 얻지 못했다. 토요일 오전에 방영하는 만화 프로그램에서 광고하는 세안제를 사용해도 피부는 환해지지 않았다. 비싼 청바지로 거둔 효과는 한두 번의 칭찬으로 그쳤다. 베이비시터와 잔디 깎는 일로 번 용돈으로는 끊임없이 쏟아져 나오는 멋진 스타일의 브랜드 상품을 감당하기에는 역부족이었다. 사춘기 전에 시작한 다이어트는 반짝 성공에 그쳤다. 생활상의 제약을 견디지 못하게 되자 결국 요요 현상이 찾아왔다.

초등학교 5학년이 끝나 갈 무렵, 한 친구는 빅토리아 시크릿 모델 사진을 침실 문 뒤에 붙이고 살을 빼려는 의욕을 불태웠다. 우리는 청소년 잡지와 우편 주문 카탈로그에서 패션과 미용 정보를 강박적으로 수집했다. 열세 살이 되면서부터는 일기장에 다이어트 과정을 기록하기 시작했다.

렉시 이야기: 다음은 내가 수년간 쓴 일기의 한 구절이다. "캠프에서 돌아오자마자 다이어트를 시작했다. 오늘로 3일째다. 아자! 작년에는 12일 만에 5킬로그램을 뺐으니, 이번에

도 성공할 것이다. [목표 체중] 이하로 살을 빼고 싶다. 그때까지는 절대 멈추지 않을 것이다. 살을 뺀 모습이 너무 기대된다! 개학 전까지는 어떻게 해서든 목표 체중을 달성할 작정이다!" 이것이 바로 대상화의 은밀한 위험이다. 나는 뒷마당에서 평소 좋아하는 트램펄린을 타고, 캠핑을 가고, 친구들과 롤러블레이드를 타며 여름을 보내는 대신에 개학을 맞아 친구들에게 날씬한 몸매를 자랑하겠다는 포부로 가득 차 있었다. 외모로 사랑받고 인기를 얻음으로써 삶을 변화시키겠다는 희망이 다른 모든 활동에 우선했다. 그러나 내가 도달하고자 했던 그 목적지는 잡힐듯하다 시야에서 멀어지고는 했다. 나는 이미 열두 살 때 위험할 정도로 급격하게 체중을 감량하면서 이를 경험했다. 기절과 음식 집착을 제외하면 극적인 변화는 없었다. 불과 1년 후에 다시 불어난 살을 빼야겠다고 생각하고 있었으니까.

우리는 모두 대상화의 바다에서 허우적거린다. 광고는 간단한 '아름다움과 건강' 솔루션만 이행하면 이상적인 아름다움, 체중, 행복이라는 목적지에 도달한다고 떠들어댄다. 그러나 그 목적지는 이제 겨우 도착했나 싶으면 지평선 너머로 다시 저만치 멀어져 가는 신기루일 따름이다. 목적지로 가는 통행료를 한 번 더 지급하거나, 끊임없이 변화하는 미용 도구 키트를 트렌드에 맞춰 다시 구매하거나, 애쓰지 않았는데도 날씬함과 아름다움이라는 오아시스에 가본 적이 있고 그곳에 가는 방법을 정확히 알고 있다고 말하는 누군가의 뒤를 따를 기회를 한 번 더 얻어야 하는 것처럼 보인다. 목적지에 가 본 적이 있다고 떠들어대는 사람은 아마도 이를 증명할 사진도 가지고 있을지 모른다. 다만 사진에 어떤 후처리 작업을 했는지는 누구도 알 수 없다. 당신도 오아시스에 도달하고 싶을 것이다. 그러나 지도의 실제 최종목적지가 어디인지, 그 과정에서 어떤 희생을 감수해야 할지 먼저 확인해야 할 것이다.

여성의 몸을 다루는 대부분의 미디어 메시지는 우리의 행복, 건강, 힘, 관계가 결국 소비가능성consumability—타인에게 매력적으로 보이고 거부할 수 없을 정도로 섹시한 상태—에 달려 있다는 생각을 바탕에 깔고 있다. 미디어 인플루언서, 광고 전문가, 관련 산업은 이러한 대상화된 이상을 끊임없이 판매하면서 우리의 불편함을 정상화하고 타고난 자기 모습을 비정상적이고 열등하게 느끼도록 조장한다. 우리가 시청하는 주류 TV 프로그램과 영화에는 광고주가 판매하고자 하는 이상에 부합하는 여성만 등장한다. TV 시리즈 「다이어트랜드Dietland」는 서레이 워커Sarai Thalker의 동명 소설을 마티 녹슨Marti Noxon이 연출한 작품이다. 작품 속 등장인물이 '불만족 산업 복합체'라고 부르는 산업들은 여성이 하늘이 주신 제품과 서비스, 즉 여성만을 위해 만들어진 상품을 구매하지 않는 한 인정받을 자격이 없다는 사고를 바탕으로 구축되었다. 남성은 이러한 방식으로 결함이 정의되거나, 결함을 수정할 해결책을 처방받는 경우가 거의 없다. 그러나 여성은 이런 거짓말에 포획되었다. 이 거짓말을 곧이곧대로 믿고 따르는 여성들에게 의존하는 산업은 말 그대로 대박을 터뜨렸다.

이러한 대상화 메시지가 우리 삶에 미치는 영향을 이해하기 위해서는 소셜 미디어를 비롯한 미디어의 수익 중심적 특성을 이해할 필요가 있다. 미디어 제작자, 광고주, 미용, 패션, 체력 단련, 다이어트 업계 선두주자들은 많은 사람이 미처 알아차리지 못한 비밀을 간파했다. 여성의 구매력이 막강하다는 사실이었다. 여성은 전 세계적으로 20조 달러 이상의 소비를 주도하며 가정 내 주요 소비자의 75퍼센트를 차지한다. 우리가 일찍부터 대상화의 바다에 빠져들고 그곳에서 편안함을 느낄수록 관련 기업들은 더 큰 이익을 거둔다. 만약 소녀들에게 작은 코·턱, 개미허리, 큰 눈·가슴의 공주 같은 이상과 화장, 드레스업 키트가 단순한 선호를 넘어 반드시 따라야 할 기준이라고 설득할 수 있다면, 소녀들은 자신의 가치가 얼마나 예쁘게 꾸미는가에 좌우된다고 느끼면서 평생 이와 관련된 상품에 관심과 돈을 쏟게 될 것이다.

미디어에서 여성과 소녀가 표현되는 방식과 이들을 대상으로 한 광고와 실생활에서 여성이 얼마나 축소되고 조작되는지를 비판적으로 살펴보면 다음과 같은 의문이 제기될 수밖에 없다. 미디어 제작자들은 왜 특정 유형의 여성만을 아름답고 성공적이며 사랑받을 가치가 있는 존재로 묘사하는가? 여성에게 업계 표준으로 적용되는 디지털 조작이 남성에게 적용되지 않는 이유는 무엇인가? 기적에 가까운 이상적인 몸매, 모공 없는 피부, 화려하게 염색된 머리카락, 복원된 흉터, 부드러운 피부, 풍성한 속눈썹, 주름 없는 얼굴과 목, 손 등을 약속하는 광고가 여성에게만 집중되는 이유는 무엇인가? 왜 소셜 미디어에는 젊고 날씬하며 짙은 화장을 한 '인플루언서'들이 넘쳐나고, 그들은 항상 #스폰콘sponcon, 후원 콘텐츠이라는 이상을 피드에 쏟아붓는 걸까?

이 질문들에 대한 답은 종종 돈으로 귀결된다. 일상에 스며드는 위험한 메시지 대부분은 이윤을 중심으로 형성되며 대다수 미디어 매체와 플랫폼 운영은 광고 수익에 의존한다. 잡지, TV 프로그램, 영화, 뉴스, 소셜 미디어 인플루언서 콘텐츠도 마찬가지이다. 콘텐츠는 광고와 동일한 이상, 즉 정상적이고 달성할 수 있는 것처럼 보여야 한다. 그렇지 않으면 광고주의 불만을 사기 때문이다. 디지털 방식으로 여성의 날씬한 신체 부위를 한층 강조하고 모공, 셀룰라이트, 주름과 같은 삶의 흔적을 제거하는 작업은 몇몇 편집자의 미적 취향에 따라 우연히 결정된 사항이 아니다. 여성들에게 잘못된 이상을 추구하도록 자극하여 이윤을 창출하려는 장치다.

#스폰콘과 인플루언서

잡지와 TV에 보이는 이상적인 모습은 소셜 미디어 인플루언서들이 공유하는 비법과 요령 덕분에 한층 더 가까워 보인다. 인플루언서들은 허리 셰이퍼(코르셋의 완화적 표현), 다이어트쉐이크, 헤어 구미(모발에 영양을 공급하는 젤리 형태 영양제—옮긴이), 식욕억제 사탕, 최신 유행 운동법, '플랫 터미 티'라 불리는 차 등이 자신들을 최고의 모습으로 만들어 준다며 그들의 개인적이고 검증되지 않은 #협찬 후기를 공유한다. 그러나 제품이 해결해 준다고 광고하는 결점이나 문제가 이들에게는 아예 처음부터 없었을 뿐이다. 그럼에도 이들은 몸매가 더 완벽하게 보이도록 축소하거나 확대하고 흐리게 하는 등의 디지털 방식으로 사진에 수정을 가한다. 팔로워들은 그들이 어떻게 사진 속 모습이 되었는지 알고 싶어 하고, 이들이 추천하는 제품은 무엇이든 구매할 준비가 되어 있다. 소비자들은 유명인과 인플루언서들이 실제로는 사용해 본 적도 없는 제품을 판매하려고 기업이 써준 문구를 그대로 옮겨 적는다는 사실을 알 필요가 있다. 그러나 이리고, 우울하고, 쉽게 상처받고, 인정을 갈구하는 여성들은 이를 알아차리지 못하고 쉽사리 유혹에 넘어간다.

제품 홍보는 유명인이나 인플루언서의 노골적인 광고, 소셜 미디어 피드에 노출되는 광고, 우리의 목소리(!!!)와 검색

기록, 친구에게 보낸 문자를 추적하는 맞춤형 광고에서 그치지 않는다. 친구 목록에 있는 평범해 보이는 사람들마저 교묘한 방식으로 제품을 판매하는 경우가 늘고 있다. '마이크로 인플루언서_{팔로워가 수만 명에서 많게는 수십만 명인 자}'와 '나노 인플루언서_{팔로워가 1천 명 정도인 자}'도 친구 목록에 등장한다. 이들은 샴푸나 피부 관리 제품 정보를 공유하는 방식으로 눈에 띄지 않게 광고 해시태그를 붙이거나, 광고라는 사실을 아예 밝히지 않기도 한다. 연구 결과에 따르면 사람들은 전통적인 광고보다 지인, 또는 소셜 미디어 노출로 지인 같은 느낌이 드는 사람의 제품 추천을 더 신뢰한다. 따라서 이러한 교묘한 광고 기법은 점차 확산하고 있다.

인플루언서 마케팅 회사 미디어킥스_{Mediakix}에 따르면 인플루언서 마케팅에 지출되는 총광고비는 2019년 50억 달러에서 2024년 100억 달러까지 증가했다. 친구나 친구의 지인이 당신을 단순히 소셜 미디어 친구가 아닌 잠재 고객으로 보는 속도가 얼마나 빠른지 주의 깊게 살펴볼 필요가 있다. 또한 당신이 친구와 가족을 같은 방식으로 보지 않는지도 세심히 살펴야 한다. 여성은 소셜 미디어와 같은 유형의 매체를 통한 직접 마케팅의 주요 목표이며, 판매되는 제품 유형도 여기에 맞춰져 있다. 유명인이나 인플루언서의 노골적인 협찬 게시물, 기업의 실제 광고, 친구의 평범한 일상 게시물에 담긴 은밀한 홍보는 외모 관련 광고가 압도적으로 많다. 메이크업,

모발용 제품, 다이어트와 체중 감량 계획, 패션 아이템, 쉐이프웨어shapewear와 기타 몸 관련 상품이 소셜 미디어 광고를 지배한다. 소녀와 여성을 겨냥한 광고는 주로 두 가지 믿음을 심어 준다. 첫째, 여성의 행복, 건강, 사랑받을 수 있는 능력은 외모에 달려 있다. 둘째, 특정 제품과 서비스를 사용하면 이상적인 몸을 만들 수 있고 행복과 건강, 사랑을 누릴 자격이 생길 수 있다.

잠시 시간을 내어 여성을 대상으로 온오프라인에서 판매되는 제품을 살펴보자. 얼마나 많은 제품이 여성의 몸과 아름다움에 대한 불안을 이용하는가? 상당수의 제품이 '건강' 또는 '주체적으로 살기being your own boss'라는 이름 아래 사실은 여성의 외모에 초점을 맞춘다는 것을 알 수 있다. 판매 목적 그룹, 이벤트, 개인 메시지 또는 유도성 게시물에서 다이어트쉐이크, 미백 치약, 체형 보정 랩과 크림, 립스틱, 레깅스, 운동 계획, 액세서리, 메이크업, 피부관리, 모발용 제품, 노화 방지 상품, 다이어트와 체중 감량 프로그램, 뷰티 비타민, 스키니 해독차, 그 외 최신 유행 상품을 친구나 지인 또는 낯선 사람에게서 구매하라는 요청을 받아 본 경험을 떠올려 보자. 어쩌면 당신도 이런 세품들을 판매해 본 경험이 있을지도 모른다. 그 이유는 충분히 이해된다. 그러나 우리는 모두 과거에 사용하기도 했고 표적이 되기도 했던 판매 전략, 특히 여성의 결점을 '고치는' 데 중점을 둔 전략에 주목할 필요가 있다. 노골적으로 때로는 은밀하게 여성을 대상화하는 사고방식에 기반하고 의존하는 사회에서 여성은 쉽게 먹잇감으로 전락한다.

머리부터 발끝까지 스며든 대상화

대상화의 바다에 발을 담근 순간부터 여성은 자기비판적인 시선과 대상화하는 시각으로 자기 몸을 바라보고 관계를 맺게 된다. 여성은 고쳐야 할 부분으로 나눈 신체 부위에 대해 적절한 비용을 지불하면 각 부위를 고칠 수 있는 해결책이 많다는 것을 배우게 된다. 우리는 모근부터 발가락 끝까지 몸의 모든 부분을 의식하고, 고치고, 바꾸고, 유지해야 한다는 압박을 받는다. 이제 정수리—그야말로 머리 꼭대기—부터 시작해서 신체 이미지 지도의 경로를 은밀하고도 강력한 방식으로 설정해 온 미디어와 문화적 메시지를 따라가 보자.

머리카락과 털: 일반적으로 여성은 탈모를 포함해 머리 길이, 색상, 질감, 스타일을 평생 관리해야 한다. 특히 흑인 여성은 이러한 관행에서 비롯된 엄청난 성적·인종적 차별과 불이익으로 고통받는다. 자연모를 화학적으로 펴거나 가발을 착용하라고 지시하는 직장에 근무하는 흑인 여성은 과도한 시간과 비용을 들여 이러한 이상을 수행한다. 이를 거스를 경우에는 불이익을 받기도 한다. 광고와 엔터테인먼트 미디어,

또한 이 둘의 결합은 이러한 헤어 기준을 구성하고 강화한다. TV와 영화에서 긍정적으로 표현되는 여성 등장인물과 소셜 미디어 인플루언서들은 길고, 두껍고, 윤기나고 스타일링을 거친 머리에 붙임머리 시술을 한다. 아마 로레알의 수익 창출용 구호 '당신은 소중하니까요.because you're worth it.'와 모발용 제품 광고를 온라인에서 접하지 않은 여성은 없을 것이다. 여성에게 머릿결 관리는 아주 어린 나이에 시작해 평생 시간과 노력, 돈을 투자해야 하는 부담이 된다.

두피 아래의 모든 털은 임의적이면서도 엄격한 규칙에 지배된다. 허용되는 털과 허용되지 않는 털의 구분부터 시작해서 이를 꼼꼼히 유지하고 제거하는 방식이 존재한다. 그러나 눈썹과 속눈썹의 관리와 체모 제거에 왜 그토록 많은 시간과 에너지를 쏟아야 하는지 깊이 생각해 보거나 의문을 품은 사람은 그리 많지 않을 것이다. 눈썹 관리를 하면서 많은 사람이 뽑기, 왁싱, 채우기, 라인 그리기, 스레딩threading, 실을 사용한 제모 방식으로 인도, 이란, 중앙아시아 등지에서 유래—옮긴이, 문신, 마이크로블레이딩microblading, 피부에 색소를 침착시키는 반영구 화장 기법—옮긴이의 고통을 경험한다. 중국에는 이 고통마저도 무감각해진다. 우리는 과거에 유행했던 다양한 눈썹 모양을 떠올리며 종종 웃곤 한다. 그중에는 기형적인 모양도 있었다. 90년대 후반에는 극도로 얇은 눈썹이 유행했다. 타고나게 짙은 눈썹의 사람들조차 12살에 족집게로 눈썹 뽑기를 시작한 카이트 자매처럼 눈썹을 뽑아댔다. 남성들이 눈썹에 기울이는 관심은 여성 파트너의 제안에 따라 가끔 눈썹을 정리하는 정도에 머문다. 남성들은 눈썹 전용 젤, 펜슬, 문신, 시술이나 관리 없이도 아무 거리낌 없이 생활한다.

눈 아래에 있는 털은 어떤가? 사춘기 이후 우리가 받은 메시지는 분명하고 강력하다. 바로 수단과 방법을 가리지 말고, 털을 제거하라는 것이다. 겨드랑이털? 당연히 제거 대상이다. 면도, 왁싱 또는 레이저 제모를 한 후에는 도브Dove의 '암핏 메이크오버armpit makeover' 데오드란트로 마무리한다. 실제로 도브의 TV 광고는 전 세계 여성의 겨드랑이를 향해 선포한다. "최고의 관리를 받는다면 당신의 겨드랑이는 더 부드럽고 매끄럽고 아름다워질 수 있습니다. 당신은 최고의 관리를 받을 자격이 있어요. 이 사실을 절대 잊지 마세요." 배꼽에서 발가락 끝 사이의 털은 어떨까? 이론의 여지 없이 제거해야 한다. 수천 달러의 비용을 들여 반복적으로 레이저 제모를 하는 한편, 몇 주 간격으로 왁싱하고 이틀에 한 번꼴로 면도한다. 아무리 많은 시간, 에너지, 돈이 들더라도 털은 제거되어야만 한다. 자연스럽고 위생적이며 몸을 보호해 주는 털을 여성성을 포기하는 대가를 치르면서 유지한다는 건 절대 용납되지 않기 때문이다. 기업들은 매년 수십억 달러의 광고비를 투입해 여성들이 어렸을 때 내재화한 불합리한 이상을 고수하는 동시에, 정상적인 대안은 비위생적이고 여성스럽지 않고, 매력이 떨어지는 행위로 치부하도록 몰아가고 있다.

눈: 속눈썹을 간과해서는 안 된다. 속눈썹 강화 산업이런 이름의 산업이 있다는 사실이 믿어지는가?은 빠른 속도로 성장하고 있는 산업이다. 아름다운 여성은 짙고 두껍고 길고 풍성한 속눈썹이 있어야 한다는 믿음을 바탕으로 다양한 옵션을 제공한다. 무대나 카메라 앞에서만 볼 수 있었던 인조 속눈썹은 이제 카풀을 한 차 안이나 사무실 같은 일상 속에서도 흔히 볼 수 있는 트렌드로 자리 잡았다. 시술은 작은 자석이나 접착제로 가짜 속눈썹을 자연 속눈썹에 붙이는 방식으로 행해진다. 그러나 일단 속눈썹을 연장하기 시작하면 인조 속눈썹 없이 대낮에 나서는 것은 '벌거벗고 개학 첫날 등교'하는 것 같은 기분이 들 수도 있다는 점을 염두에 두어야 한다. 자연 속눈썹을 개선하는 데 집중하고 싶다면, 속눈썹을 더 길고 풍성하게 기르기 위해 필요한 수십 종류의 처방전이나 일반 의약품 중에서 하나를 고르면 된다. 다만 실명이나 홍채 변색과 같은 치명적인 부작용이 뒤따를 수 있으니 주의해야 한다.

여성만의 이상적인 아름다움을 실현하는 데 홍채 변색 따위는 그다지 큰 문제가 아니라고 생각하는가? 터무니없는 생각이다. 2019년, 눈 건강 전문기업인 바슈롬Bausch + Lomb은 여성 전용 안구충혈완화제 루미파이Lumify를 출시하고 파스텔 색조의 TV 광고에서 '아름다운 눈을 만들어 줄 혁신적인 제품'이라고 선언했다. 광고 전략을 주도한 대행사 블루칩 마케팅 월드와이드Blue Chip Marketing Worldwide는 루미파이를 눈 건강 제품이 아닌 미용 개선제로 제품을 포지셔닝하는 데 성공했다고 자화자찬하며 "미용 마니아를 대상으로 더 환하고 밝게 빛나는 눈을 선사하는 루미파이만의 독특한 장점을 차별화한 것이 주효했다. 미용과 눈 관리 사이의 '접점'을 확보한 제품으로 소매점에서 만날 수 있다."고 홍보했다. 여성의 결점을 보완하기 위한 혁신적이고 성별화된 제품은 볼 때마다 흥미롭다. 아이러니한 점은 똑같은 신체 부위를 지닌 남성은 이를 교정해야 한다는 부담감이나 고민에서 벗어난다는 사실이다.

피부: 머리카락에만 관심을 기울이느라 정작 그 아래에 있는 피부를 잊으면 안 된다. 잊는 것이 과연 가능하기나 할까?. 피부는 우리 몸에서 가장 넓게 분포된 기관이니만큼 관리를 하지 않고 지나가는 일이 일어나서는 안 된다고 느끼도록 업계가 투자를 아끼지 않는 주요 분야이기도 하다. 피부 '결점'을 설명하고 묘사하는 말을 들어 본 적이 있는가? 여드름이 쉽게 돋고, 거칠고 울퉁불퉁하고, 변색한 부분이 있고, 어둡거나 창백하고, 건조하고, 처지고, 칙칙하고, 생기 없고, 흉터나 얼룩이 있으며, 피부 색조가 균일하지 않은가? 모공, 튼살, 정맥, 점, 주근깨, 기미, 주름이 눈에 띄는가? 이는 대부분의 사람에게 있는 특성이지만, 당신은 자신의 피부를 비정상적이라고 생각할 수 있다.

얼굴, 목, 손의 피부는 항노화 산업의 주요 표적으로, 이 분야에서만 수십억 달러의 경제효과를 창출하고 있다. 특히 여성은 항노화라는 이상을 유지해야 한다는 부담을 안고 살아간다. 거의 모든 신체 이미지 지도가 젊음이라고 표시된 목적지를 가리키고 있는 현실에서 놀랄 일도 아니다. 항노화 산업과 뷰티 산업이 여성의 노화를 죄악시하며 매년 거둬들이는 수익이 수십억 달러를 웃돌기 때문이다.

나이 든 여성이 미디어에서 긍정적으로 묘사되는 경우는 드물다. 그런 드문 경우가 있을 때조차도, 신기하리만치 이상적인 젊은 여성의 모습으로 등장한다. 눈가에 약간의 주름이 보일 수는 있지만 여전히 주목받을 만한 비키니 몸매이다. 50세 이상의 여성이 잡지, 광고, TV 프로그램, 영화에서 긍정적인 시각으로 소개되거나 외모 관련 광고에 등장할 때는 거의 예외 없이 주름이나 검버섯, 기미가 없는 탱탱한 피부, 탄력 있는 가슴, 흰머리가 전혀 보이지 않는 짙은 머리카락, 날씬한 몸매를 자랑한다.

청춘을 되돌려 준다는 샘물이라도 마신 것처럼 보이는 이 여성들이 젊음을 유지하는 비결은 과연 무엇일까? 실제 나이를 가늠하기 어려운 미디어 속 노년 여성이 젊음을 유지하는 비결은 보통 두 가지로 압축된다. 디지털 수정과 성형 수술이다. 원하든 원하지 않든—문화적으로는 원하지 않는 경향이 있다—나이가 들면 외모는 변하기 마련이다. 남성에게 이러한 변화는 대부분 정상적인 과정으로 받아들여지며, '품위 있는', '강인한', '실버 폭스'와 같은 표현으로 칭송받으며 긍정적으로 묘사된다. 반면 여성에게 노화는 금전, 시간, 건강상의 비용을 감수하고서라도 즉시 막고 되돌리고 숨겨야 할 문제이다. '당신은 소중하니까요.' 어디서 많이 들어 본 소리 아닌가?

성형은 미국에서 가장 수익성 높은 산업이며, 이 중 보톡스가 가장 많은 시술 건수를 자랑한다. 2018년 항노화 시장 규모는 세계적으로 425억 달러 규모였으며, 2023년에는 550억 달러까지 성장했다. 수백만 명의 사람들이 주름을 감추기 위해 보툴리눔 독소보툴리누스 중독을 일으키는 것과 동일한 박테리아에서 유래된 신경독소를 안면 근육에 주사하여 근육을 마비시키는 과정을 3~6개월마다 반복한다. 보톡스 시술을 받는 사람의 약 90퍼센트는 여성이다. 보톡스 다음으로 인기 있는 시술은 '노화 방지'를 위한 연조직 필러, 히알루론산 치료, 화학적 필링 등이다. 여성들은 비침습적인 치료 방식으로 '주름'을 제거하고, 모공을 최소화하며, 기미를 없애기 위해 매년 수십억 달러를 투자한다.

우리의 피부를 겨냥하는 업계는 노화 방지 산업만은 아니다. 태닝과 미백 산업을 빼놓을 수 없다. 도브, 니베아, 바세린, 로레알, 뉴트로지나 같은 기업들이 북미에서는 셀프 태닝 제품을, 북미 이외 지역에서는 미백일명 표백 제품을 판매한다는 사실을 알고 있는가? 이 기업들은 일부 지역의 여성에게는

'더 맑고, 더 밝고, 더 하얀' 피부를 강조하면서, 다른 지역의 여성에게는 '건강하고 빛나는 구릿빛 피부'가 아름답다고 역설하며 수십억 달러를 벌어들이고 있다. 이들 제품과 광고는 차별적으로 여성에게 접근하는 방식으로 세계 시장을 장악한다. 특히 흑인 여성들은 오랜 백인 우월주의 역사의 영향으로 더 밝은 피부로 보여야 한다는 압박에 시달린다.

미국에서 아름다움의 주류는 전통적으로 백인이었고 그 관행은 지금도 여전하다. 유색인종 여성, 특히 피부가 어두운 여성들에게 아름다움은 도달하기 어려운 이상으로 여겨져 왔다. 비욘세, 제니퍼 로페즈, 리한나, 레지나 홀, 케리 워싱턴, 퀸 라티파, 타이라 뱅크스, 안젤라 바셋, 조 샐다나, 타라지 P. 헨슨, 할리 베리 등 많은 유색인종 여성이 할리우드에서 명성을 얻고 있지만 백인 여성에 비하면 이들의 여정은 훨씬 험난하다. 주인공이나 뷰티 아이콘으로 미디어에 등장하는 유색인종 여성은 밝은 피부, 유럽형 이목구비, 날씬하면서도 균형 잡힌 몸매, 곧고 굵고 긴 머리카락 등 백인 중심의 이상에 들어맞아야 하거나, 스타일링이나 사진 촬영, 포토샵을 이용해 그 기준에 맞춰야 하는 경우가 많기 때문이다.

체중과 몸매: 마른 몸매는 지난 수십 년 동안 지배적인 미의 기준 중 하나였다. 1920년대 이후에 풍미했던 이상적인 몸은 마른 체형에서 극도로 마른 체형, 오늘날의 '날씬하면서도 볼륨 있고 매끄럽고 탄탄하고 결점 없는 체형'에 이르기까지 다

양하다. 이 피할 수 없고 만연한 이상은 대중매체가 탄생한 이래 지금까지 출판, 영화, 방송 등 모든 주류 미디어 매체에서 엔터테인먼트, 뉴스, 광고 등의 방식으로 끊임없이 전파되었다. 날씬하지 않은 여성은 일상적으로 농담의 대상, 악당, 또는 가련한 인물로 그려지며, 줄거리가 체중 중심으로 전개되지 않는다면 주인공이나 애정 상대가 되는 경우는 드물다. 날씬함은 필수이며, 뚱뚱함은 용납되지 않는다는 이 강력한 메시지는 소녀와 여성에게 꼭 아름답지는 않아도 최소한 괜찮은 외모라고 느낄 정도가 되려면 어떠한 수단이라도 동원해야 한다는 압박을 가했다.

대부분의 사람에게 아름다움과 성적 매력의 핵심은 마른 몸매이다. 하지만 이 관념은 현대 사회의 산물일 뿐이다. 관련 산업들은 우리가 이 생각을 충실하게 따르도록 세심하게 조작하고 유지해 왔다. 날씬함에 대한 뿌리 깊은 이상은 저절로 생겨난, 피할 수 없는 보편적 진리가 아니다. 사실 아름다움에 대한 이상은 전 세계적으로 다양하다. 여성의 풍만한 체형을 이상으로 여기는 문화권에서는 아름다움에 대한 이상이 서구의 이상과는 극명하게 대조된다. 그러나 일부 사람들, 특히 백인들은 이런 사례를 자신들의 세련되고 현대적인 생활양식이나 아름다움에 대한 이해와는 차별되는 '남의 이야기'로만 치부하며 무시하곤 한다. 현대의 날씬함이라는 이상을 대체할 만한 이상을 찾기 위해 굳이 다른 나라를 둘러볼 필요도 없다. 미국만 해도 약 100년 전에는 지금과 판이했다.

20세기 초 미국의 미녀 아이콘은 아마도 1861년에 태어난 배우이자 가수 릴리안 러셀일 것이다. 『뉴욕 타임스*New York Times*』는 1922년 릴리안 러셀의 부고 기사를 게재하면서 그녀가 "20년 이상 미국 무대를 빛낸 아름다운 여성 중 한 명"이라며 그녀의 아름다움을 반복해서 언급했다. 러셀의 명성이 절정에 달했을 때 그녀의 몸무게는 약 90킬로그램이었다. 그당시 그녀는 풍만한 몸매로 이름을 떨쳤다. 1902년 『뉴욕 타임스』 기사에서도 '뛰어난 아름다움'으로 칭송받았다. 우리는 이 기사를 처음 발견하고 그녀를 묘사하는 방식에 놀라움을 감출 수 없었다. "〔러셀은〕 튼튼하고 건강한 몸매를 유지하고자 철저히 관리하고 있다." 러셀의 몸무게는 오늘날의 기준262쪽에서 자세하게 소개할 잘못되고 비효율적인 체질량지수에 따르면 '비만'으로 간주하겠지만, 당시에는 오히려 건강과 매력의 상징으로 여겨졌다.

100년이 지난 지금, 아름다움의 이상 중 가장 두드러진 변화는 체중에서 나타났다. 러셀의 시대와 비교해 약 45킬로그램 정도 줄어들었다. 극도로 마른 영국의 '안티 슈퍼모델' 케이트 모스의 '웨이프 룩waif look'은 1990년부터 2010년까지 패션 업계를 지배했다. 2007년, 그녀의 연봉은 900만 달러약 100억 원로 포브스가 집계한 최고의 수입을 올리는 모델 목록에서 2위를 차지했다. 그녀는 중성적인 몸매로 패션 업계의 찬사를 받으며 50종 이상의 여성 잡지 표지와 유명 광고 캠페인에 출연했다. 2009년 엘리트 패션 잡지 『우먼스 웨어 데일리 _Women's Wear Daily_』와의 인터뷰 기사에 소개된 "깡마른 느낌만큼 감미로운 건 없다"는 그녀의 발언은 여성의 이상적인 몸에 대한 위험한 정서를 반영하며, 이상섭식 증가에 한몫 거들었다. 그녀의 위험하면서도 명백하게 거짓인 이 발언은 여전히 전 세계의 '신스피레이션thinspiration, '날씬한'(thin)과 '영감'(inspiration)의 합성어—옮긴이' 웹사이트, 또는 섭식장애 옹호 웹사이트에 등장한다. 대다수의 여성이 체중 감량을 열망하고, 미취학 아동들까지 다이어트와 식사량을 제한하는 행동을 모방하기 시작한 것도 놀라운 일이 아니다.

최근 몇 년간 주류 문화에서 인기를 끌고 있는 통통하고, 풍만하고, 육감적인 신체 이상은 과거의 건강하지 못한 기준에서 벗어나 긍정적인 방향으로 나아가고 있다는 증표라고 생각할 수도 있다. 그러나 사실은 이와 다르다. 다이어트와 체중 감량 산업은 해마다 성장을 거듭해 2018년에는 650억 달러 매출을 기록했다. 이 산업의 성장세는 불황기에도 꺾이지 않았다. 이상섭식 비율 또한 여전히 높은 수준을 유지하고 있다. 이제 날씬함은 기본이고, 날씬함과 부합되지 않는 다른 특성들, 풍만하고 탄탄한 가슴과 매끄럽고 둥근 엉덩이까지 요구된다. 이에 따라 많은 소녀와 여성들이 자연 상태로는 거의 존재하지 않는 외모를 얻기 위해 일부 부위를 축소하거나 확대하는 외과적 수술을 감행한다.

지방분해주사, 신체윤곽성형, 냉동지방분해, 지방흡입, 유방확대술, 엉덩이보형물삽입 등 여성들 사이에서 유행하는 성형 수술 외에도 상대적으로 비침습적인 선택지들도 유명인들에 의해 다양하게 소개된다. 스태티스타Statista의 시장 조사에 따르면 거들, 코르셋, 컨트롤 탑 나일론, 자전거 반바지 등의 쉐이프웨어 또는 '파운데이션 가먼트' 시장은 2019년에 7억 4,500만 달러를 기록했다. 2025년에는 10억 달러 이상의 수익을 달성할 것으로 예상된다. 이 산업의 성공은 여성의 몸이 매끄럽고 단단하며 균형 잡힌 육감적인 몸매여야 한다는 생각에 기반한다. 풍만함이든 날씬함이든, 아름다움에 대한 이상과 트렌드는 밀물과 썰물처럼 변화를 거듭하겠지만, 우리는 여전히 대상화라는 위험한 물살에 휘말려 있기 때문에 세부적인 사항은 그다지 중요하지 않다.

셀룰라이트: 현실에서 흔하지만, TV, 영화, 잡지에서는 전혀 찾아볼 수 없다. 건강과는 무관하지만 게으르고 자기 관리를 하지 않는 자의 상징으로 끊임없이 묘사된다. 크든 작든 대다수의 여성에게 나타나지만, 미디어는 이를 항상 충격적인 뉴스로 다룬다. 수백만 달러 규모를 자랑하는 이 산업은 수십 년 동안 치료법이 있다고 내세워 왔지만, 오늘날에도 여전히 사라지지 않았다. 이 알쏭달쏭한 이야기의 정체는 무엇일까? 바로 셀룰라이트다! 오늘날의 미의 기준이 작은 허리

와 큰 엉덩이라는 점을 고려하면, 여성의 몸에 대한 가장 터무니없는 기대는 '보기 흉한' 덩어리나 돌기가 없는 매끈하면서도 풍만한 몸매이다. 작은 덩어리와 돌기를 가리키는 과학적 용어인 '셀룰라이트'는 1968년 보그 잡지에 의해 미국에 처음 소개되었다. 그전에도 물론 존재했지만, 문제로 여겨지지는 않았다. 셀룰라이트는 여성의 80퍼센트 이상남성의 약 10퍼센트에서 발견되지만, 소비자의 불안을 이용해 수익을 올리는 업계에서는 수십 년 동안 이를 악의적으로 비방해 왔다.

셀룰라이트는 여성의 지방 세포가 피부 결합 조직에 부착하는 방식 때문에 발생한다. 지방의 양과 관계없이, 여성의 지방 세포는 대부분 입방체 모양으로 피부 조직에 부착되어 피부 표면이 거칠어 보인다. 반면, 남성의 지방 세포는 십자 모양으로 부착되어 주름이 생기지 않는다. 관련 산업은 여성을 이 '부끄러운' 상황에서 구한다는 핑계로 과하게 침습적인 수술과 고통스러운 레이저 치료, 산소와 혈액 순환을 차단하는 쉐이프웨어, '피부 탄력실제로는 피부를 태우는!' 로션과 물약 등 다양한 제품과 시술을 권유한다. 끔찍한 전후 사진을 보여주며 셀룰라이트를 제거한다는 시술과 제품 홍보는 대부분 허황한 주장일 뿐이다. 효과가 전혀 없거나 일시적이기 때문이다. 셀룰라이트 제거 효과를 입증할 만한 신뢰성 있는 연구는 아직 없다. 체중을 감량해도 지방 세포실의 구조나 형태는 변하지 않는다. 피부 아래에 있는 지방량이 미미하더라도 셀룰라이트가 생성되는 것은 피하기 어렵다는 뜻이다. 그러니 부끄러워할 필요도 없다. 허벅지와 엉덩이의 셀룰라이트를 과감하게 드러내는 스타를 두고 타블로이드와 소셜 미디어가 떠드는 말에 개의치 말아야 할 이유이다.

디지털 조작

디지털 조작이 현실 인식에 미치는 영향을 제대로 이해할 수 없으면 미디어의 속성을 간파하기 어렵다. 미디어가 '평균'에 대한 왜곡된 인식을 강화하고 정상화하는 주요 전략 중 하나는 유방확대, 페이스필러, 코성형과 붙임머리를 한 극도로 마른 여성을 지나치게 많이 출연시키는 것이며, 이는 업계 표준으로 자리 잡아가고 있다. 미디어는 여성에게 도달하기 어려운 이상에 맞출 것을 요구한다. 일반적으로 모델, 배우, 인기 아티스트의 인쇄영상 또는 정지영상은 포토리터칭을, 동영상은 컴퓨터생성이미지CGI를 이용해 디지털 보정을 받는다. 소셜 미디어에서 요구하는 이상이 점점 더 강화되는 가운데, 인플루언서들은 자기 몸을 완벽함의 정점으로 묘사해 수익을 창출하고 관심을 유도한다. 디지털 조작은 전 세계 미디어 제작자와 콘텐츠 크리에이터들의 공개적 지지와 옹호에 힘입어 업계 표준으로 자리 잡았다. 우리는 디지털 조작 논란을 자주 접하고 이와 관련해 수년간 문제를 제기해 왔다. 그러나 미디어 경영진과 제작자들은 이를 당연하고 허용할 수 있는 작업으로 강력하게 옹호한다.

널리 회자하는 포토샵 사례는 2009년 9월 잡지 『셀프*Self*』의 「보디 컨피던스Body Confidence」 특집호(!)에 실린 화보이다. 슈퍼스타 켈리 클락슨은 화보에서 디지털 보정으로 본래 모습을 거의 알아볼 수 없을 정도로 날씬해진 모습을 선보였다. 화보 촬영을 마치고 불과 며칠 후에 「굿 모닝 아메리카Good Morning America」에 출연한 그녀의 몸은 표지의 마른 모습과는 충격적일 정도로 달랐다. 켈리는 「보디 컨피던스」에 실린 인터뷰 기사에 자기 몸에 만족한다며 이렇게 말했다. "제 체중은 늘 바뀌는데, 저는 어떤 경우라도 만족합니다. 더 많이 먹기도 하고, 때로는 더 많이 운동하기도 해요. 사이즈는 늘 달라요. 사람들이 제 체중에 관해 이야기할 때 저는 이렇게 말해요. '당신은 제 체중에 문제가 있다고 느끼는 것 같지만 제 생각은 달라요. 전 만족해요!' 레드카펫이나 그 어디에서도 불편함을 느껴본 적이 없어요."

당시 『셀프』의 편집자였던 루시 댄지거Lucy Danziger는 심각하게 비윤리적이고 지나친 포토샵 논란에 관해 사과는커녕 오히려 이 문제를 옹호했다. "이미지 후속 수정 작업은 당연해요. 포토샵은 업계의 표준이죠. 켈리 클락슨은 자신감이 넘쳐요. 나이와 몸매와 상관없이 모든 여성의 훌륭한 역할 모델이에요. 운동으로 다져진 그녀의 몸은 탄탄하고 건강해요. 우리 잡지의 화보에는 그녀의 자신감과 아름다움이 투영되어 있어요. 그녀는 내면에서 빛을 발산해요. 모두가 원하는 느낌이죠. 우리는 이 화보와 켈리 클락슨을 사랑해요.”

흥미롭게도 댄지거는 여기에서 머물지 않고 한 발짝 더 나아가 자기 개인 블로그에 포토샵 작업을 합리화하는 글을 올렸다. “우리가 그녀의 외모를 바꿨나요? 포토샵은 단지 켈리를 돋보이게 하는 작업일 뿐이에요. 켈리가 자신감의 상징이라는 점에서, 그리고 사실이 그러하다는 점에서, 이 사진은 우리가 지금까지 뉴스 스탠드에 올린 사진 중 가장 진실한 사진이라고 생각해요.”

누군가의 ‘최고의 모습’이 현실과 전혀 닮지 않은 조작된 사진이라는 사실은 이해하기 힘들다. 그들은 잡지 곳곳에 ‘보디 컨피던스!Body Confidence!’라는 문구를 내세우고, 켈리가 현실에서 힘들게 얻어낸 ‘신체 수용’ 이야기를 인용했지만, 그녀의 몸매 그대로를 묘사하는 것은 거부했다.

이처럼 심각한 수준의 디지털 조작 사례는 주류 매체와 광고에서 어렵지 않게 찾을 수 있다. 몸과 얼굴이 의도적으로 왜곡된 사진을 직접 확인하는 경험은 소셜 미디어에서 훨씬 교묘하고 은밀하게 이루어지는 조작을 식별하는 힘을 길러준다. 오늘날 온라인 콘텐츠 제작에서 디지털 조작이 ‘업계 표준'이라는 것이 무엇을 뜻하는지 생각해 보자. 21세기 들어 대부분의 콘텐츠는 개인이 휴대전화로 생성해 인스타그램, 스냅챗, 유튜브와 최신 소셜 미디어 플랫폼에 게시한다. 이러한 개인들은 눈에 띄지 않게 페이스 튜닝을 거친 셀카를 올리는 친구, 앱을 사용해 셀룰라이트는 흐리게 하면서 일부 부위는 늘리거나 확대하는 패션 블로거, 필터와 전문가 수준의 조명 없이는 스냅챗이나 인스타그램에서 모습을 드러내지 않는 인플루언서이다. 이처럼 현실을 왜곡하는 단계를 정상화함으로써 과거에 주입되던 이상적인 몸의 기준을 강화하고 영속화하는 한편, 서로에게도 그러한 이상을 주입한다. 이제 디지털 조작은 미디어 업계 표준을 넘어서 개인의 표준이 되어 버린 시점에 이르렀다.

우리는 오프라인보다 온라인에서 더 많은 사람을 만난다. 그로 인해 수백만 명이 디지털 기술로 만들어진 우리를 본다. 사진을 자르고 필터링하고 조정할 때마다 정상적이거나 자연스러운 감각은 왜곡된다. 더 기만적이고 위험한 것은 달성할 수 없는 이상이 '우리와 똑같이 생긴' 친구나 좋아하는 유명인, 인플루언서의 사진으로 개인에게 평범한 일상처럼 전달될 때이다. 이 문제에 관해 확정적으로 결론을 내린 연구는 없지만, 학령기 여학생 10명 중 9명은 자신의 사진을 보정한다고 자인했다. 피부 보정과 이미지 보정 필터는 모든 플랫폼에서 흔하게 사용된다. 심지어 줌과 같은 화상 회의 시스템에도 '외모 보정' 설정은 있다. 사진 조작 앱이 보편화됨에 따라, 당신이 무엇을 보고, 무엇을 게시하는지, 대상화된 이상과 이를 모방하는 데 시간을 쏟는 것이 어떤 결과를 초래하는지 진지하게 고민해 볼 필요가 있다.

우리는 머리끝에서 발끝까지 몸의 모든 부분을 해결해야 할 잠재적 문제로 여기도록 훈련 받아왔다. 이른바 '문제 영역'이라는 것이 사실은 얼마나 일반적이며 자연발생적이고 무결한지 여부는 상관없이 말이다. **그러나 만약 우리가 몸의 각 부분이 수행하는 기능과 우리 스스로 그들을 경험하는 방식을 소중히 여긴다면 소위 말하는 그 결함들은 전혀 문제가 되지 않을 것이다.** 이를 결함으로 치부하여 고쳐야 한다는 압박감은 몸을 외모로만 평가하기 또한 평가받기 때문에 생겨난다. 우리 몸 구석구석까지 침투한 대상화가 정상화된 환경에서 우리는 수동적 객체에서 능동적 주체로 전환할 필요가 있다. 즉, 우리가 타인에게 어떻게 보일지에 대한 의문에서 우리 자신을 바라보도록 훈련받은 방식에 대한 의문으로 관심을 돌려야 한다. 당신이 스스로와 분열해 몸 일부를 감탄의 대상인 것처럼 관찰하고 판단하고 있다는 것을 깨닫게 되면, 당신의 잘못이 아니라 주변 환경이 그런 제한적인 시각을 심어주었기 때문이라는 것을 기억하자.

미디어 리터러시 높이기

우리는 이미지에 직접적인 영향을 줄 수는 없지만 이미지의 힘을 무력화할 수는 있다. 우리는 이미지를 무시하고 서로를 직접 바라볼 수 있으며, 우리 자신과 다른 여성들을 신화에서 벗어나게 할 수 있다.

나오미 울프Naomi Tholf,
『무엇이 아름다움을 강요하는가*The Beauty Myth*』

주변 환경을 더 명확히 인식하게 되면, 즉 신체수치심으로 내모는 이윤 중심의 메시지가 강요하는 대상화 관점을 파악하게 되면, 잘못된 신념을 해체하고 신체 이미지를 회복할 수 있는 길을 개척할 수 있는 능력을 얻게 된다. 자기 신뢰와 삶의 선택이 외부 영향으로 어떻게 왜곡되었는지 자각하게 되면 더 건강하고 행복한 방식으로 환경을 재구성할 수 있다. 이제 당신은 더 이상 수동적인 소비자가 아니다. 당신의 몸과 가치를 조작하는 메시지를 거부하는 동시에 자신과 타인에게 그 메시지를 강요하지도 않는다. 당신이 과거에 받아들인 또한 미래에 받아들일 정보를 더 현명하고 분별력 있게 판단할 수 있는 능력을 갖추게 된다면, 자신에게도 이롭고 더 나아가 사회에 더 많이 이바지할 수 있도록 신체 이미지 지도를 해체하고 재구성할 수 있을 것이다.

미디어 리터러시를 높이는 과정에서 가장 중요한 부분은 미디어가 수동적인 방식이 아니라 능동적인 새로운 삶의 방식이라는 점을 인식하는 것이다. 미디어 리터러시를 높이고 자기 신체 이미지 지도를 효과적으로 해체하는 능력은 단순히 무엇을 피해야 하는지, 외부의 메시지가 자신에게 어떤 영향을 미치는지를 아는 것에 그치지 않는다. 한발 더 나아가 자기 몸으로 경험하는 세상을 새롭게 이해할 힘과 기회가 있다는 것을 깨달을 필요가 있다. 당신은 기존의 왜곡된 신체 이미지 지도를 새로운 기술과 자원으로 대체하여 회복력 있는 삶으로 나아갈 힘을 지니고 있다. 이 새로운 길을 개척하기 위해서는 당신을 잘못된 방향으로 이끄는 정보원과 단절해야 한다. 그 대신 더 주체적으로 세상과 소통하고, 정보를 찾아보고 창조하며, 새로운 목소리를 키우고, 자신이 소중하게 여기는 몸과 가치를 종합적으로 반영하고 지지하는 메시지를 세상에 전파할 수 있는 새로운 방식을 선택해야 한다.

미디어 리터러시의 렌즈

대상화를 내면화하도록 조장한 메시지가 실은 수익을 창출하기 위한 왜곡된 메시지였음을 깨닫게 되면, 당신의 몸과 가치를 왜곡하는 거짓말을 훨씬 잘 인식하게 될 것이다. 당신이 자기 몸에 대한 만족도를 확인하거나 데이트, 수영, 선거 출마, 수강 등의 활동에 참여 결정을 내리는 데 사용해 온 물리적·수치적 기준은 무엇인가? 예전에 입었던 드레스였는가 아니면 한 번도 입지 않았지만, 체중 감량 동기를 부여하려고 간직해온 옷이었는가? 감량할 구체적 수치나, 예전의 체중, 또는 닮고 싶은 인물의 체중이었는가?

성공과 가치를 실현할 구체적인 목표나 당신의 몸과 당신을 개선할 방법을 알고 있지는 않았으니, 당신이 설정한 구체적 수치, 사이즈, 희망 사항이 어디에서 비롯되었는지 생각해 볼 필요가 있다. 받아들일 수 있는 정도의 신체 기준은 어디에서 얻었는가? 이 생각을 누구와 공유하는가? 자신의 신체적·수치적 목표를 추구하거나 달성함으로써 평화, 자신감, 행복을 얻었는가? 도달한 신체 이미지 목표에 만족하는가? 당신이 걸어온 길을 주변 사람들에게 추천하겠는가?

신체 목표를 일기로 기록하던 90년대 시절이라면, 우리는 마지막 세 질문에 모두 '아니요'라고 답했을 것이다. 하지만 체중 감량 실패로 낙담했던 경험은 신체 이미지에 대한 우리의 고정관념을 되돌아보고 분별력을 얻는 계기가 되었다. 우리는 자신감을 얻고 삶을 개선하고자 수년간 몸에 집착했다. 그러나 우리가 쫓던 이상이 비현실적이라는 사실을 깨닫는 순간, 처음으로 안도감이 들었다.

유타주립대학 1학년에 재학 중이던 18살 때 우리는 뛰어난 교수님, 브렌다 쿠퍼Brenda Cooper와 테드 피즈Ted Pease 두 분이 지도하던 저널리즘 전공 필수 수업 '미디어 스마트'를 수강했다. 이 수업에서 우리는 미디어 리터러시media literacy, 즉 미디어가 우리의 인식에 영향을 미치도록 설계된 방식을 비판적으로 고찰하고 이해하는 능력을 익혔다. 정교하게 기획된 광고 전략과 성차별이 결합하여 TV, 영화, 뮤직비디오, 광고, 잡지에서 여성의 몸이 제한적이고 이상화되어 표현되는 방식을 배우면서 흥분으로 가슴이 벅차올랐다. 현실을 반영하지 못할 뿐만 아니라 새롭게 구축된 이상을 대상화함으로써 우리의 몸과 자존감이 왜곡되는 방식을 이해하게 되자 온몸에 소름이 돋았다. '정상'으로 보이고 느끼기 위해 쫓아왔던 이 기만적인 환상에 우리가 얼마나 많은 시간과 에너지, 돈을 낭비했는지를 생각하니 아드레날린이 솟구쳤다.

이 수업은 오랫동안 당연시했던 믿음과 선택을 새로운 시각으로 바라보고 비판할 수 있는 계기가 되었다. 우리의 몸과 가치를 비판하는 대신, 그 이면에 있는 이상과 조작을 비판하는 것이 어떤 느낌인지 처음으로 알게 되었다.

우리는 열여덟 살 때 수강했던 수업에서 전인적인 자기감과는 거리가 먼, 대상화의 물결 속에 우리를 가두는 잘못된 신체 이미지 지도를 해체하는 기나긴 과정을 시작했다. 중학교 때부터 그 환경에 갇혀 있었기 때문에 그 외에 다른 삶이 있으리라고는 상상조차 하지 못했다. 미디어 조작과 현실을 구분하는 능력을 배우면서 그동안 온전한 자아를 해안에 남겨두고 왔다는 사실을 깨달았다. 자기대상화와 신체수치심의 부담에서 벗어나 보다 완전한 자아를 실현하고 싶다는 갈망이 되살아났고, 잃어버린 자아를 되찾을 수 있다는 희망이 희미하게나마 솟구쳤다. 우리는 점차 신체 이미지에 대한 잘못된 믿음과 세상을 바라보는 잘못된 방식을 미디어 리터러시라는 렌즈로 해체하고 재구성할 수 있었다.

새로이 습득한 획기적인 관점에 신체 이미지에 관한 수년간의 학습과 옹호 활동이 더해지자 시너지효과가 발생했다. 매일 접하는 정보와 기존의 정보를 비판적이고 분별력 있게 판단할 수 있는 능력을 갖추게 되면, 자신을 포함해 다른 사람들의 불안까지 덜어 줄 수 있는 힘이 생긴다. 이를 위해서는 몸과 관련한 미묘하고 노골적인 메시지에 숨겨진 조작의 종류를 학습해야 한다. 이러한 메시지는 제품과 서비스 구매를 유도하려고 자기대상화라는 정신적 과업 목록을 작성하도록 설계된 능수능란한 메시지이다.

미디어 리터러시는 당연시하던 몸에 대한 관점에 의문을 제기하고 관련 메시지를 새로운 방식으로 볼 수 있게 해 준다. 또한 사실과 허구를 구분하고 신체와 삶을 개선한다고 호도하는 사기성 전략을 간파할 수 있도록 돕는다. 비판적인 미디어 소비자가 되면 기업과 개인이 그들의 제품과 서비스가 이상적인 몸과 자신감의 열쇠라고 설득하려고 사용하는 주장을 분석할 수 있는 능력이 생긴다. 특히 이들 제품이 광고한 만큼 효과가 없을 때 비판적으로 바라볼 수 있도록 돕는다. 날마다 새로운 제품과 서비스가 쏟아져 나오지만, 그중 어느 것도 시장에 오래 머물거나 업계를 완전히 장악하지 못한다. 만약 미용이나 체중 감량의 기적이 존재한다면, 그 사실을 모를 사람이 누가 있겠는가? 그런 기적은 존재하지 않는다. 그러나 우리는 헛된 희망을 꿈꾸며 시도와 구매를 멈추지 않는다.

미디어 리터러시 렌즈로 세상을 바라보면 모든 메시지에 비판적으로 질문하게 된다. 미디어와 문화적 메시지가 진실하고, 건전하며, 나에게 바람직한 최선인지 묻게 된다. 간단하게 들릴 수도 있지만, 인식은 조작된 메시지의 허상을 간파하고 자신의 힘을 되찾는 과정에서 가장 중요한 첫 단계이다.

진 킬본Jean Kilbourne은 그의 저서 『너무 섹시해서 너무 빨리 *So Sexy So Soon: The New Sexualized Childhood and What Parents Can Do to Protect Their Kids*』에서 이렇게 말한다. "술, 담배, 정크푸드, 총기, 다이어트와 같은 거대하고 강력한 산업들은 미디어 소양이 부족한 대중에 의존한다. 사실 그들은 무력하고, 중독된 대중에 의존한다. 우리는 미디어 교육이라는 도구를 사용하여 거대 산업에 맞서 싸울 것이다. 이는 미디어를 이해하고, 분석하고, 해석하며, 숨겨진 의제와 조작을 폭로하여 건설적인 변화를 창출함으로써 미디어의 긍정적인 측면이 발전하도록 돕는다."

이제부터 당신이 해야 할 일은 분명하다. 분별력 있는 소비자로서 모든 것에 의문을 제기하는 것이다. 비판적 질문이란 결국 당신의 생각과 행동을 조종하는 힘돈, 성차별, 인종차별, 수치심, 무비판적인 수용 등을 지속적이고 적극적으로 인지하도록 유도하는 과정이다. 소셜 미디어 피드나 TV, 영화 등 미디어를 접할 때 다음의 질문을 던져보자. 혼자 있을 때 이 질문들을 참고하거나 사랑하는 사람들과 큰 소리로 공유해 보자. 그들이 정보를 더 잘 분별할 수 있게 도울 수 있을 것이다.

- 그 메시지를 보고 나 자신을 더 긍정적으로 느끼는가 아니면 더 부정적으로 느끼는가? 내 주변 사람들이 본다면 자기 자신을 더 긍정적으로 느낄까 아니면 더 부정적으로 느낄까?

  - 신체 불안이나 수치심을 유발하는가?

  - 나를 타인과 비교하게 만드는가?

- 당신이 그 메시지를 신뢰함으로써 누가 이익을 얻는가? 광고 주체는 누구인가? 광고나 작품 속 광고를 살펴보면 당신이 즐겨 보는 미디어 메시지의 비용을 누가 지급하는지 확인할 수 있다.

  - 그 메시지는 불안감을 조장해 '결함'의 해결책을 판매하는 산업인가?

- 이 메시지는 누구를 대상으로 하는가?

- 이 메시지에서 여성과 소녀는 어떤 모습으로 표현되는가?
  - 이야기나 주제를 이끌어가는 주체인가?
  - 재능, 대사, 성격, 인격으로 평가받는가 아니면 외모나 성적 매력으로만 평가받는가?
- 이 메시지는 내 외모나 다른 사람의 외모에 집착하도록 부추기는가?
- 디지털 보정 또는 특정 체형이나 '외모'를 강조하는 방식으로 몸과 얼굴에 대한 왜곡된 이상을 조장하거나 강화하는가?

위 질문들의 답이 마음에 들지 않거나, 미디어 메시지가 당신에게 부정적인 영향을 미친다고 느낀다면, 이제 선택해야 한다. 이러한 유형의 콘텐츠를 팔로우 탈퇴_{언팔로우}, 무음 처리, 구독 취소나 다른 방식으로 소비를 제한하거나 피하겠는가? 어떤 매체가 관점을 왜곡하고 그릇된 신체 이미지 지도를 강화한다고 생각하는가? 미디어가 삶에 미치는 부정적인 영향을 최소화하고 싶다면, 도움이 되지 않는 메시지에서 벗어나서 시간과 공간을 확보하라. 받아들일 내용을 더 신중하게 선택하는 데 도움이 될 것이다. 자신이나 타인을 왜곡하거나, 오도하거나, 대상화하거나, 해로운 미디어를 차단하겠다는 목표를 세우자. 관람을 거부하고, 구독을 취소하고, 계산대 통로에 놓인 타블로이드 신문을 뒤집어 놓고, 대신 바람직한 TV 프로그램을 찾자. 해로운 인플루언서, 친구, 동료의 소셜 미디어를 언팔하거나 무음 처리하자. 결코 무의미한 희생이 아니다. 자신을 둘러싼 메시지를 의식하면서 신중하게 받아들이려는 의지는 즉각적인 보상을 가져다줄 것이다. 이상적인 몸을 만들어 준다는 최신 유행과 새로 발굴한 여성 결함을 고쳐 준다는 인기 있는 해결책에 관해서는 모르는 것이 약이다. 알지 못하면 기분 나빠할 이유도 없다.

물론 재미있으면서도 철저히 대상화하는 미디어는 늘 존재한다. 그렇다고 문제 있는 미디어에 몰입하느라 주의를 게을리하거나 해로울 여지가 있는 콘텐츠는 모두 외면하는, '모 아니면 도' 식의 극단적인 선택을 할 필요는 없다. 당신이 최신 대중문화에 관심이 많고 좋은 영화나 TV 시리즈로 하루를 마무리하는 것을 즐기는 사람이라면, 미디어 리터러시를 함양해 비판적으로 접근하면 된다. 신체 불안을 유발하거나 이상적인 몸과 비교하도록 조장하는 이미지와 메시지, 비인간화와 소외를 부추겨 타인과의 공감을 저해하는 메시지, 기타 부정적인 영향을 미칠 수 있는 메시지를 비판적인 시각으로 살펴보자.

우리 자매는 시청하는 미디어를 의식적으로 자주 점검한다. 미디어 연구로 여러 학위를 받았을 정도로 TV와 영화를 좋아하지만, 시청할 콘텐츠는 신중하게 선택한다. 또한 시청자를 자극하기 위해 성폭력을 이용하는 콘텐츠는 피한다. 예를 들어, 성폭력을 피해자 관점이 아닌, 피해자의 신체를 대상화하는 방식으로 묘사하거나, 여성에 대한 성폭행을 남성 등장인물의 행동을 유도하기 위한 줄거리 장치로 사용하는 경우이다. 21세기에 들어서도 이런 일은 믿기 어려울 정도로 자주 일어나고 있다. 성폭행은 많은 사람에게 끔찍한 현실이지만, 엔터테인먼트 미디어에서 묘사되는 성폭행은 종종 피해 당사자의 참담한 현실보다는 성애화된 외부 시각을 반영한다. 인디 영화 「달빛The Light of the Moon」의 감독인 제시카 M. 톰슨Jessica M. Thompson은 주간 대중 신문이자 온라인 뉴스 매체인 『달라스 옵저버Dallas Observer』에서 이를 영화 속 '강간의 페티쉬화fetishization of rape'라고 명명하며 이렇게 말한다. "논의의 부재로 어떤 면에서는 강간 문화가 더 악화하고 있다고 생각합니다. 강간을 섹스 장면처럼 촬영하면 강간을 미화하는 것이나 다름없습니다."

또한 누군가를 지속적으로 소비 대상으로 전락시키는 모든 콘텐츠를 피하려고 노력한다. 자기대상화나 자기비교 경향을 줄이기 위해서뿐만 아니라, 시청하는 내내 소리 지르며 분노하고 싶지 않아서이다. 쉽지 않은 일이고 사실 조사도 필요하다. 예를 들어, 노출 장면이나 나체 상태가 여성 등장인물에만 국한되는지를 확인해야 한다. 대중 매체가 자행하는 조작, 성차별, 인종차별, 이중 잣대, 압도적인 수의 여성을 대상화하는 관행에 눈뜨게 되는 것은 보람 있는 삶의 방식인 동시에 분노를 유발하는 방식이기도 하다. 본인의 안전은 스스로 책임진다는 사명감을 가지고 시청하고, 스크롤 하자.

그래픽 노블 작가 앨리슨 벡델Alison Bechdel이 고안한 '벡델 테스트Bechdel test'는 시청 프로그램과 영화에서 여성의 지위를 더 분별력 있게 판단할 수 있는 유용한 도구이다. 필요에 따라 몇 가지를 변형하여 사용할 수 있는 간단한 테스트이다. 이 테스트가 페미니즘적이지 않거나 여성의 권한을 약화하는 미디어를 모두 걸러내지는 못할지라도, 주류 매체에서 여성이 표현되는 암울한 상황을 밝히는 데는 도움이 된다. 영화가 벡델 테스트를 통과하려면 다음의 요건을 충족해야 한다.

1. 이름이 드러나는 여성 등장인물이 최소 2명 이상
   있을 것
2. 그들이 서로 대화를 나눌 것
3. 남성 외의 주제에 관해 대화를 나눌 것

위의 맥 빠질 정도로 낮은 기준이 요구하는 것은 여성 등장인물이 줄거리를 이끌어 가거나 어떤 식으로든 권력을 가져야 한다는 것이 아니다. 여성의 경험과 관점이 얼마나 자주 간과되거나 축소되는지를 보여줄 뿐이다. 듀크 대학교 연구진이 수행한 2017년 연구에 따르면, 놀랍게도 미국의 영화와 프로그램 중 40퍼센트 이상이 벡델 테스트의 기준을 통과하지 못했다. 연구팀은 현대 영화가 70년대 영화보다는 이 테스트를 통과할 가능성이 더 높지만, 90년대 중반 이후로 테스트를 통과하는 영화의 수가 전혀 증가하지 않았다는 사실을 확인했다.

「원더우먼Wonder Woman」, 「모아나Moana」, 「내 여자친구의 결혼식Bridesmaids」 같은 여성 서사의 흥행작들은 소녀와 여성이 스크린 속에서 다양하고 깊이 있게 표현되기를 바라는 수요가 크다는 것을 입증한다. 긍정적인 신호는 10년 전만 해도 가족 영화G~PG-13 등급 중 여성 주연이 24퍼센트에 불과했으나, 2019년에는 상위 100대 가족 영화 중 거의 절반이 여성 주연 영화였다는 것이다. 이러한 진전은 감독, 프로듀서, 임원, 시나리오 작가, 총괄 책임자, 주요 시상식의 운영 단체 및 투표 위원들이 성평등을 적극적으로 옹호함에 따라 계속될 것으로 보인다.

간헐적 미디어 단식

인간 경험의 다양성을 존중하고 반영하는 방식으로 주류 미디어 산업이 자신을 해체하고 재구성하기까지그런 날이 오지 않을 수도 있겠지만 우리는 무엇이 인류의 가치를 고양하는지에 대한 기존의 생각을 해체하고 새로 재구성하는 데 집중할 수 있다. 이를 위해 일종의 정화 작업을 추천한다. 이 작업은 몸과 마음을 편안하게 하고 현명한 선택을 할 수 있도록 힘을 실어 줄 수 있으며, 균형 감각과 자제력을 키우는 데도 도움이 된다. 유명한 건강 전문가나 인플루언서, 체역 단련 매체도 판매하거나 광고한 적이 없는 완전히 새로운 개념이다. 카옌페퍼 주스지방 연소를 증가시키고, 식욕 조절에 도움을 준다고 알려진 일종의 해독주스—옮긴이나 다른 고가의 주스를 마시거나, 고형식을 포기하지 않아도 수많은 독소를 배출할 수 있다. 다만, 이 독소는 몸이 아닌 마음속에 존재하면서 건강에 훨씬 해로운 영향을 미친다.

이 독소들은 왜곡되고 이윤을 목적으로 한 메시지들을 수년간 받아들인 결과로 마음에 축적되었다. 특히 가치 있는 여성의 이미지가 문화에 깊이 뿌리 박혀 있어서 완전히 무감각해져 버렸다. 이러한 무감각함에서 벗어나 새로운 관점으로 나아갈 수 있도록 도와줄 해독 과정이 있다. 바로 간헐적 미디어 단식이다. 음식을 끊는 대신 미디어를 끊는다. 마음을 정화함으로써, 몸을 둘러싼 인식도 정화한다.

3일, 일주일, 한 달 또는 현실적으로 실천할 수 있는 기간을 정해 최대한 모든 종류의 미디어를 피하자. TV, 영화, 잡지는 물론 인스타그램, 트위터, 스냅챗, 틱톡, 페이스북과 같은 소셜 미디어 앱 사용도 최대한 중단하자. 일부 책, 음악, 팟캐스트도 몸을 대상화하는 내용이 포함되어 있을 수 있으므로 차단하자. 미디어 단식 기간이라도 일상에 포함할 사항을 스스로 판단해 결정한다. 신체 중심적이거나 아름다움과 체중 감량에 의존하는 이야기나 제품을 판매하는 내용을 주의 깊게 살피자. 아마 여성을 대상으로 하는 대부분의 콘텐츠는 제외될 것이다.

끝없이 밀려드는 편향적이고, 수익 중심적이며, 이상화되고, 조작되고, 필터링된 자기 홍보 메시지와 이미지에서 벗어나면, 당신의 신체 이미지 지도를 형성하고 강화하는 메시지에 더 민감하게 반응할 수 있다. 친구나 가족이 선의로 말하는 메시지와 이미지일지라도 마찬가지다. **이제는 미디어가 아닌 현실 속에서 다른 사람과 마주하며 자기 몸으로 직접 보고 느끼는 경험에 집중하자.**

간헐적 미디어 단식을 실행하면 자신도 모르게 미디어에 의존하는 이유—현실도피, 지루함이나 중요한 일 회피, 자기처벌, 불안 등—를 인식할 수 있을 뿐만 아니라, 자신의 삶과 몸에 대한 감정 변화까지 확인할 수 있다. 또한, 주류 매체와 소셜 미디어에서 자기비교, 신체 불안, 기타 부정적인 감정을 유발하는 메시지를 더 잘 인식할 수 있게 된다. 온라인 과정에서 미디어 정화media cleanse에 참여한 수백 명의 참가자들은 미디어 단식 과정에서 겪은 경험을 바탕으로 정신적 · 신체적 건강을 위해 미디어 사용 방식을 바꿀 계획이라고 밝혔다. 미디어 메시지와 자신의 신념을 새로운 시각으로 바라본 경험은 자신에게 유익한 방식으로 기존의 신념을 해체하는 데 도움이 되었다.

간헐적 미디어 단식을 마친 후 그 과정에서 느끼고 배운 내용을 다음의 질문으로 되돌아보자. 답변을 기록해 두었다가 다음 단식을 시작할 때 다시 읽어보면 큰 도움이 된다.

- 이번 미디어 단식으로 미디어가 내 삶에 끼치는 영향이 무엇이라고 느꼈는가? 그때의 감정은 어땠는가? 가능한 한 구체적으로 답한다.
- 지금까지의 미디어 사용을 되돌아볼 때 노출된 메시지가 당신에게 어떤 영향을 미쳤다고 생각하는가? 그 메시지들이 자존감이나 자의식에 어떤 변화를 일으켰는가?
- 이번 미디어 단식을 계기로 앞으로 미디어 선택에 변화를 줄 의향이 있는가? 있다면 그 이유는 무엇이며 없다면 왜 없는가?

다음은 2013년 전국자선연맹National Charity League의 한 지부에서 미디어 정화를 주제로 발표하고 난 후 16세 소녀 애니에게 받은 이메일 내용이다.

"당신의 강연은 저에게 강렬하고 깊은 인상을 남

겠어요. 이제 저는 지금까지와는 완전히 다른 인생관을 갖게 되었어요. 이제 사람들에게 어떻게 보이고 싶은지 생각하기보다는 어떤 사람이 될 것인가를 생각하죠. 인스타그램을 보면서 좌절한 적이 많았어요. 일주일 동안 인스타그램을 차단해 보라는 당신의 권유를 받아들였는데, 솔직히 말해 지금 그 어느 때보다 자유로워요. '완벽한' 삶으로 포장된 타인의 최고 순간과 저의 삶을 비교하는 것을 멈추고 나니, 진정한 저 자신이 된 것 같아요. 제 삶에 만족하는 것이 훨씬 쉬워졌어요. 덕분에 가족에게도 더 친절해졌고, 제 몸을 더 잘 돌볼 수 있을 거라는 생각이 들어요. 운동, 학교, 삶에 훨씬 집중할 수 있게 되었어요. 진정한 나 자신으로 돌아가고 다른 사람의 장점을 보는 것만으로도 얼마나 행복해질 수 있는지 명확히 알게 되었어요."

2018년, 대학교수 친구가 애니의 강렬한 에세이를 메일로 보내왔다. 5년 전에 위의 메일을 보낸 여성의 에세이였다. 그녀는 2013년 강연을 언급하며 미디어 정화 챌린지가 자신의 왜곡된 세계관을 해체하고 더 나은 세계관을 구축하는 첫걸음이었다며 이렇게 설명했다.

"나는 11학년 때 했던 소셜 미디어 단식이 내 인생의 변곡점이자 중대 사건이라고 생각한다. 중대 사건이란 우리가 알던 세상이 산산이 부서지는 진실의 순간이라고 정의할 수 있다. 그 결과 새로운 세상이 펼쳐질 가능성이 열렸다. 단식 기간 나는 형언하기 어려울 정도로 기뻤고, 그 어느 때보다 나 자신과 더 많이 소통할 수 있었다. 침대에 누워 실없는 게시물들을 끝없이 스크롤 하는 대신 내 감각으로 삶을 살아내고 있었기 때문일 것이다."

논문 연구 참가자들은 1주일간 실시한 미디어 정화로 비슷한 깨달음을 얻었다고 말했다. 한 참가자는 이렇게 썼다.

"온라인에서 그렇게 많은 시간을 보낸다고 생각하지 않았는데, 실은 아니었어요. 저는 공부하면서 10분마다 소셜 미디어를 확인하는 습관이 있는데, 시간 낭비는 물론 공부에 집중할 수도 없어요. 섭식장애나 운동 중독은 없었지만 지나치게 외모를 걱정했던 시기가 있었어요. 지금도 흰 빵이나 튀긴 음식, 조금이라도 기름진 음식을 먹으면 하루 종일 죄책감에 시달려요. 일주일에 하루 정도는 미디어 단식을 해야겠어요.”

또 다른 참가자는 이렇게 말했다.
“저는 자존감이 높지 않아요. 미디어는 낮은 자존감에 기름을 부었죠. 하지만 미디어 단식으로 제 삶에 훨씬 중요하고 보람 있는 일이 있다는 것을 깨달았어요. 앞으로는 소셜 네트워크에 하루에 한 번만 접속하고, 점차 일주일에 1∼3차례로 줄일 계획이에요.”

일주일에 하루 또는 한 달에 하루만이라도 미디어 과부하를 조절하기 위해 정기적인 달리 말해 '간헐적' 단식을 실천할 것을 권장한다. 미디어 과부하는 자각하지 못하더라도 우리에게 상당한 피해를 준다. 평소 시청 습관으로 돌아갈 때마다, 미디어가 삶에 미치는 긍정적·부정적 영향에 대한 확장된 인식의 바탕 위에서 선택하자. 원하는 콘텐츠를 살펴보고 스크롤 하되, 의식적이고 신중하게 접근해야 한다. 도움이 되지 않는 콘텐츠는 과감히 차단하자.

콘텐츠를 신중하게 선택하는 방법을 꾸준히 익히면 자신과 타인의 몸에 관한 생각을 더 자세히 분석하고 평가할 수 있게 된다. 미디어가 자신에게 어떤 영향을 미치는지 의식적으로 질문하자. 세상을 더 심도 있게 바라볼수록 몸에 대한 믿음과 희망도 더 잘 이해할 수 있을 것이다. 또한, 내 몸이나 음식 섭취, 운동 요법에 대한 장밋빛 약속에 현혹되지 않고 자신을 더 잘 지킬 수 있을 것이다.

더 나은 신체 이미지 환경 만들기

일상에서 몸과 관련된 메시지를 의식적으로 분별하는 능력을 키우면 해로운 메시지를 걸러내는 동시에 긍정적이고 유익한 메시지를 더 잘 받아들일 수 있다. 21세기 들어 우리는 미디어 소비자인 동시에 제작자가 되었다. 우리는 익숙한 대상화와 이상적인 몸이라는 신기루를 반영하는 콘텐츠를 생산하거나, 사람들에게 세상과 자신을 이해시키는 대안을 제시하는 콘텐츠를 제작한다.

미디어에 자신이 노출되는 것뿐만 아니라, 스스로를 표현하는 방식에서도 비판적인 시각을 견지해야 한다. 당신의 카메라 롤과 소셜 미디어 피드가 세심하게 각도를 조정하고 자르고 필터를 적용하고 페이스튠사진과 동영상을 편집할 수 있는 앱—옮긴이으로 편집된 이미지와 셀카 사진으로 가득 차 있지는 않은가? 사람들이 이상적인 몸에 가까운 모습으로 자신을 보길 바라며 이상화된 이미지를 포착하고 공유하고 있지는 않은가? 대부분의 대답은 '그렇다'이다.

자신의 신념과 소셜 미디어를 비판적으로 바라보게 되면 '왜' 그리고 '어떻게' 자신을 온라인에서 표현하는지 더 명확하게 파악할 수 있다. 더 나아가 그 표현이 현실을 반영하는지, 아니면 항상 도달하고자 하는 이상에 가까운 모습을 보여 주고 있는지 평가할 수 있다. 사진과 동영상을 조정하는 작은 변화들—흐림 효과, 크기 조정, 각도나 자세 변경, 자르기, 필터 적용, 공유할 사진의 취사선택 등—은 매일 자신을 보는 방식에 영향을 미친다.

원본 사진이나 동영상에서 보이는 피부 잡티와 군살을 없애야 한다는 생각은 어디서 얻었는가? 보정으로 허벅지 틈을 만들어야 한다고 누가 가르쳐 줬는가? 팔, 배, 얼굴, 엉덩이의 통통한 부분을 날렵하게 만들어야 한다고 확신하게 된 이유는 무엇인가? 작은 가슴이나 엉덩이가 늘리고 부풀려야 할 결점이라는 것은 어디서 배웠는가? 이러한 질문들의 답은 처음에 당신의 신체 이미지를 왜곡시킨 바로 그 출처에서 나온 것이다.

다른 사람이 볼 수 있는 자신의 이미지를 통제하거나 수정하려는 시도는, 우리를 먼저 몸으로 보고 그다음에 사람으로 인식하는 세상에서는 어찌 보면 당연한 일이다. 하지만 이것이 이해할 수 있는 행동이라고 해도, 온라인에서 자신을 표현하는 방식을 적나라하게 들여다보는 것은 다소 부끄러울 수 있다. 화려하게 변형된 버전은 우리 자신과 다른 사람들에게 보여주고 싶은 모습이다. 5킬로그램 또는 50킬로그램을 감량한 후 근력 운동과 유산소 운동에 매진하면 도달할 수 있으리라고 생각하는 자신의 모습이거나, 우리가 기꺼이 받아들일 수 있는 유일한 버전의 자신일 수도 있다. 그 이상적인 모습은 현재의 모습과 비슷하든 다르든 상관없이 '진짜'나 자신처럼 느껴질 수 있고, 지금의 몸은 오히려 해결해야 할 일시적인 문제처럼 느껴질 수 있다.

현실의 나보다 최대한 포장된 소셜 미디어 속 자신의 모습, 그 환상 속 자신을 더 소중히 여기는 이유를 분별할 수 있다면, 변화는 가능하다. 더 나아가 살아 숨 쉬며 느끼는 실제 자아 대신, 이상적인 자아라는 공허한 신기루로 이끄는 메시지를 비판할 수 있다. 그러나 이 과정에서 현실과 새로운 가능성을 반영하기 위해 소셜 미디어에서 자신을 다르게 표현하고 싶은 욕구가 생길지도 모른다. 휴가 사진이나 가족사진을 올리는 평범한 사람들조차 신체 중심적이고 특정 이상에 부합하는 게시물을 만들어야 한다는 압박을 받기 때문이다. 다음은 여성의 몸을 우선시하는 소셜 미디어 시스템에서 벗어나기 위해 의식적으로 노력하는 '인플루언서'와 일반 사용자를 위한 조언을 담은 지침이다.

사회적 의미를 위한 긍정적인 신체 이미지 콘텐츠 가이드

앞으로 게시할 포스트와 이미지를 살펴볼 때 아래 기준에 비추어 점검해 보자. 이 조건을 충족한다면 긍정적인 신체 이미지를 전달하는 콘텐츠라 할 수 있다.

- '몸에 좋아요'나 '나를 자극해'라는 설명 없이도 의미가 전달된다.
- 특정 몸매나 특징을 '결점'으로 조롱하거나 비하하지 않는다. 예: "나는 굵은 허벅지를 사랑하는 법을 배우고 있어요." 또는 "뱃살 사진을 올릴 땐 용기가 필요하지!"
- #핏스포*와 #씬스포* 또는 단순한 성적 대상화로 오해될 소지가 없다.

  * 핏스포(fitspo): 건강(fitness)와 영감(inspiration)의 합성어 — 옮긴이
  * 씬스포(thinspo): 마른(thin)과 영감(inspiration)의 합성어 — 옮긴이

- #은근한 자랑humblebrag이나 외모에 대한 인정 욕구에 그치지 않는다.
- 홍보하려는 가치에 부합하는 제품 또는 서비스만 광고한다 (해당하는 경우).
- 제품이나 서비스를 판매하여 수익을 창출하거나 광고로 혜택을 받는다면, 해당 게시물이 판매 목적의 광고임을 명시한다.

게시물이 위의 기준을 대부분 또는 전부 충족하지 못한다면 기준에 부합하는 다른 이미지나 메시지로 대체하는 것이 좋다. 바람직한 기준은 친구 목록이나 잠재적 시청자 중에서 가장 취약한 사람의 관점에서 게시물을 살펴보는 것이다. 예를 들어 섭식장애나 자해로 고통받는 여성, 당신의 외모보다 덜 '이상적인' 모습이라는 이유로 수치심을 느끼는 여성, 여름이 되기 전에 체중을 감량하겠다는 당신의 말에 상처받는 여성, 당신과 체형이나 피부 상태, 머릿결이 비슷하지만 가리거나, 감추거나, 스타일을 바꾸거나, 고치는 등의 극단적인 조처를 하지 않고서는 외출할 수 없을 만큼 자의식이 강한 여성, 당신이 사과나 용기라는 말을 입에 올리지 않고도 현실을 있는 그대로 표현하는 모습을 보고 자신을 얻는 여성 등이다.

자신을 가치 있고 성공적인 사람으로 만드는 요소를 재구성하면, 다른 사람들이 사진에 표하는 덧없는 인정은 예전만큼 큰 의미를 갖지 않게 될 것이다. 자신의 이미지를 줄이고 보고 경험한 것을 담은 이미지를 더 많이 공유하거나, 다른 사람들에게 보이는 자신의 모습에 얽매이지 않고, 자신이 하는 일이나 생활을 담은 스냅숏과 이야기를 공유할 수도 있다.

완벽한 외모를 추구하면서 끊임없이 스트레스를 받는 대신, 신체 중심적인 사고에서 벗어나 몸의 다양성을 환영하는 환경을 조성하는 것은 자유와 안도감을 가져다줄 것이다. 자기대상화와 수치심에 사로잡히지 않는다면, 세상과 자신 속에서 발견하고, 경험하고, 이해할 수 있는 것들이 훨씬 많아질 것이다. 미디어 사용은 잠시 일상과 단절되어 소통하며 즐거움을 찾는 좋은 방법이지만, 스크린 밖에서 연결하고, 참여하고, 창조하고, 배우는 과정에서도 새로운 에너지를 발견할 수 있다. 자원봉사에 참여하거나 콘텐츠 제작 기술을 익혀 실무에 적용함으로써, 미디어에서 긍정적인 변화를 끌어내는 주체로 자리 잡는 계기가 될 수도 있다. 이러한 변화는 당신의 공동체뿐만 아니라 더 넓은 사회에까지 영향을 미쳐 신체 이미지 환경에 긍정적인 영향을 미칠 것이다.

시청하고 싶은 콘텐츠를 재구성하는 과정에서 기존 신체 이미지 지도의 잘못된 메시지를 새로운 메시지, 아이디어, 구호, 오락으로 신중하고 의식적으로 대체할 필요가 있다. 미디어 리터러시 렌즈를 활용해 발견한 콘텐츠를 꾸준히 비판적으로 검토하고, 벡델 테스트나 자신만의 기준을 적용하여 새로운 선택지를 평가함으로써 여성에 대한 긍정적인 표현을 늘려가야 한다. 또한, 수치심을 자극하고 불안감을 조장하며 당신의 손실로 이익을 얻는 이상과 관념을 제거하려면 정기적으로 미디어 정화를 해야 한다.

팔로우 취소, 구독 해지, 알람 끄기, 탈퇴 등의 방법으로 당신을 위험하고 비용이 많이 들며 만족스럽지 않은 길로 이끄는 미디어를 차단하면 새로운 경로를 계획할 수 있는 공간과 시간을 확보할 수 있다. 무엇을 배우고 경험하고 싶은가? 어떤 계정,

프로그램, 책, 팟캐스트, 페이지, 웹사이트, 음악, 사람들의 이야기를 접하고 싶은가? 몸을 넘어서는 가치와 힘을 일깨워 주는 메시지는 무엇인가? 무엇이 당신에게 더 많은 영감을 주는가? 비전과 희망, 지식과 기술을 확장하는 메시지는 무엇인가? 무엇이 당신의 가슴을 뛰게 하고 동기를 부여하는가?

더 나은 사람이 되도록 영감을 주는 미디어를 적극적으로 찾다 보면, 신체 이미지 환경이 새로운 삶의 방식과 행동, 존재의 방식을 드러내게 될 것이다. 이러한 방식들은 당신이 목적지에 도달했을 때 외모와 전혀 상관없는, 더 충만한 삶으로 이어질 수 있다. 그동안 당신이 힘겹게 도달하려 했던 대상화와 이상적인 신체 이미지라는 환상이 더 이상 절대적인 현실일 필요는 없으며, 오히려 한계를 넘어 더 많은 것을 보고 더 크게 성장할 수 있도록 동기를 부여할 수 있다.

아이들이 대상화 속에서 길을 찾도록 돕기

오늘날 아이들은 그 어느 때보다 어린 시기에 대상화의 파도에 휩쓸린다. 당신이 부모나 보호자, 또는 아이들이 건강한 신체 이미지를 형성할 수 있도록 돕는 데 관심 있는 사람이라면, 아이들과 진솔하고 분별력 있게 소통하는 것이 중요하다는 점을 기억하자. 아이들은 신체 이미지가 까다로운 문제라는 사실과, 미디어의 영향으로 아이들뿐만 아니라 어른들도 신체 이미지 혼란을 겪고 있다는 점을 알아야 한다. 아이들과 함께 TV, 영화, 인스타그램 게시물, 유튜브 영상을 보거나 비디오 게임을 하며 이들을 다양한 사이즈와 체형, 민족, 인종, 젠더, 성 정체성을 존중하고, 다른 사람들과 공감하는 데 도움이 되는 메시지로 이끌어 주자. 이러한 경험은 공감 능력과 이해심을 키우며 외모나 이상과 관계없이 타인을 배려하고 존중하는 태도를 함양할 수 있다.

미디어를 시청하면서 스스로에게 던지는 비판적인 질문들을 아이들과도 공유해 보자. 예를 들어 미디어에 등장하는 이 사람이나 등장인물은 왜 이런 모습일까? 나 또는 내가 아는 사람과 닮은 사람이 있는가? 이 프로그램 제작자는 소녀와 여성을 예쁜 장식품이나 연애 상대 이상의 가치 있는 인간으로 여기는가? 우리가 이 메시지를 보고, 읽고, 듣고 난 후 상품을 구매하기를 바라는 사람이 있는가? 이 메시지가 어떤 감정을 불러일으키는가? 이 메시지를 보면 다른 사람들은 어떤 기분이 들까?

아이들 눈높이에 맞춘 이러한 질문들은 아이들이 미디어를 현실 자체가 아닌 현실의 해석으로 인식하고 비판적으로 분석하는 법을 배우도록 돕는다. 이는 아이들에게 평생 도움이 될 능력이다. 아이들에게 자신이 어떻게 느끼는지, 어떤 내용이 판매되고 있는지 주의를 기울이게 함으로써, 수동적인 방식이 아닌 능동적인 방식으로 미디어 노출을 선별하는 방법을 배우도록 도울 수 있다. 아이들은 불쾌감이나 자의식을 느끼게 하거나 현실을 정직하고 행복하게 표현하지 않는 프로그램을 메모하고 목록을 작성한 후, 자신이 소비하고 창작하고 싶은 것을 정확히 계획할 수 있다. 보고 싶은 등장인물을 그리고, 물감이나 연필, 전자 드로잉 또는 디자인 도구를 활용하여 등장인물에 생명을 불어넣도록 아이들을 격려하자. 또한 상상력과 창의력을 확장할 수 있도록 새로운 장면과 이야기를 연기해 보도록 도와주자.

우리가 직면하는 큰 어려움 중 하나는 자기비교, 대상화, 인정 욕구에 빠지지 않고 소셜 미디어를 사용하는 것이다. 아이들은 가능한 한 오랫동안 이러한 어려움에 직면하지 않도록 보호되어야 한다. 모든 어린이는 다르다. 따라서 소셜 미디어에 접속하기에 적정한 나이를 일률적으로 결정하기는 어렵다. 그러나 자녀가 혼자서 소셜 미디어에 접근하는 것은 최대한 늦게까지 미루는 것이 좋다. 열두 살 이하의 어린이가 인터넷과 소셜 미디어에 아무 거리낌 없이 접근할 수 있다면 곤란하다. 열두 살 이후라도 웹 접근은 가능한 감시와 제한 속에서 사랑으로 지도되어야 한다. 신중하고 배려 깊은 보호자로서 자신의 판단을 믿고 그 이유를 솔직하게 자녀에게 설명해야 한다. 인기 있는 부모나 보호자가 되지는 못하겠지만, 소셜 미디어의 위험을 잘 이해하지 못하는 아이들에게 꼭 필요한 조치이다. 자녀는 소셜 미디어 계정이 없어서 친구들이 즐기는 오락거리를 놓치고 있다고 생각하겠지만, 실제로는 상처, 실망, 비교, 외로움, 그리고 자존감 하락을 피해 갈 수 있는 길이다.

자녀가 사진이나 동영상 중심의 소셜 미디어 플랫폼에 가입하고 싶다고 하면, 자녀와 함께 연구와 실제 경험을 바탕으로 장단점 목록을 작성하고 이를 주제로 의견을 나눠 보자. 먼저, 자녀에게 인스타그램, 틱톡, 스냅챗, 또는 최신 앱과 플랫폼을 사용하려는 이유를 물어보자. 자녀가 그 플랫폼의 어떤 점을 마음에 들어 하는가? 자녀의 의견을 경청하고, 사람들이 소셜 미디어에서 즐기는 다음과 같은 요소들도 함께 검토해 보자.

장점

- 온라인에서 친구들과 소통할 수 있다.
- 온라인에서 일어나는 일에서 소외감을 느끼지 않는다.
- 재능과 취미를 공유하는 재미있고 흥미로운 커뮤니티에 참여할 수 있다.
- 신체 긍정 운동, 중요한 대의를 위한 활동, 멋진 주제의 전문가나 세상에 선한 영향력을 끼치는 사람들 등 다른

방법으로는 접할 수없는 흥미로운 콘텐츠, 중요한 아이디
어와 사람들을 경험할 수 있다.
- 사진, 동영상, 글을 게시하여 자신을 표현할 수 있다.

다음으로 자녀에게 가입하려는 앱이나 플랫폼에서 마음에
들지 않는 점이 있는지 생각해 보자고 권해 보자. 아이들이
생각하기에 자신이나 다른 사람들에게 부정적이거나 상처가
될 수 있는 경험이나 요소는 무엇인가? 자녀의 의견을 경청한
후, 이러한 기술이 사람들에게 미치는 영향을 검토한 연구 결
과를 놓고 진솔하게 이야기를 나누어 보자. 당신의 삶이나 당
신과 자녀가 알고 사랑하는 사람들의 삶에서 이러한 부정적
인 영향을 본 적이 있는가? 있다면, 그에 관해 이야기해 보자.
그리고 마음을 열고 신뢰와 믿음을 바탕으로 자녀에게 사랑
과 관심을 표현하자. 필요하다면, 다음과 같은 단점도 논의해
보면 좋다.

단점

- 소셜 미디어는 외로움을 키우거나 고립감을 유발할 수 있
  으며 고독공포증FOMO, fear of missing out, 즉 '혼자 남겨지는
  것에 대한 공포'로 이어질 수 있다. 잠깐은 '좋아요'나 팔
  로우, 메시지DM로 상호작용을 하며 즐거울 수 있지만, 장
  기적으로는 오히려 더 고립감을 느낀다.

- 소셜 미디어에서 더 많은 시간을 보낼수록 우울과 불안이 깊어질 수 있다.
- 인스타그램 속 타인과 자신을 비교하게 될 가능성이 높다. 자기비교는 비교하는 대상과의 관계를 멀어지게 만들고, 설령 비교에서 '이겼다'고 생각하더라도 자신을 더 부정적으로 느끼게 한다.
- 외모에 집착할 가능성이 높아진다 자기대상화. 외모에 몰두하게 되면 다른 일에 집중하기 어려워진다. 이는 학업, 인간관계, 건강, 정신적·신체적 능력, 행복에 부정적인 영향을 미칠 수 있다.
- 수많은 이상화된 사진, 광고, 하이라이트 영상을 접한 후에는 자신의 외모에 더 민감해져 부정적인 신체 이미지를 경험하거나 자기 몸을 더 부정적으로 인식하게 된다.
- 평소에는 접하지 않거나 이해하기 어려운 해로운 메시지, 아이디어, 이미지에 노출될 가능성이 커진다. 예를 들어, 대상화, 음란물, 자해, 거식증 찬성 프로아나 메시지, 사진의 디지털 조작, 오해를 불러일으키는 광고, 편협하고 비현실적으로 표현된 아름다움 등이 있다.
- 자신에게 상처를 주고 실제 자신보다 외모에 더 많이 신경 쓰게 하는 메시지에 무감각해질 가능성이 높다. 이는 수치심을 유발하고 몸에 더 집착하게 만들 수 있다.

자녀가 이러한 유형의 소셜 미디어 플랫폼에 가입하기로 당신과 함께 결정했거나, 당신의 허락 없이 또는 당신도 모르게 가입하겠다고 고집할 때, 자녀에게 건강과 안전을 지키는 데 도움이 될 몇 가지 중요한 지침을 알려줄 수 있다.

1. 프로필을 비공개로 설정하고, 실생활에서 알고 지내거나 교류하지 않는 사람의 팔로우 요청은 절대 수락하지 않는다. 외모가 뛰어나고 팔로워가 많더라도 또는 지인이 그들을 팔로우하더라도 마찬가지다.

2. 푸시 알림을 끈다. 푸시 알림은 당신의 삶을 방해하고 중요한 일에 집중하기 어렵게 한다. 게다가 대부분 중요하거나 긴급한 소식도 아니다.

3. 인스타그램의 탐색 탭이나 이와 유사한 다른 플랫폼의 기능들을 피한다. 이러한 공개 콘텐츠 집계 사이트는 사용자가 모든 공개 게시물에 접근할 수 있도록 유도하며, 사용자의 관심사와 광고주가 보여주고 싶은 내용을 기반으로 광고 게시물을 조정한다. 이는 대개 신체 중심적이고, 외모 지향적이며, 대상화된 게시물일 가능성이 높다.

4. 한계와 시간제한을 설정한다. 무의식적으로 계속 접속하지 않고 각 플랫폼에서 매일 특정 시간대에 정해진 시간(예. n분)을 보내도록 한다. 소셜 미디어는 중독성이 강하다. 알림과 신규 콘텐츠 업데이트로 만족을 제공하는 방식으

로 사용자를 끌어들이도록 설계되어 있다.

5. 팔로우하지 않는 사람의 쪽지는 받지 않으며, 모르는 사람이 보낸 메시지의 링크는 절대 클릭하지 않는다.

6. 앱이나 메시지 전달 서비스로 본인 또는 타인의 나체 사진을 전송하지 않는다. 만약 나체 사진을 받았다면 즉시 삭제한다. 다른 사람에게 받은 이미지를 공유한 것만으로도 심각한 범죄로 기소될 수 있다. 이러한 이미지는 거의 항상 사람을 비하하고 모욕하는 데 사용되므로, 이에 가담하지 않도록 주의한다.

소비자와 크리에이터로서 적극적으로 참여하기

대중매체가 등장하고 초기 수십 년 동안 라디오와 TV는 송신자가 수신자에게, 또는 미디어 제작자가 소비자에게 전송하는 단방향 전달이었기 때문에 일반 대중과 상호작용을 할 수 없었다. 인터넷은 두 가지 주요 측면에서 이 오랜 공식을 바꾸어 놓았다. 첫째, 많은 사람이 자신의 미디어 메시지를 제작하여 다른 사람들에게 전달할 수 있게 되었다. 둘째, 소셜 미디어로 미디어 메시지에 공개적으로 반박하고 이의를 제기할 수 있게 되었다. 편지쓰기 캠페인, 전화, 청원 등은 모두 무시될 가능성이 있지만, 공개 트윗과 공유할 수 있는 이미지와 게시물은 상당한 관심과 의미 있는 반향을 불러일으켰다.

당신은 가정과 소셜 미디어 피드에 들어오는 콘텐츠 형성에 참여할 기회가 있으며, 유해 콘텐츠에 의견을 개진할 권리가 있다. 상처를 주고 비하하는 메시지를 용기 있게 고발하자. 미디어 제작자에게 콘텐츠 내용과 소비자에게 미치는 영향에 대해 책임을 묻고, 대중들에게는 콘텐츠의 이상이 안전하지 않으며 도달하기 어려울 뿐만 아니라, 그 길이 위험으로 가득 차 있다는 점을 경고하자. 사람들이 듣기 원하고 공유하고 싶어 하는 통찰력을 당신이 가지고 있다는 것을 발견할 수도 있다.

당신은 공개적이고 열정적으로 의견을 표출할 수 있다. 소셜 미디어를 활용해 수천 명의 사람이 차별과 편견, 고통을 나눈다. 그들은 자신의 목소리와 플랫폼을 이용해 억압을 고발하고, 사람들을 동원하여 변화를 끌어낸다. 활동가가 되는 것은 우리 중 가장 특권층만 할 수 있는 일처럼 느껴질 수 있다. 사람들에게 영향력 있고, 주장을 펼칠 수 있는 에너지, 용기, 시간, 참여 수단을 가진 사람만이 가능한 일처럼 보인다. 하지만 이는 결코 특권층만의 전유물이 아니다.

행동주의를 바라보던 기존의 생각을 재구성해 쉽게 접근할 수 있고 활력을 주는 삶의 일부로 만들어 보자. 소셜 미디어에 차별, 불공정, 대상화와 관련한 이야기를 게시하거나 리포스트하면서 그것이 왜 중요한지 자신의 의견을 덧붙이는 식의 비교적 간단한 방법도 있다. 또한, 이 주제에 관해 심층 탐구하는 저널리스트나 팟캐스터와 인터뷰하거나 학문적·전문적으로 탐구하거나, 자신의 경험이나 소외된 사람들의 상황을 반영하는 예술 작품을 창작하거나, 불공정을 근절하기 위해 헌신하는 단체에서 자원봉사 하거나, 자신이 관심 있는 분야에 시간이나 돈을 기부하며 다른 사람들도 동참하도록 독려하거나, 지지하는 운동을 위해 거리 행진하는 등 다양한 활동을 할 수 있다. 당신은 자신과 타인의 옹호자가 되어 가능한 모든 방법으로 변화를 촉진할 수 있다. 만약 당신이 영향력 있는 위치에 있다면, 그 힘을 사용하여 다른 사람을 도울 수 있다. 사람들의 이야기에 귀 기울이고, 가능한 모든 방법으로 억압된 사람이나 소외된 사람들의 목소리를 대변하자.

지난 몇 년 동안, 우리와 온라인 협력자들은 소셜 미디어에서 해로운 메시지와 맞서 싸워 여러 차례 승리를 거두었다. 2018년, 킴 카다시안이 식욕억제 사탕의 홍보대사로 나섰을 때 섭식장애 전문가들, 활동가들, NBC「굿 플레이스The Good Place」의 자밀라 자밀과 같은 유명인들이 나서 이를 규탄한 일이 대표적인 사례이다. 킴 카다시안과 그녀의 자매들 그리고 수백 명의 다른 소셜 미디어 인플루언서들은 일 년 내내 거의 어떠한 제재도

받지 않고 이러한 제품들을 홍보해 왔지만, 이 집단적인 행동 개시는 전 세계 언론의 머리기사를 장식했다. 그렇다고 해서 리얼리티 스타와 인플루언서들이 제품 홍보를 중단한 것은 아니었다. 그러나 신체 이미지 옹호자들이 식욕억제 사탕이나 해독차, 다이어트쉐이크가 포토샵으로 편집되어 온라인에 등장하는 몸매를 만들 수 있다는 홍보는 터무니없는 거짓말이라고 공개적으로 지적한 덕에 수많은 사람이 진실을 깨달을 수 있었다. 2019년, 인스타그램은 새로운 규정을 도입해 특정 유형의 성형 수술이나 다이어트 제품을 홍보하는 게시물을 18세 미만의 사용자들이 볼 수 없게 차단했다. 이는 자밀을 포함한 수많은 영향력 있는 활동가와 학자들이 플랫폼에서 수백만 명의 지지에 힘입어 인스타그램 본사에 영향력을 발휘해 이뤄낸 성과였다.

2019년에도 영양사, 활동가, 전문가들이 WW'체중 감시자'란 의미의 미국 다이어트 회사로 이전 이름은 웨이트워처스—옮긴이에 반격을 가했다. WW가 8세 어린이의 음식 섭취, 신체 활동, 체중 감량을 추적하는 '쿠르보Kurbo by WW' 앱을 출시하자 인스타그램과 페이스북에 #웨이크업웨이트워처스#wakeupweightwatchers와 WW를 향한 거센 반발과 비난의 폭풍이 몰아쳤다. 어떤 형태의 소셜 미디어도 무시하기 어려울 정도의 비난이었다. 소아과 의사이자 미국 소아과학회American Academy of Pediatrics 대변인인 나탈리 무스Natalie Muth는 2019년 8월 『디 애틀랜틱The Atlantic』과의 인터뷰에서 쿠르보와 같은 도구가 어린이에게 미칠 위험을 지적하며 이렇게 우려를 표명했다. "어린이는 '작은 어른'이 아니다. 성인에게는 '효과적'일 수 있는 체중 감량 목표와 같은 접근 방식도 어린이에게는 적절하지 않다. 체중을 주요 목표로 삼는 개입은 목표를 달성하지 못했을 때 이상섭식, 자신감과 자존감 하락, 특정 외모를 향한 불건전한 집착을 유발할 수 있다." WW는 앱 출시를 강행했지만, 대중의 격렬한 반발을 목격한 일부 예비 사용자는 가입을 포기했을 가능성이 크다.

마텔미국 장난감 및 게임 제조업체—옮긴이은 온라인 활동가들의 압력으로 다양한 체형의 바비 인형 라인을 선보였다. 구글은 모든 포르노 광고를 중단하고 광고가 노골적으로 성을 묘사하는 웹사이트로 연결되는 것을 금지했다. 타깃미국에서 여덟 번째 규모의 유통업체—옮긴이은 대중이 비키니 모델을 극히 무책임한 방식으로 포토샵 처리하는 관행에 반발하자, 장애 아동과 더 다양한 체형의 모델을 광고에 포함했다. 소셜 미디어의 음지에서 수년간 해로운 메시지들이 확산했지만, 이제 주요 미디어 플랫폼에서 특정 섭식장애나 자해 관련 해시태그를 더 이상 검색할 수 없을 뿐 아니라 도움이 필요한 사람들에게 전국섭식장애협회National Eating Disorder Association와 같은 전문가의 도움을 받으라는 안내 메시지로 연결된다. 이러한 성과들은 소셜 미디어에서 이루어진 적극적인 운동 덕분에 가능했다. 활동가 타라나 버크Tarana Burke는 성적 학대와 폭행을 당한 사람들과 연대하기 위해 '미투Me Too' 슬로건을 만들고, 2007년에는 피해자를 지원하기 위한 비영리 단체를 설립했다. 2017년, '미투' 운동은 할리우드 제작자 하비 와인스타인Harvey Weinstein 이 성폭행 혐의로 고발당한 사건을 계기로 광범위하게 확산되었으며 수백만 명의 동참을 끌어냈다. 이후 하비 와인스타인은 결국 강간 유죄판결을 선고받았다. 온라인에서 펼쳐진 '미투' 운동은 전 세계 여성에게 자신의 경험을 공유하고 주체적으로 정의를 실현하도록 고취하며 꾸준히 지속되고 있다.

소셜 미디어에서 당신의 목소리는 더 큰 변화를 불러일으킬 수 있다. 신체 이미지 환경을 구성하는 메시지에 더 분별력 있고 신중하게 접근하는 것은 신체 이미지 회복력을 키우는 기본적이고 혁신적인 전략이다. 미디어 이해도가 높아지면, 수동적인 청중에서 벗어나서 능동적이고 비판적인 소비자이자 창작자가 될 가능성이 열린다. 또한 미디어를 더 건전하고 주체적인 방식으로 사용하고, 창작하며, 즐길 수 있다.

3장

자기대상화에서
자기실현으로

- 당신은 외모 때문에 집에 머무르거나 활동, 스포츠, 행사, 모임 등에 불참한 경험이 있는가? 그렇다면 구체적으로 어떤 상황을 피하거나 선택하지 않았는지 이야기해 보자.
- 그런 선택을 하게 된 이유는 무엇인가? 당시에 어떤 감정이나 두려움이었는가?

자신을 더 깊이 들여다보기

> 남자는 행동하고 여자는 보여진다. 남자는 여자를 보고 여자는 남자가 보는 자신을 바라본다. 대부분의 남자와 여자 사이의 관계는 이런 식으로 결정된다. 여자 내면의 감시자는 남성이고 감시받는 자는 여성이다. 그리하여 여자는 자신을 대상으로 바꾸어 버린다.
>
> 존 버거John Berger,
> 『다른 방식으로 보기Ways of Seeing』

자기대상화가 삶에 스며들면 정체성은 둘로 나뉜다. 당신은 온전하고, 생각하고, 느끼고, 구체화한 자아가 아니라 멀리서 지켜보는 관찰자가 된다. 직장 동료와 점심을 먹는 동안에도 갖가지 걱정에 시달린다. 튀어나온 배를 어떻게 감춰야 할지, 동료가 내 체중 변화를 알아차리지는 않을지, 뒷모습이 어떻게 보일지, 조명 때문에 더 흉해 보이지는 않을지, 온갖 걱정이 떠나지 않는다. 한 시간 동안 운동하기로 작정하고 러닝머신 위에 서 있을 때도 상황은 별반 다르지 않다. 옷매무새를 가다듬으며 거울에 비친 모습에 정신이 팔리는가 하면, 뒤에서 운동하는 사람이 나를 어떻게 볼지 궁금해진다. 긍정적이고 열정적인 파트너와 친밀한 순간을 보낼 때조차도, 그 순간에 집중하기보다는 자의식에 사로잡힌다. 본래의 자아에서 벗어나 수시로 타인의 눈으로 자신을 관찰한다. 익숙하게 들리지 않는가? 나만의 고유한 관점보다 외부에서 나를 보는 관점을 우선시하며 자기 몸을 끊임없이 평가하고 감시한다. 그 결과, 나만의 기쁨, 즐거움, 집중력, 역량, 성취감을 온전히 누리지 못하게 된다.

이와 관련하여 1952년 시몬 드 보부아르Simone de Beauvoir는 이렇게 말했다. "소녀는 성장하면서 자신뿐만 아니라 외부의 시선 속에도 존재하게 된다." 1990년대 후반 무렵 사회심리학자 바버라 프레드릭슨Barbara Fredrickson과 토미앤 로버츠Tomi-Ann Roberts는 이 개념을 '자기대상화'라고 명명하며, "자기 몸을 내적 특질_{몸이 할 수 있는 것}보다는 외적으로 감지할 수 있는 특질_{몸이 보이는 방식}로 인식하는 경향"이라고 정의했다. 이 현상은 나이와 배경과는 무관하게 주로 소녀와 여성에게 영향을 미친다. **자기대상화는 온전히 자기 자신으로 살아가기보다 다른 사람들이 바라보는 상상 속의 내 모습에 갇혀 사는 일종의 보이지 않는 감옥이다.** 타인이 당신을 어떻게 볼 지에 대한 두려움에 휩싸여 자신을 감시하고 통제하면서 영혼을 소모하는 행위이다.

자기대상화로 정체성이 분열하면 자아실현 능력이 방해받아 잠재력을 최대한 발휘하기 어렵다. 이러한 이중적 정체성은 주의력을 끊임없이 분산시킬 뿐만 아니라 부담을 가하고 불편을 초래하여 우리의 발전과 잠재력, 행복을 저해한다. 대상화의 바다라는 은유와 연관 지어 생각하면, 자기대상화는 흡사 흠뻑 젖어 무거운 청바지를 입고 수영하는 것과 같다.

자기대상화의 무게

우리 대부분은 젖은 청바지를 입고 물속을 헤쳐 나가는 것이 일상이 되어 있다. 객관적으로 끔찍한 상황인데도 이 상황에 익숙해져서 별다른 의문을 품지 않는다. 그러나 젖어서 무거운 청바지는 당신의 행동을 굼뜨게 만든다. 수영하기, 물 위에 떠 있기, 노 젓기, 스트레칭하기, 구명보트에 오르기, 사물이나 사람에게 집중하기, 편히 쉬기, 적절한 시간 내에 몸을 말리기, 그 어느 것 하나 수월하지 않다. 자기대상화라는 젖은 청바지는 당신의 마음과 자기 인식에 보이지 않는 부담을 가해 실질적으로 또한 비유적으로 당신의 발전을 저해한다. 이에 따라 당신의 소중한 에너지 일부는 방해물을 처리하는 데 쓰일 수밖에 없다. 모든 수영장에 '청바지 착용 금지'라는 경고 문구가 있는 데는 다 이유가 있다. 청바지는 비실용적이고 불편할 뿐만 아니라, 익사의 위험을 초래할 수 있어 매우 위험하다.

젖은 청바지를 입고 달리거나 역기를 들거나, 독해력 시험, 수학 시험, 공간 능력 시험을 본 적이 있는가? 아마 없겠지만, 상상해 보자. 젖은 청바지를 입지 않았을 때보다 성과가 떨어질 가능성이 높다. 실제 자기대상화 상황에서도 이와 같은 현상이 나타난다. 여성은 자신이 어떻게 보이는지 신경 쓰이거나 자의식이 생기면, 심지어 혼자 방 안에 있을 때도 이러한 시험이나 활동에서 성과가 낮아지는 것으로 나타났다.

자기대상화의 가장 위험한 결과는 우리의 의식이 분열되어 긍정심리학에서 말하는 최고의 동기 부여 상태인 '몰입flow'에 도달하는 것을 방해하거나 불가능하게 만든다는 점이다. 몰입이란 활기 충만한 집중 상태이자 활동에 완전히 몰두하여 즐거움을 느끼는 정신적 상태를 말한다. 작업에 완전히 몰두하여 자의식적인 몸 감시가 요구하는 정체성의 '이중화doubling'를 겪지 않는다면 몰입 상태이다. 몰입은 당신이 집중하고, 창조하며, 움직이고, 글을 쓰고, 타인의 시선을 두려워하지 않고 활동할 때이다. 연구에 따르면, 계속 외모에 신경쓰다 보면 정신적·육체적 에너지를 필요 이상으로 빼앗길 수밖에 없고, 결국 몰입 상태에 도달하거나 유지하기 어려워진다. 또한 여학생은 비판적인 자기 인식self-awareness과 자의식self-consciousnes으로 이미 초등학교 때부터 남학생보다 더 자주 활동과 사고의 혼란에 빠지게 된다고 한다. 정체성이 둘로 나뉘면 삶의 질과 행복이 위협받는다.

자기대상화라는 영혼을 갉아먹는 태도는 행동하고, 존재하며, 경험하고, 이바지하며, 성취하는 것을 방해함으로써 삶 전반을 위협한다. 자기대상화로 당신—그리고 세상—이 놓치는 것은 무엇일까? 당신은 조사하는 자와 조사받는 자, 감시하는 자와 감시당하는 자로 살아가면서 자신이 몸과 외모로 규정된다고 믿고 그에 따라 스스로를 평가하게 된다. 자기대상화는 대개 사춘기 전후에 시작된다. 이때부터 원피스 위에 카디건을 입거나 수영 직후에 몸을 가리라는 부모님의 지시나 다른 사람들의 음란한 발언 등 성적 대상화 경험을 하게 된다.

우리는 다른 사람이 보든 안 보든, 외모를 가꾸고, 옷차림에 신경 쓰고, 자신의 매력을 발산하는 데 몰두하기 시작한다. 수동적이고 외모에 집착하는 상태는 시간이 지나면서 점차 마음속 과제 목록으로 자리 잡는다. 바지를 올려 배를 감추고, 의자에 앉을 때 다리를 꼬아 허벅지가 더 얇아 보이도록 하고, 배를 집어넣고, 이중 턱 방지를 위해 턱을 추어올리고, 팔을 몸에서 멀리 떼어 몸집이 날렵해 보이게 하고, 얼굴의 기름을 닦아 내고, 어수선한 머리를 정리해야 한다는 생각들이 끊임없이 머리를 맴돈다. 혼자 있을 때조차 자동차 거울이나 휴대전화 카메라, 진열장에 비친 자기 모습을 확인하거나, 자기 자신으로 살아가는 대신 상상 속 자신을 꿈꾸며 살아가는 경우가 많다.

특히 우리 몸을 이상적인 몸과 비교하며 외적으로만 판단한다면 몸을 긍정적으로 느끼기 어렵다. 이것이 바로 부정적인 신체 이미지의 근원이다. 연구에서 "자기 몸을 어떻게 생각하는가?"라는 기본 질문에 대한 여성들의 대답에서 이 점을 확인할 수 있었다. 대다수의 여성은 자기 몸이 어떻게 보이는지, 즉 타인이 자신을 어떻게 볼 것으로 생각하느냐는 질문에 주로 부정적이고 외모 중심적인 용어로 대답했다.

"저는 마른 체형이어서 햄버거를 먹어 체중을 늘리라는 말을 자주 들어요. 심지어 섭식장애가 있냐는 조롱까지 듣죠. 이런 말을 들을 때마다 제 몸이 더 싫어져요."

"저는 너무 뚱뚱한 것 같아요. 몸 때문에 남편에게 부족한 사람처럼 느껴져요."

"제 몸은 제가 원하는 모습과 전혀 달라요. 셀룰라이트, 흉터, 정맥 등 감추고 싶은 것들이 많아요. 항상 '왜 나는 그녀처럼 보일 수 없을까?' 생각해요."

우리는 자신이 생각하는 이상적인 아름다움에 부합하지 못한다고 느낄 때 몸을 감시한다. 결국 삶의 다른 영역에서도 성과를 내지 못하거나 의욕을 잃게 된다. 연구에 참여한 18~35세 여성 중 71퍼센트는 자신도 모르게 자기대상화를 경험한 것으로 나타났다. 그 비율은 자기 몸을 부정적으로 생각하는 여성에서 91퍼센트까지 급증했다. 또한 온라인 신체 이미지 강좌에 참여한 여성들의 자기 보고에 따르면, 82.5퍼센트의 여성이 외모 불안으로 행사나 활동에 참석하지 않거나 활동 기회를 놓치는 것으로 나타났다. 여성 10명 중 8명이라는 통계는 많은 여성들이 거의 항상 신체를 감시한다는 것을 보여준다.

우리 연구를 포함하여 다수의 연구 결과가 모든 나이, 인종, 배경에서 발생하는 자기대상화의 비극을 여실히 보여준다. 자기대상화는 부정적인 신체 이미지, 외모 집착, 정신적·신체적 성과 저하, 수치심, 불안, 우울 등 예측할 수 있는 일련의 경험으로 이어진다. 여성이 사용하는 대응 방식은 이상섭식, 자해, 약물 남용, 성적 자기주장 감소거절하고 싶을 때 거절하지 않거나 피임을 논의하지 않거나 사용하지 않는 것, 신체 활동 감소, 끊임없는 다이어트, 다양한 방식의 '숨기', '고치기'이다. 이처럼 끊임없이 몸을 감시하는 상태가 되면, 능동적으로 선택하며 자아를 실현하기보다는 수동적으로 타인의 판단에 휩쓸린다.

이런 상황이 되면 수업 시간에 손을 들거나 회의에서 발언하기 어려워진다. 아이들이 함께 수영하자고 요청해도 수영장 라운지 의자에 옷을 다 입고 앉아 있기도 한다. 땀에 젖거나 얼굴이 빨개지는 모습, 무방비 상태로 움직이는 모습을 보이고 싶지 않아서 스포츠 활동이나 체육 수업을 거부한다. 체중이나 여드름, 면도하지 않은 다리, 맞지 않는 옷 때문에, 또는 화장하거나 머리를 꾸밀 시간, 돈, 에너지가 없다는 이유로 파티에 빠지거나, 심부름을 미루거나, 가족사진을 찍지 않거나 모임에 참석하지 않고 집에 숨어 지낸다. 그다지 편치 않은 안전지대를 유지하려고 애쓰는 과정에서 즐겁고 중요한 경험을 포기하고 있지는 않은가? 타인의 시선을 두려워한 나머지 발전과 행복, 건강, 만족스러운 관계, 세상에 이바지할 기회를 놓치고 있지는 않은가? 우리의 박사과정 연구에 참여한 많은 응답자는 자기대상화가 자신의 시간과 에너지를 얼마나 많이 빼앗았는지 깨닫고 큰 충격을 받았다.

"자기대상화 때문에 외모에 대한 자신감이 바닥
이에요. 저는 내면이 아름답고 주변 사람들에게
많은 것을 베풀 수 있는 사람이라는 것을 알면서
도, 여전히 제가 아름답다고 생각하지 못해요. 그
래서 자주 옷 뒤로 숨는 것 같아요. 수영을 좋아
하지만, 수영복 차림의 모습을 다른 사람들에게
보여주기 싫어 수영하러 가지도 않아요."

"솔직히 말해 지금까지는 제가 하고 있는 행동들
이 뭘 의미하는지도 몰랐어요. 살찐 허벅지, 튼
살, '머핀 탑여성의 치마나 바지의 허리 부분 위로 불룩 튀어나
오는 뱃살—옮긴이'같은 것들에만 집중했죠. 원하는
가슴 모양이 아니어서 신경 쓰이고, 배꼽도 귀엽
지 않아요. 엉덩이는 너무 처진 데다 크고, 머리
는 너무 납작하고 어수선하죠. 주근깨도 싫고, 코
도 눈썹도 마음에 들지 않아요. 제 몸의 여기저기
를 끊임없이 깎아내리죠. 심지어 발가락까지요.
이런 생각들을 하고 다른 사람들에게 이 문제를
말하는 게 불편해서 항상 숨어 지내요. 친구들이
보고 싶지만 '뚱뚱한' 모습을 보이기 싫어서 피해
요. 자기대상화가 나를 망친 것 같아요."

"출산 후 가능한 모든 방법을 다 동원해 배와 가
슴을 감추고 있어요. 거울을 볼 때마다 저 자신을
조각조각 나누며 '이건 더 높아야 해, 이건 더 평
평해야 해, 이건 없어야 해'라고 생각해요. 산후
우울증과 자기대상화가 제 삶과 결혼 생활에 큰
영향을 미친 것 같아요. 남편과 친밀한 시간을 갖
고 싶은 생각도 별로 없고, 그마저도 어둠 속에서
만 가능해요. 옷을 살 때마다 언짢아져요."

"자기대상화가 제 삶을 망가뜨렸어요! 온종일 몸
에 집착해요! 헐렁한 옷과 패딩 브래지어로 몸을
감추는 데, 정말이지 극단적인 방법을 동원해서
라도 고치고 싶어요. 허리 군살이 드러나는 바지
를 입으면 짜증이 솟구쳐요. 외모 생각이 삶을 지
배하고 기분을 좌우해요. 기억하는 한 항상 제 외
모가 싫었어요. 사회적으로나 학업적으로 어려움
을 겪었는데, 지금 생각해 보면 그 이유가 외모가
맘에 들지 않았기 때문인 것 같아요. 가슴 성형을
꼭 하고 싶어요. 가장 친한 친구이자 제 몸을 부
정적으로 말하지 않는 남편과 침실에서 편안한
마음으로 지내고 싶기 때문이에요."

"저는 평생 자기대상화에 빠져 살았고, 그 결과 엄청난 피해를 보았어요. 제 체중과 다른 사람들의 시선에 늘 전전긍긍하죠. 어차피 거절당할 것 같아서 매력적인 사람들에게 아예 관심도 보이지 않으려고 노력해 왔어요. 살이 좀 쪘다 싶으면 최대한 사진 촬영 기회를 피했어요. 그러다 보니, 소중한 추억들도 많이 놓쳤죠. 창피나 조롱을 받을 상황을 피하고자 아예 참석하지 않은 활동도 많아요. 불안, 낙담, 자기혐오, 해결책을 찾느라 낭비한 돈과 시간, 사회적 상황에서의 위축, 인생을 허비하고 있다는 상실감에도 시달려 왔어요."

"고등학교 2학년 땐 학교도 거의 가지 않았어요. 다른 여자애들보다 못생겼다고 느꼈죠. 입을 옷이 마땅치 않다는 생각에 옷 입는 것도 싫었어요."

"용기를 내고 마음을 다잡아 그냥 밖으로 나가 인생을 살아야 한다고 생각해요. 그런데 그 과정에서 시간이 너무 많이 걸려요. 결국 수영장에는 가지도 못하죠. 특정한 모습으로 보여야 한다고 느껴지는 활동을 준비할 때도 비슷한 상황이 펼쳐져요. 결국, '할 수 있는 게 많지 않다'라고 생각해요. 있는 그대로의 나와 내 모습을 받아들이기까지 시간이 오래 걸리고 그 과정에서 겪는 좌절이 엄청나요. 이런 생각이 저를 가로막아서는 안 된다는 걸 알지만, 여전히 쉽지 않네요.”

“수영을 피하고 있는데, 제 아이들이 수영을 너무 좋아해서 가슴 아파요. 엄마나 언니 앞에서는 수영복을 입지만, 남편과 시댁 식구들 앞에서는 수영복을 입지 않아요. 남편이 나 때문에 창피당할까 봐 남편의 회사 행사에 참석하지 말까도 생각해 봤어요. 남편은 건장한 체격에 미남이에요. 사람들이 우리가 함께 있는 모습을 보고 ‘정말 둘이 부부란 말이야?’라고 생각할까 봐 걱정돼요.”

우리 삶에서도 자기대상화는 초등학교 시절부터 서서히 스며들기 시작했다. 독서 시간에 우리는 친구들과 허벅지 크기를 비교하곤 했다. 렉시는 2학년 때 신축성 있는 꽃무늬 반바지를 입고 바닥에 무릎을 꿇고 앉았던 순간을 아직도 생생하게 기억한다. 외모에 자의식을 느꼈던 어떤 순간의 처음이나 몸을 감시했던 순간을 명확하게 기억한다면, 이러한 경험들은 신체 이미지에 혼란을 일으킨 파도라고 볼 수 있다. 이는 안전지대에서 벗어나 당신에게서 반응을 불러일으킨 순간을 나타낸다. 이러한 반응은 '당신이 어떻게 보이는지'와 '다른 사람들이 당신을 어떻게 보는지'를 새롭게 인식함으로써 나타나며, 자신이 추레해 보이거나 민망해 보이지 않게 하려는 자연스러운 보호 본능처럼 느껴졌을 것이다.

린지 이야기: 여덟 살 때 수영 연습을 마치고 집에 돌아와 전신 거울 앞에 섰던 기억이 생생하다. 나는 허벅지 옆에 움푹 들어간 부분을 발견하고 수치심을 느꼈다. "연습이나 대회 때 이 부분을 손으로 가리면 아무도 알아차리지 못할 거야."라고 혼자 생각했던 기억이 난다. 셀룰라이트라는 단어조차 몰랐던 시절, 자기대상화는 내 정체성을 이중화하고 감독처럼 자신을 감시하도록 가르쳤다. 몸을 숨기고 고치려는 시도는 기대했던 결과를 얻지 못했지만, 세월이 흐를수록 그 생각은 점점 더 강력해졌다.

렉시 이야기: 나는 열네 살 때 일기장에 이렇게 썼다. "오늘로 다이어트 일주일째다. 잘 해내고 있다. 다음 주 이맘때쯤이면 5킬로그램을 뺄 수 있을 것이다. 수영팀 훈련이 시작되기 전에 살을 빼고 수영복을 새로 장만해야 할 텐데 시간이 부족할 것 같아서 스트레스다." 결국 그해 말, 나는 수영장에서 사람들의 시선을 받아야 하는 두려움에 정면으로 맞서기보다는 수영을 그만두기로 했다. 결국 '살 빼기', '몸매 가꾸기', '새 수영복 사기'는 모두 내가 다른 사람들에게 어떻게 보일지 설명하는 말에 불과했다. 수영할 때 외모 걱정으로 인한 신체 이미지 혼란을 겪으면서,

결국 나는 안전지대를 벗어나지 않는 쪽을 선택한 것이다. 약 일년 후, 린지도 나와 같은 선택을 했다. 수영은 우리 삶에서 즐겁고 의미 있는 활동이었지만, 수영복 차림을 남들에게 보일 자신이 없었다. 우리는 부끄러운 몸을 '고쳐' 다시 수영복을 입을 자격이 생길 때까지 수영하지 않겠다고 조용히 다짐했다.

2011년, 작가 어텀 횟필드 마드라노Autumn Whitefield-Madrano는 자신의 외모 집착이 부정적인 영향을 미친다는 사실을 깨닫기 시작했다. 그녀는 한 가지 실험을 계획했다. 자기감시에서 벗어나 몰입 상태를 더 잘 유지하려고 한 달 동안 거울을 보지 않기로 했다. 그녀는 존 버거의 1972년 출간작에서 읽은 한 구절에 충격을 받았다. 우리 또한 이 구절을 처음 읽었을 때 몹시 놀랐던 기억이 난다.

여성은 끊임없이 자신을 관찰하며 살아간다. 그녀는 항상 자신의 이미지를 의식한다. 단순히 집 안의 방을 가로질러 걸을 때나 아버지의 죽음으로 눈물을 흘릴 때조차도 그녀는 걷거나 울고 있는 자기 모습을 상상한다. … 이렇게 그녀는 자신 안에 감시하는 자와 감시받는 자라는 뚜렷이 구별되는 두 정체성 요소가 있다고 생각하게 된다.

결국 그녀는 자신을 보이는 대상으로, 즉 하나의
광경으로 전락시킨다.

횟필드 마드라노는 한 달 동안 거울, 상점 유리, 그 외 자신
의 모습을 확인할 수 있는 모든 반사면을 보지 않는 실험을
진행했다.

눈에 띄는 획기적인 변화는 없었다. 그러나 그녀는 자신과
자신의 욕구에 더 집중하게 되었으며, 그동안 익숙해져 있던
'아름다워지기 위한 노력머리를 특정 각도로 유지하고, 고개를 끄덕이며 미
소 짓고, 예쁘게 보이려 애쓰는 행동'을 더 잘 인식하게 되었다. 가장 두
드러진 성과는 자의식이 줄어든 것이었다. 스스로 자신을 검
열하는 시선이나 타인의 시선, 나에게 눈길 주기를 바랐던 사
람들의 시선에 자신이 어떻게 보일지 집착하던 습관이 줄어
들었다.

1792년, 페미니스트 작가로 알려진 메리 울스턴크래프트
Mary Wollstonecraft는 여성이 인간성보다 외모로 규정된다는 감정
이 만들어내는 보이지 않는 속박을 이렇게 묘사했다. "여성은
어린 시절부터 아름다움이 여성의 권력이라고 배운다. 따라
서 여성의 정신은 몸에 맞춰 형성된다. 그녀는 금빛 새장 속
을 돌아다니며 그 감옥을 꾸미는 일에만 신경 쓴다." 우리의
신체 이미지와 자아상이 주로 외모로 정의될 때, 우리의 몸은
감방이 된다. 사랑, 자신감, 성취감을 추구하는 과정에서 화

장, 패션, 미용 시술, 다이어트로 몸을 꾸미는 것이 주요 과업이자 최우선 목표가 된다. 여성은 끊임없이 자신을 꾸미고 '개선'하는 과정에서 보상을 얻는다. 친구와 낯선 사람 모두 당신의 변화를 인정하며 "정말 멋져!" "너무 부러워!" "이보다 더 멋진 적은 없었어!" "계속해!"라고 찬사를 보낸다. 당신을 돌아보는 시선, 더 많은 관심을 보이는 연인, 늘어나는 '좋아요'와 팔로워 수, 당신을 전문가로 여기며 성공 비결을 묻는 사람들도 마찬가지로 당신을 인정하는 증표처럼 보인다.

하지만 이러한 인정은 일시적이며 오래 지속되지 않는다. 살 빼는 속도가 느려지거나 보톡스 효과가 사라지면 칭찬도 함께 사라진다. 지금까지 받은 칭찬을 곰곰이 되짚어 보면, 사람들이 나를 외모로만 평가하고 있는 건 아닌지, 이전에는 나를 안타깝게 여긴 것은 아닌지 의문이 들 정도다. 그동안 동기부여였던 사람들의 인정을 계속 받으려면 더 열심히 노력해야 한다는 압박감을 느낀다. 체중 감량, 제모, 성형 수술, 가슴 확대, 입술 필러, 돈을 모아 마침내 손에 넣은 새 옷 등의 목표를 달성하면서 이런 것들이 장기적으로 나를 더 행복하게도, 사랑을 얻게 해 주지도 않는다는 냉혹한 진실을 깨닫기 시작한다. 설령 연애 상대에게 더 많은 관심을 받는다 해도, 그로 인해 관심이나 만족감이 지속되리라는 보장은 없다. 신체수치심에서 벗어나게 해 주지도 않으며, 엄청난 비용, 시간, 에너지를 소모할 뿐이다. 수치심을 없애거나 더 행복해지

거나 자신감을 얻기 위해서 이상적인 아름다움을 좇는 것이
라면 오산이다. 이는 그저 당신을 지치게 할 뿐이며, 장기적
으로 문제를 해결해 주지도 않는다. 문제의 본질은 우리가 외
모로 정의된다는 사실이며, 자신감과 신체 이미지를 개선하
려는 끝없는 외모 관리는 결코 문제의 해결책이 될 수 없다.

셀카대상화

삶에서 자기대상화가 어떻게 작용하는지 이해하게 되면,
자기 효능감이나 인정의 의미에 의문을 가질 수밖에 없다. 온
라인에 자신의 사진을 올리는 경우를 생각해 보자. 많은 소녀
와 여성들이 불꽃 모양 이모티콘, #목표 댓글, '좋아요', 팔로
우 증가에서 오는 짜릿함을 만끽하기 위해 자신의 사진을 온
라인에 게시한다. 전형적인 미의 기준에 부합하든 아니든, 자
기 몸과 얼굴을 온라인에 공유하는 것은 신체 이미지와 자신
감 증진에 도움이 된다고 느낄 수 있다. 만약 여성들이 아름
답지 않다고 느끼는 것이 문제고, 아름답다고 느끼는 것이 신
체 이미지 문제의 진정한 해결책이라면, 소셜 미디어에 사진
을 공유하는 것은 진전을 의미할 수 있을 것이다. 그러나 자
기대상화가 삶에 미치는 영향을 이해하면, 상황이 그리 간단

하지 않다는 것을 알게 된다. 우리는 단순히 외모를 인정받고 싶은 의도로만 사진을 올리지는 않는다. 우리가 무엇을 하는지, 어디에 가는지, 누구와 함께 있는지 등을 기록하고 공유하고자 하는 의도도 있다. 따라서 사진을 어떤 기준으로 선택하고 편집하는지, 그리고 그것이 신체 이미지와 외모 자신감을 증진하기 위한 것인지, 아니면 다른 이유 때문인지 생각해 볼 필요가 있다.

자존감을 높이려는 의도로 자신의 사진을 찍고 공유하는 행위 자체가 자기대상화의 시각적, 가상적 확장에 불과한 건 아닐까? 내 몸에 대한 마음속 이미지를 눈에 보이는 이미지로 바꾸어 감시하고 평가하면서 개인적·사회적 검증을 구하고 있는 것은 아닐까? 만약 신체 이미지가 외부에서 관찰되고 이해될 수 있는 것이라면, 외부에서 이를 개선할 수도 있을 것이다. 자신과 타인의 외모를 인정하는 것은 모든 신체 이미지 문제를 해결해 줄 것이고, 우리는 더 이상 이상적인 외모를 신경 쓰지 않고 살아갈 수 있을 것이다. 그러나 신체 이미지는 내면의 문제이며, 외부의 칭찬으로는 자신감과 성취감을 오랫동안 유지할 수 없다.

'셀카'라는 제목의 도브 마케팅 영상은 소녀와 여성에게 셀카를 찍고 자신이 얼마나 아름다운지 깨닫고 '아름다움을 재정의'하라고 말한다. 핵심 메시지는 영상 마지막에서 소녀가 말한 부분에 담겨 있다. "어젯밤에 셀카를 보면서 내가 얼마나 아름다운지 깨달았어요. 난 정말 예쁘죠." 멋진 말이다! 하지만 셀카를 보며 자신의 아름다움을 평가하고 가치를 확인하는 것은 자기대상화의 해로움을 잘 보여주는 예시이다.

셀카의 증가는 젊은 여성들의 성형 수술 증가와 상관관계가 있을 수 있다. 2018년에 발표된 미국안면성형재건학회 AAFPRS의 보고서에 따르면, 성형수술은 2013년 이후 47퍼센트 증가했다. 설문조사에 참여한 안면 성형 외과의사 중 72퍼센트는 30세 미만의 환자가 증가했다고 답했다. AAFPRS 회장 에드워드 패리어Edward Farrior는 2014년 성명에서 이렇게 말했다. "이미지 중심의 소셜 플랫폼은 사람들이 자신의 모습을 현미경으로 들여다보듯 자세히 들여다보며 이전보다 더 비판적인 시각으로 자신을 보게 만든다. 이러한 이미지는 젊은이들이 친구, 연인, 고용주에게 보여주는 첫인상이다. 환자들은 자신의 최상의 모습을 보여주고 싶어 한다."

가장 우려되는 점은 '최상의 얼굴을 보여 준다'는 생각이다. 이는 실제로는 '다른 얼굴을 보여 준다', 또는 '최고라고 믿도록 학습된 이상에 맞게 얼굴을 바꾸는' 것을 의미한다. 하지만 결국 현실에서 개인의 최고 모습이 아니라, 미용 산업에서 가장 잘 팔리는 이상에 맞추는 것에 불과하다. 달리 말해, 신체수치심을 줄이거나 신체 이미지를 유지하기 위한 위험하고, 비싸며, 고통스럽고, 궁극적으로 비효율적인 방법이다.

셀카 자체는 본질적으로 전혀 잘못된 것이 아니다. 같은 장소에서 다양한 각도와 표정으로 자신의 얼굴을 55장을 찍는다 해서 비난받을 이유는 없다. 그러나 당신은 여기서 역접 접속사가 나오리라 짐작했을 것이다 우리 사회의 문화적 맥락에서 이 현상을 살펴보면, 셀카는 단순한 유행이나 자기표현의 한 형태에 그치지 않는다. 셀카는 우리가 평생 배워온 것, 즉 타인의 시선을 의식하며 살아가는 이미지로서의 인간을 명확하게 드러낸다. 셀카는 역동적인 인간을 위한 것이 아니라, 다른 사람들이 바라보고, 평가하고, '좋아요'를 누르거나 댓글을 달 수 있도록 세심하게 자세를 잡고, 스타일링하고, 편집한 이미지이다. 셀카는 단순히 자신이 보기 위해 찍는 것이 아니라, 타인에게 보여주기 위해 찍는 사진이다. 화가의 자화상을 제외하면, 셀카는 소셜 미디어가 등장해 온라인에서 쉽고 공개적으로 타인의 시선을 받고 인정받을 수 있게 되기 전까지는 존재하지도 않았다. 소녀와 여성들이 어릴 때부터 가장 가치 있다고 교육받는 건 무엇인가? 바로 예쁜 외모다. 똑똑함, 유머, 친절함, 재능이 아니라 '매력적으로 보이는 것'이 중요하다고 배운다. 결국 우리가 추구하도록 배워온 인정은, 우리의 외모를 두고 타인이 내려주는 승인이다. 소셜 미디어는 이 현상을 시각적이고 공개적인 방식으로 확대재생산한다. 우리는 이를 셀카대상화라고 부른다.

셀카대상화

명사 <u>스스로 자신의 사진을 찍어 외모를 타인에게 평가받거나 상품화하는 행위.</u>

셀카대상화는 다음의 3단계로 이루어진다.

1. 자신의 사진을 찍어 감상하고 분석한다.
2. 해당 사진의 순위를 매기고 편집하여 최종 이미지를 만든다.
3. 최종 이미지를 다른 사람들이 감상하고 인정할 수 있도록 온라인에 공유한다.

자신의 사진을 많이 찍거나 '인스타그램 남편인스타그램에 빠진 아내를 위해 '아내의 개인 사진기사'가 되어 주는 남편—옮긴이' 또는 다른 파트너에게 사진을 찍게 하는 경우, 당신은 아래의 세 단계 중 어디에 해당하는가?

1단계: 촬영하고 평가하기

셀카는 영구적인 형태의 거울 역할을 한다는 점에서 독특한 현상이다. 촬영된 이미지는 사라지지 않고 휴대전화 메모리, 컴퓨터 앨범, 소셜 미디어 피드를 채운다. 사람들은 셀카를 찍고 잊어버리는 것이 아니라, 자기 얼굴과 몸을 다른 사람들이 반복해서 관찰하고 평가하도록 드러내는 한편, 소셜 미디어에 게시된 다른 여성들의 외모와 자신의 외모를 스스로 비교한다. 수치심을 극복하고자 성형 수술을 선택한다는 여성들의 이야기에 그렇게 놀랄 필요가 없는 이유이다.

2단계: 고르고 편집하고 최종 선택하기

셀카를 촬영한 후, 사진을 검토하고 평가하여 공개할 최상의 사진을 선택한다. 대부분의 소셜 미디어 사용자처럼, 게시 전에 사진을 편집한다. 한 설문조사에 따르면 밀레니얼 세대 여성 응답자의 70퍼센트가 외모가 더 나아 보이도록 자신의 사진을 편집했다고 한다. 편집은 잡티를 제거하거나 피부 톤과 색을 바꾸고, 더 날씬하게 또는 더 풍만하게 보이도록 하는 등의 방법으로 이루어진다. 사진을 수정하지 않더라도 각도, 조명, 자세가 가장 좋은 사진을 선택하는데, 그 자체가 편집의 일종이다. 주류 미디어에서는 여성의 실제 모습을 거의 볼 수 없다. 비현실적으로 설정된 이상은 만화같이 '완벽'하게 사진을 수정해야 한다는 압박감으로 이어져 소셜 미디어에서 비현실적인 모습이 확대 재생산되는 결과를 낳는다.

3단계: 공유하고 모니터링

셀카 게시자는 자신이 받은 '좋아요'와 댓글을 주의 깊게 모니터링하고, 다른 사람들의 사진에 달린 댓글과 비교할 가능성이 높다. '좋아요' 수가 많고 댓글이 긍정적일수록 자신이나 자신의 외모에 더 만족감을 느끼게 된다. 그러나 '좋아요'

수가 기대에 못 미친다면? 댓글이 비판적이거나 아예 없다면? 게시자의 자존감은 어떤 영향을 받을 것인가? 자존감이 타인의 인식에 따라 바뀐다면, 기대만큼의 반응을 받지 못할 때 자존감은 크게 요동칠 것이다.

결론적으로 자기대상화는 한 인간으로서 자신의 진정한 모습과 능력을 깊이 이해하는 데 심각한 걸림돌이 된다. 감탄의 대상이 되는 몸이 아니라, 인간으로서의 자신 말이다. 외모에 집착하는 문화의 산물인 셀카는 자기대상화를 촉진하는 또 하나의 도구다. 너무 일상적이고 널리 퍼져 있는 현상이라 그 심각성을 인식하지 못할 수도 있다. 이 문제가 더 복잡한 이유는 우리를 포함해 그 누구도 자신의 외모에 만족하는 사람에게 수치심을 주거나 숨거나 자제해야 한다고 느끼게 하고 싶지 않기 때문이다. 그러나 자존감과 긍정적인 신체 이미지를 진지하게 생각한다면_{물론 우리는 매우 진지하다}, 자신을 바라보고 표현하는 방식과 자기대상화가 어떻게 작용하는지 비판적으로 고찰할 책임이 있다.

자기비교의 상처

자기 외모를 감시하고 다른 사람들이 자신을 어떻게 볼지 신경 쓰다 보면, 다른 사람들과 자신을 비교할 수밖에 없다. 이러한 비교는 신체 이미지라는 구명보트에 작은 흠집을 내어, 보트의 공기는 점점 빠져나간다. 예를 들어, 전 남자 친구의 새 여자 친구 인스타그램을 무려 153주 치나 스크롤 하며 자존감에 상처를 입힌다. 쉭쉭신체 이미지 구명보트에서 공기 빠지는 소리이다. 사촌이 수영장에서 아이들과 노는 모습을 보며 자신도 저런 수영복을 입고 사촌처럼 보이면 좋겠다고 생각한다. 쉭쉭. 지난 주말 친구들과 찍은 단체 사진 속 친구들과 자신의 모습을 비교하며 자신도 다른 자세를 취하거나 다른 옷을 입었으면 좋았겠다고 생각한다. 쉭쉭.

아름다움은 한정된 자원이 아니다. 사랑, 매력, 인정, 평화, 지성, 행복도 마찬가지다. 그러나 몸에 높은 가치를 매기고 편협한 이상을 부여하는 세상에서는, 우리를 외모에 따라 서열화하고, 높은 순위를 차지하는 데 모든 희망을 걸게 된다. 이렇게 되면 우리는 과거의 자신, 미래의 신체 목표, 또는 복도 끝 사무실에 근무하는 여성과 끊임없이 비교하며 살아가게 된다. 이러한 제한적이고 모욕적이며 분열적인 사고방식은 우리를 감시하는 사람이자 감시받는 사람, 보는 사람이자 보이는 사람으로 만든다. 우리는 자신을 관찰하며, 주변 사람들과 자신을 끊임없이 비교한다.

지금까지 진행된 대부분의 소녀와 여성 사회비교연구는 외모에 초점을 맞추고 있다. 여성들이 겪는 고통과 수치심의 상당 부분이 외모에서 비롯되기 때문이다. 우리를 포함하여 많은 신체 이미지 연구자는 자기 몸을 다른 여성들과 비교하는 행위가 신체 이미지 손상의 직접적인 원인이라는 것을 밝혀냈다. 수십 년에 걸친 연구를 통해 자신을 다른 사람과 비교하는 여성이 더 큰 신체 불안과 불만족을 느끼는 것으로 밝혀졌다. 또한 여성들이 주로 하는 사회적 비교는 '상향 사회 비교upward social comparisons'로 파악되었다. 이는 자신과 비슷하거나 더 매력적이라고 생각되는 사람들과 비교하는 것이다. 이러한 비교는 늘 부정적인 결과를 낳아 경쟁심과 신체수치심이 증가한다.

신체 불만족과 여성 간 경쟁에 관한 최근 연구는 이러한 비교를 흥미로운 방식으로 조사했다. 연구에서 여성들은 두 명의 여성 연구 보조원에게 무작위로 노출되었다. 한 연구 보조원은 날씬한 체형을 강조하는 옷차림면접에서 입을 법한 복장과 화장을 한 상태였고, 다른 한 명은 헐렁한 운동복 바지를 입고 화장을 하지 않은 상태였다. 각 경우에서 한 그룹에는 매력적인 남성이 있었고 다른 그룹에는 없었다. 정장 차림의 연구 보조원에게 노출된 여성들은 운동복 차림의 연구 보조원에게 노출된 여성들보다 몸에 대한 불만족이 더 큰 것으로 나타났다. 이 결과는 신체 불만족이 자기비교에서 비롯된다는 것을 보여준다. 또한 연구진은 실험 그룹 간의 신체 불만족도를 비교한 결과, 차려입은 연구 보조원과 매력적인 남성이 함께 있는 그룹에서 여성들의 신체 만족도가 가장 낮았다.

자신을 다른 사람과 비교하는 순간 우리는 자기대상화에 빠진다. 우리는 신중하게 선택되어 편집된 다른 사람의 외적 이미지와 자신의 내적 이미지를 비교하여 순위를 매긴다. 비교는 이따금 자연스럽고 피할 수 없지만, 많은 경우 우리의 신체 이미지와 전반적인 웰니스에 심각한 위해를 가한다. 이에 따라 자신을 능동적인 주체로 인식하는 대신, 수동적인 대상으로 보는 경향이 생긴다. 이는 신체 이미지를 더 대상화의 바다로 밀어내어, 우리 자신을 구체적으로 인식하기 어렵게 한다. 이러한 자기비교와 다른 여성과의 경쟁과 고립감은 대부분 우리 자신의 수치심과 불안감에서 비롯된다.

연구에 참여한 여성들은 자기비교에서 비롯된 상처로 얼마나 위축되었는지 설명했다.

"작년 여름에 열린 고등학교 동창회에 가고 싶었지만 용기가 없었어요. 남편과 함께 갔다면 제가 초라하게 느껴졌을 테니까요. 고등학교 때 예뻤던 친구들은 지금은 아마도 더 예뻐졌겠죠. 남편도 그걸 느낄 테고, 아마 '더 좋은 사람을 만날 수도 있었을 텐데'라고 생각할지도 몰라요."

"저는 별로 외출하지 않고 주로 집에 있는 편인

데, 최근 실내 암벽 등반을 하기 시작했어요. 체격이 큰 편이라 엉덩이를 다 덮을 수 있는 특대형 사이즈 등산복을 입어야 하는데 구하기가 어려워요. 할 수 없이 대형 사이즈를 입는데, 셀로판 포장지에 싸인 소시지처럼 보일까 봐서 걱정이에요. 주위를 둘러봐도 저처럼 덩치 큰 사람은 수백 명 중에 두세 명밖에 안 되더군요. 두 번째 등반 이후에는 온갖 핑계를 대며 안 가고 있어요."

"저는 평생 다른 사람들과 비교하며 제 결점을 찾았어요. 제 외모는 늘 제 마음을 짓눌러요. 인정하기 싫지만, 뚱뚱하고 볼품없다고 느끼죠. '예쁘다'라고 느끼는 순간이 더러 있긴 하지만 대체로 저 자신에 대한 평가는 가혹한 편이에요."

"저는 외모, 특히 체중에 불만이 많아요. 또래와 비교했을 때 제 몸은 균형이 안 맞고, 탄력도 없고, 뚱뚱하고, 펑퍼짐해 보이는 것 같아요. 남편에게 몸을 보여주는 것이 여전히 부끄럽지만, 남편은 제가 아는 사람 중 가장 이해심 많고 평가가 후한 사람이에요."

"17살 때부터 20살 때까지 장학금을 지원하는 미인대회에 출전했어요. 몇 번 우승해서 대학 등록금을 받은 것까진 좋았는데, 자기대상화가 삶이 되어버린 게 문제였어요. 미디어나 대회에서 본 여성들과 끊임없이 제 자신을 비교했어요. 그 결과는 치명적이었죠. 수영복 심사를 망칠까 봐 사탕 한 알도 먹기 두려울 정도로, 저는 극도로 예민해졌어요. 불행하다는 느낌이 들고 건강까지 나빠졌어요. 몇 달 동안 생리를 하지 않을 정도로요. 계속 '나는 충분하지 않다.'라고 생각했어요. 거식증 진단을 받지는 않았지만, 그 길을 향해 나아가고 있다는 걸 깨닫는 건 무서운 일이었어요."

다른 사람과 비교해 자신이 우위를 차지한다고 느낀다면 어떨까? 자존감이 올라갈 것 같지만 실제로는 그렇지 않다. 체형, 나이, 피부색, 머릿결이나 스타일 등 특정 기준으로 자신이 다른 사람보다 우위에 있다고 생각해도 결국 우리는 패배한다. 순간적으로는 승자처럼 느낄 수 있지만 이는 결국 우리 자신을 억압하는 것이고, 언젠가 우리에게 불리하게 작용할 날카로운 잣대가 될 것이 분명하다. 우리는 자신을 보는 것과 같은 방식으로 다른 사람을 대상화하는 데 무감각해진

다. 그렇게 우리는 자신과 타인을 동일한 기준으로 평가하게
되고, 이는 결국 모두에게 상처를 준다.

연구에 따르면 여성들은 다른 여성들과 비교한 후 자기 몸
을 더 부정적으로 느끼고, 비교 대상 여성들에 대한 유대감과
친밀함도 감소한다. **모든 사람이 경쟁자라면 진정한 팀원은 없
는 셈이다.** 자신을 가혹하게 평가할수록 자의식은 팽창하고,
외모에 집착할수록 고립감과 경쟁심은 커진다. 좋은 의도에
서 비롯됐을지라도 자기비교는 신체 이미지를 훼손하고, 다
른 여성들과 온오프라인에서 분열해, 외로움, 적대감, 거리감
을 느끼게 된다.

시각적인 소셜 미디어에서 많은 시간을 보내는 것은 바람
직하지 않다. 미국 소아과학회는 소녀와 여성이 겪는 우울증
과 신체 불만족을 '페이스북 우울증'이라고 지칭한다. 그러나
이는 페이스북에만 국한되지 않는다. 연구에 따르면 소셜 미
디어 사용 시간이 길어질수록 자존감이 저하될 가능성이 높
아진다. 하루 24시간 내내 고도로 연출되고 편집된 하이라이
트 장면을 접하는 상황에서 피할 수 없는 일이다. 소녀와 여
성은 소년과 남성보다 소셜 미디어에 더 많은 시간을 할애하
며, 사진 속 인물의 매력에 더 집중한다. 반면, 소년과 남성은
성공과 관련 있는 직업 정보에 더 관심을 가진다. 청년층의
자존감과 인스타그램 사용의 상관관계를 고찰한 연구에 따르
면, 타인의 인정을 자존감의 바탕으로 삼는 사람들은 인스타

그램에서 자기비교를 자주 하며, 이는 결국 자존감 저하로 이어진다. 최근 연구에서 밝혀진 바로는 소셜 미디어를 자주 사용하는 사람들이 자기비교와 자기대상화를 더 자주 하는 경향이 있다고 한다. 이는 결국 정신 건강 악화, 자존감 저하, 신체수치심 증가, 성형 수술 증가로 이어진다.

우리는 사람들이 외모를 포함해 자신을 긍정적으로 느끼길 바란다. 그러나 우리가 전하고 싶은 궁극적인 메시지는, 외모와 상관없이 자신을 긍정적으로 느낄 수 있다는 것이다. **아름다움은 인생의 과업이 아니다.** 반드시 아름다울 필요도 없다. 블로거 에린 맥킨Erin McKean이 자신의 블로그 '하루 한 벌A Dress a Day'에서 말했듯이, "아름다움은 여성이 되기 위해 지급해야 하는 대가가 아니다." 당신의 정체성이 보는 자와 보이는 자로 나뉘어 있다는 것을 인식하게 되면, 자신을 새로운 방식으로 바라보고 삶을 경험할 수 있다. 자기대상화가 무엇이며, 삶에 어떤 영향을 미쳤는지 깨닫게 되면, 더 이상 이를 외면할 수 없다. 이러한 깨달음은 당신 내면에서 더 많은 것을 발견할 수 있게 해주며, 당신 자신이 아닌 외모에 집착하게 만드는 이상과 압력을 깨닫게 해준다. 살아있다고 느끼게 하고, 당신이 누구이며 왜 여기에 있는지 상기시키는 존재는 바로 당신 자신이다. 그러나 당신의 일부가 항상 외모를 감시하고 있다면, 진정한 자신으로 존재하기 어려울 것이다.

온전한 나로 살기

우리 자신이 이미 그런 존재라는 사실을 깨닫는 순간, 더 이상 그런 모습이 되기를 기다리지 않는다.

소냐 르네 테일러 Sonya Renee Taylor,
『몸은 사과할 필요가 없다 The Body Is Not an Apology』

자기대상화는 정체성을 분열시키고 결국 본래의 자신을 잃게 만든다. 저질 리얼리티 프로그램 카메라가 여성의 몸을 위아래로 훑으며 특정 부위에 집착하듯, 자신을 그런 시선으로 바라보는 동안 우리는 자기 몸에 깃들어 있다는 사실조차 잊어버린다. 외모에 대한 외부의 시선에 자신을 가두면, 자기 몸은 말할 것도 없고, 자기 자신이 삶의 목적과 가능성에 연결되어 있다고 느끼기도 어려워진다. 외모로 자신이 규정된다고 느끼면 진정한 자신을 깨닫거나 잠재력을 발휘하기 어렵고 자아실현을 위한 노력 또한 방해받는다. 온전하고 통합된 자아와 재결합하기 위해서는 외모를 넘어 자신의 정체성을 되찾고 재정의해야 한다. 당신은 누구인가? 어떻게 지금의 자리에 오게 되었는가? 미래에 무엇을 이루고 싶은가? 당신의 강점, 기술, 가치관, 목표, 목적, 열정, 사명, 동기 부여 요인은 무엇인가?

우리는 소년만큼 큰 꿈을 가진 소녀였지만 사춘기가 시작되고 몸이 변하기 시작할 무렵부터 마음이 변하기 시작한다. 조금씩 주저하게 되며, 사람들의 시선을 피하고자 수업 시간에 손을 들지 않고, 남자아이들이 반바지를 입을 때 우리는 스판덱스 블루머를 입어야 한다는 이유로 배구팀을 그만둔다. 무엇을 입을지 몰라 행사에 참석하지 않기도 한다. 다른 사람들이 내 외모를 어떻게 볼지 두려워 자신감을 잃고, 리더십 기회나 커리어 가능성, 아이들과의 놀이 등 다양한 삶의 영역을 포기하기도 한다. 이러한 가능성과 잠재력의 위축은 평생 지속될 수 있다.

성인이 되면 인생의 목표에 '이상적인 몸'이 포함된다. 많은 사람이 지금의 모습과는 다른 더 나은 **모습을 상상하지 않고는 행복하고 만족스러운 미래의 자신을 떠올리기 어렵다.** 인생의 목적을 '위대해지는 것'이 아니라 '멋지게 보이는 것'으로 착각하거나, 가장 매력적인 모습이 되지 않으면 최고의 목표를 이루거나 최고의 삶을 살 수 없다고 믿기 쉽다. 당신은 무엇이든 될 수 있다! 당신은 목적을 이룰만한 충분한 능력이 있다! 그러나 그 과정에서 멋지게 보이지 않으면 아무 소용이 없다고 생각한다.

외모를 강조하는 말을 반복적으로 듣다 보면 외모를 떠나 존재 이유와 목적을 찾기가 어려워진다. 세상에 자신을 드러내는 방식이 오직 아름다움을 추구하는 것또는 무엇을 하든 아름답고 매력적이어야 한다는 압박감이라고만 배웠다면, 진정한 자신이 되거나 성장하기 어렵다. 미디어가 사랑받고, 행복하고, 성공한 여성들은 모두 특정한 미의 기준에 부합한다고 끊임없이 보여준다면, '이상적인 몸'이 되지 않으면 인생의 목표를 달성할 수 있다고 믿기 힘들다.

그러나 인생의 목표가 주로 단지 눈에 덜 띄는 존재가 되거나, 배경을 꾸미는 장식이 되거나, 사랑과 인정을 받기 위해 자신을 특정한 기준에 맞추는 것이라면, 당신은 결코 만족할 수 없을 것이다. 그 기준은 살아 숨 쉬고, 나이 들며, 성장하는 인간이 도달할 수 없도록 의도적으로 설정되어 있을 뿐 아니라, 언제든지 바뀔 수 있다. 방해 요소를 극복하려면, 목표를 향해 나아가는 과정에서 당신의 목적, 열정, 잠재력은 외모의 영향을 받지 않는다는 사실을 확실히 이해해야 한다. 상상 속에서 펼치는 미인대회에는 트로피가 없으며, 심사위원과 심사 기준도 주관적이고 계속 변화한다.

이러한 상황에서 어떻게 하면 진정한 나로 존재하는 데 걸림돌이 되는 내적·외적 제약을 극복하고, 내면의 힘과 잠재력을 발휘할 수 있을까? 자기 성찰과 자기 연민의 기술을 활용하고, 고통을 치유하며 삶의 목적을 발견함으로써 자신과 전인적인 정체성을 다시 연결할 수 있다.

자기 비교에서 자기 성찰로

　당신의 삶이 어떤 모습일지, 어떤 사람이 되고 싶은지 고민할 때, 각자 자신의 길을 걷고 있는 다른 사람들과 자신을 비교하려는 유혹을 경계해야 한다. 만약 자기비교를 하고 있다는 생각이 들면 잠시 멈추고 자신을 돌아보자. 자신의 성취와 상태를 외부의 잣대로 재단하기보다 자신의 내면을 성찰하고 탐구해야 한다. 이 방법은 다른 사람들이 각자의 길에서 어디에 있든지, 또는 그 과정에서 어떻게 보이든지 상관없이, 당신이 선택한 목적과 길을 확인하는 데 도움이 된다. 또한 이미 가지고 있는 역량, 특성, 자원, 기술과 발생할 수 있는 제약을 파악함으로써 회복탄력성을 강화할 수 있다. 이 전략은 더 주의 깊고 비판적으로 사고하기 위한 노력의 하나로, 신체 이미지에 혼란이 생긴 시점이나 그 이후 회복력을 키우는 과정에서, 또는 수시로 활용할 수 있다.

　무의식적 자기비교 대신 의식적 성찰로 더 큰 목적을 향해 나아가고 더 강력한 힘을 발휘하는 데 방해가 되는 요소를 파악해 본궤도로 다시 돌아올 수 있다. 연습할수록 더 쉽게 느껴질 것이다. 자기 눈을 똑바로 바라보며, 자신의 선택, 감정, 신념을 떠올리자. 다른 사람과 자신을 비교할 때 어떤 기분이 드는가? 슬럼프에 빠져 허름한 운동복 차림에 민낯으로 누워서 유명인이나 지인의 인스타그램과 자신을 비교할 때 어떤 느낌이 드는가? 학교, 교회, 수영장, 멋진 이벤트, 또는 파트너가 소셜 미디어에서 팔로우하는 사람들을 보며 자신의 미모 또는 성공, 행복, 인기 순위를 상상할 때 어떤 기분이 드는가? 화려한 행사에 초대받아 의상과 헤어를 고민할 때 어떤 기분이 드는가?

타인이 어떤 평가를 내릴지 걱정되어 기분이 가라앉을 때, 질투심으로 외모 개선을 위해 해야 할 일의 목록을 만들거나 쇼핑에 열중할 때, 또는 데이트를 취소하고 집에 틀어박혀 있고 싶거나 다음날 일정을 취소하고 싶다는 우울한 기분에 잠길 때가 있다. 이런 느낌이 들면 일단 모든 행위를 중단하자. 스크롤을 멈추고, 살펴보는 것을 멈추고, 측정하고 평가하며 비교하는 것을 멈춰야 한다. 다른 사람의 기준에 미치지 못할까 봐 두려워하며 자기 몸을 판단하고 비난하며 자신을 분열시키고 있다는 사실을 인식해야 한다.

과거에 이런 감정이 들면 어떻게 대처했는지 의식적으로 되돌아보자. 이제는 그 분열을 멈춰야 한다. 우울함을 느낄 때 자해나 약물 남용, 반복적인 폭식과 음식 제한, 당신에게 무례하게 굴던 옛 연인에게 문자 보내기와 같은 파괴적인 행동으로 자신을 마비시키거나 주의를 분산시켰을 수 있다. 또는 안전지대에 틀어박히거나, 치아 미백, 클렌징, 혹독한 다이어트, 화학적 필링, 고가의 피부 관리와 같은 일시적 해결책으로 불안을 잠재웠을 수 있다. 또는 친구들의 외출 제안을 거절하거나, 계획했던 사업을 미루거나, 다니던 스핀 수업그룹 환경에서 고정식 자전거를 타는 운동—옮긴이을 그만두거나, 다시 자신감을 회복할 때까지 미술 수업을 연기하는 등의 방식으로 대응했을 수도 있다.

성찰 시간을 마련해 자신의 혼란을 인식하고 새로운 대응법을 마련할 수 있다. 혼란을 개인적 성장의 기회로 받아들이자. 더 강인하고, 현재에 충실하며, 회복탄력성을 갖춘 존재로 거듭나게 될 것이다.

다음의 자기 성찰 4단계를 실천하면 혼란의 물결에 휩쓸릴 때마다 자기 성찰 능력을 기르고 자신의 반응과 능력에 대한 자신감을 높일 수 있을 것이다.

1. 스스로에게 자문하자. 신체나 신체 이미지와 관련하여 고통스럽거나 자극적이거나 불편한 일을 겪을 때, 스스로에게 다음과 같은 질문을 해보자. 감정적으로 무슨 느낌이 드는가? 화가 나는가? 슬픈가? 의욕이 생기는가? 희망이 생기는가? 신체적 증상은 어떠한가? 긴장되는가? 메스꺼운가? 땀이 나는가? 심박수가 올라가는가? 나는 어떻게 반응하고 대응하고 있는가? 무엇을 해야 한다고 느끼는가?

2. 파도에 이름을 붙이자. 스스로에게 물어보자. '신체 이미지에 혼란을 일으킨 구체적인 사례나 상황이 있었는가?' 이런 감정을 느끼게 된 원인은 무엇인가? 누가 그런 말을 했는가? 누가 또는 무엇이 이 혼란을 촉발했는가? 파도가 덮치기 전의 기분은 어땠는가? 특히 감정적으로 취약한 상태였는가? 이 혼란이 더 깊은 두려움이나 감정을 드러내는가? 수영 초대와 같이 흔히 일어날 수 있는 다양한 상황을 혼란의 원인으로 지목하기보다는, 여러 요인이 서로 결합하여 다른 시기와 방식으로 당신을 자극하는 방식을 알아볼 수 있다. 예를 들어, 수영에 초대받는 것이 혼란스러울 수 있는 이유는 초대자 때문일 수도 있고, 당신을 볼 참석자들, 지난번 수영복을 입었을 때 느꼈던 자의식, 몸의 변화, 적당한 수영복이 없다는 사실 또는 당신과 비슷해 보이는 소녀의 인스타그램 게시물에서 방금 본 부정적인 댓글 때문일 수도 있다. 잠시 시간을 내어 무엇이 자신을 바닷속으로 밀어 넣고 있는지 진지하게 생각해 보자. 당신을 쓰러뜨린 파도를 돌아보며 실체가 무엇인지, 당신에게 어떤 의미가 있는지, 어떻게 대응할 수 있을지 정의하는 방법을 배울 수 있다.

3. **대응 방식을 다시 돌아보자.** 과거에 비슷한 고통이나 수치심을 느꼈을 때 어떻게 반응했는가? 신체 이미지에 타격을 받을 때 주로 사용했던 대처 방식은 무엇인가? 과거의 대응 방식을 돌아보고 스스로에게 다음과 같이 질문함으로써 앞으로 자신에게 도움이 될 방식을 결정해 보자. 과거에 비슷한 수치심이나 고통을 겪었을 때 왜 그렇게 대응했는가? 그 대응이 나에게 도움이 되었는가, 아니면 상처를 주었는가? 이번에는 어떻게 다르게 대응할 수 있을까? 이 경험을 어떻게 성장의 기회로 삼을 수 있을까? 이 경험과 그에 대응하는 과정에서 무엇을 배웠는가? 이러한 혼란에 더 건강한 방식으로 대응할 수 있는 방책이 있는가?

4. **앞으로의 계획을 세우자.** 과거 혼란의 파도에 잘 대처했다고 생각한다면, 그때 어떻게 반응했는지, 왜 효과가 있었는지 기록해 두고, 이를 동력으로 삼아 현재의 고통에 더 강력하게 맞서자. 만약 과거의 대응이 당신을 물에 빠뜨렸거나, 긍정적인 변화를 이루는 데 도움이 되지 않았다고 느낀다면, 이번에는 어떻게 다르게 반응할 수 있을지 고민해 보자. 바로 이 순간이 새로운 길을

선택할 기회이다. 혼란의 파도에 맞서 다른 대응 방식을 선택하는 것은 기존의 익숙하고 검증된 행동 방식을 따르는 것보다 불편할 수 있다. 지금까지 익혀온 대처 방식이 궁극적으로 도움이 되지 않을 수 있다. 그러나 사람들이 그것을 '안전지대'라고 부르는 데는 이유가 있다. 각 혼란은 겉보기에만 안전해 보이는 상태에서 벗어나 더 만족스러운 방식으로 존재할 기회를 제공한다.

자기 성찰을 활용해 신체 이미지 혼란에 더 탄력적으로 대응할 방법을 톺아보자. 예를 들어, 엄마가 방금 당신과 형제자매에게 가족사진을 찍자는 이메일을 보냈다고 가정해 보자. 가족사진을 찍기에는 너무 형편없는 몰골이라는 신체수치심의 물결이 밀려와 마음이 불편해진다면, 일단 모든 활동을 멈추고 자기 성찰의 4단계를 실천하라는 신호이다.

· **확인**: 지금 느끼는 감정은 수치심이다. 창피하고 스트레스 쌓인다. 가슴이 답답하다. 어깨가 굳어지고 턱에 힘이 들어간다. 심박수가 올라간다. 사진 찍기 전에 서둘러 다이어트를 시작하고, 미용실 예약을 하고, 보톡스를 맞아야 할 것 같다.

· **파도에 이름 붙이기**: 살찌고 나이 들어 보이는 얼

굴 사진을 만천하에 공개할 생각을 하니 긴장된다. 예전처럼 운동과 다이어트를 하지 않은 얼굴과 몸매를 사람들이 알아차릴까 봐 걱정된다. 더 젊고, 날씬하고, 예쁜 시누이 옆에 서야 한다는 생각만으로도 부끄러움이 올려온다. 이 감정들의 공통점은 무엇인가? 내 몸이 나를 정의한다는 믿음이다. 다른 사람들이 내 몸을 기준으로 삼아, 내가 게으르거나 자신을 포기했다는 꼬리표를 붙일까 봐 두렵다. 이러한 감정은 잠재적인 구경꾼들을 위해 나를 아름답게 꾸며야 한다는 가상의 의무감을 나타낸다.

· **반응 재고하기**: 예전에도 이런 기분을 느낀 적이 있다. 회의 발표 촬영 때문에 2주 동안 해독 클렌징을 하고, 거금을 들여 새 옷을 장만하고도, 스트레스로 행사 전날 한숨도 못 잤던 기억이 난다. 하지만 결과는 대성공이었고, 사실 그렇게 걱정할 필요도 없었던 일이었다. 체중은 한때 조금 줄었지만 결국 더 늘어났다. 상상했던 것만큼 회의에서 위압적인 사람은 보이지 않았다. 이미 가지고 있던 옷으로도 충분히 행사를 마칠 수 있었을 것 같다. 카메라에 비친 내 모습이 완벽한 모델 같지는 않았지만, 그게 뭐 대수인가? 사람들은 내 외모를 보러 온 게 아니라 내 말을 들으러 왔을 뿐이다. 그 기회 덕분에 말하기 능력에 자신감이

생겼고, 새로운 인맥도 쌓을 수 있었다. 고역같이 느껴지는 가족사진 건도 비슷한 시각으로 바라봐야 할 것 같다. 이 사진을 계기로 나는 뿌리 뽑아야 할 수치심과 두려움이 무엇인지 깨닫게 되었다. 내가 그 사진을 마음에 들어 하지 않는다고 해서 과연 누가 신경이나 쓸까? 누군가 내가 시누이보다 미모가 달리고 더 늙고 뚱뚱하다고 생각한들 무슨 상관이란 말인가? 살이 찌고 나이가 든 것은 사실이지만, 중요한 건 나는 인간이란 사실이다! 가족이 있고 그들과 함께 사진을 찍을 수 있을 만큼 건강하니 얼마나 축복받은 삶인가! 우리 가족은 외모와 상관없이 나를 사랑하고, 나 역시 그들을 사랑한다. 이 사진은 나만의 것이 아니라 우리 모두의 것이다.

· **방향 설정**: 나는 가족사진 촬영에 반드시 참석할 것이다. 이 사진을 이용해 내가 믿고자 하는 진실을 재확인할 것이다. 나는 몸 그 이상의 존재이다. 체중이나 외모 목표를 달성하지 못했다고 해서 자신을 심판하지 않고 사진을 찍을 것이다. 다른 사람들이 나를 보고 어떻게 생각할까 전전긍긍하지 않겠다. 가족사진 촬영을 기회로 삼아, 나 자신과 다른 사람들에게 내 몸이 나를 정의하지 않으며, 외모는 내 존재의 한 부분일 뿐이라는 것을 증명할 것이다. 나는 지금 모습

그대로 충분하다. 가족들과 경쟁할 필요가 없다. 그들 또한 몸 그 이상의 존재이며, 우리는 모두 이 대상화하는 세상을 함께 헤쳐 나가고 있다. 카메라 앞에서 진심에서 우러난 미소를 짓는 내 모습을 보면 다른 사람들도 용기 있게 카메라 앞에 설 수 있을 것이다. 가족들과 함께 사진을 찍게 되어 기쁘고, 이 만족감과 사랑을 사진에 담고 싶다.

자신의 가치와 자신이 할 수 있는 모든 위대한 일들을 유념하고 자기 성찰의 4단계를 거치면, 대처 방식을 긍정적으로 변화시킬 더 나은 관점과 동기를 얻게 될 것이다. 아이디어가 필요하다면, 지금 당신이 겪는 고통에 더 현명하고 강력하게 대응할 수 있고, 그렇게 해야만 하는 이유를 몇 가지 제시할 수 있다.

1. 당신은 고통 가운데 성장하고, 이를 극복하고 일어설 수 있다는 것을 스스로에게 보여줄 자격이 있기 때문이다!
2. 그 어떤 것도, 그 누구도 당신을 무가치하게 느끼게 하거나 평가절하해서는 안 되기 때문이다!
3. 당신은 여기까지 왔고, 더 큰 힘과 성취를 이룰 능력이 있기 때문이다!

4. 세상은 당신이 겪은 일을 넘어서서 선한 영향력을
   끼치며 이바지할 당신이 필요하기 때문이다!

5. 세상은 당신이 겪은 일을 바탕으로 선한 영향력을
   끼치며 이바지할 당신이 필요하기 때문이다!

6. 인내하는 당신의 모습을 지켜보는 주변 사람들에
   게 본보기가 될 수 있기 때문이다!

추가적인 동기 부여가 필요하면 스스로에게 열정을 불어넣
는 것도 도움이 된다.

외모 관리 목록

자기대상화가 삶에 미치는 영향을 성찰할 때 '진정한 나 자
신'으로 느끼거나 '최상의 나'를 보여주기 위해 아름다움에
대한 기대를 무의식적으로 추종하지는 않았는지 점검해 볼
필요가 있다. 평생 비슷한 외모 관리법을 고수해 왔을 수도
있고, 최근 들어 관리에 더 많은 시간과 노력을 투자하기 시
작했을 수도 있다. 대상화가 일상화되어 일정 수준의 외모 관
리가 기대되는 세상에서, 대부분의 여성은 이를 비판적이고
의식적으로 선택하기 어려울 수 있다. 세상에 자신을 드러내

는 방식을 인정받고자 하는 것은 지극히 타당하고 정상적이다. 우리는 자기 몸이 마치 보이지 않는 것처럼 행동해야 한다거나, 아름다움과 관련된 모든 것을 기피해야 한다고 주장하는 것은 아니다. 이러한 선택을 할 수 있는 자유와 능력이 있다는 것은 멋진 일이며, 우리의 외모를 좋아하는 사람들에게 긍정적인 피드백을 받는 것 또한 기분 좋은 경험이다. 차 안에서 소리 지르거나 공격적인 낯선 사람의 메시지가 아니라, 환영받는 상황에 한해서이다. 하지만 우리의 선택은 진공 상태에서 이루어지는 것이 아니라는 점을 명심해야 한다. 우리는 인간성보다 몸이 더 중시되는 세상에 살고 있기 때문에, 외모와 관련된 모든 선택의 동기는 렌즈를 활용해 비판적으로 바라볼 필요가 있다.

외모 관리를 선택할 때 무엇이 억압적이고 무엇이 창의적인 자기표현인지 또는 단순한 개인적 취향인지는 우리 각자가 파악해야 한다. 자신의 '결점'을 숨기거나 고치려고 애쓰며 수치심에 대처하는 때는 언제인가? 패션과 메이크업을 창의적인 자기표현으로 즐겁게 활용할 때는 언제인가? 자신의 미용 관련 선택을 되돌아보고 목록을 작성하면, 무엇이 억압적인지, 무엇이 재미있고 가치 있는지를 판단하는 데 도움이 될 수 있다.

다음 질문들에 대해 마음속으로 또는 글로 답해 보자. 답변은 오직 자신을 위한 것이다.

- 미용과 다이어트에 투자하는 시간, 돈, 에너지의 양
  이 적절한가, 지나친가, 아니면 중간 정도인가?
- 내 소중한 자원을 더 현명하게 투자할 수 있을까?
- '진정한 나' 또는 '최상의 나'로 보이거나 느끼기
  위해 미용 루틴이나 식단 중 어디에 의존하는가?
- 어떤 느낌이 드는지 알아보기 위해 미용 루틴과 식
  단 일부를 줄이거나 없앨 수 있는가?
- 미용 루틴 가운데 특히 즐겁거나 감사하게 여기는
  부분이 있는가?
- 외모 관리에서 창의적이고 즐거운 부분과 수치심,
  자의식, 이상에 부응하려는 욕구 사이의 경계는 어
  디인가?
- 그 경계에 만족하는가, 아니면 외모 관리나 다이어
  트에 새로운 경계를 설정하고 싶은가?

목록을 살펴보면서 자신이나 타인이 생각하는 외모에 자신
의 가치를 너무 많이 부여하지 않는지, 미용 관련 문제에 귀
중한 시간, 돈, 노력, 에너지를 지나치게 소비하지 않는지 주
의 깊게 살펴보자. 이는 주관적인 판단으로, 결정은 전적으
로 당신에게 달려 있다. 또한 시간이 지남에 따라 답변이 바
뀔 수도 있다. 만약 발견한 사항이 마음에 들지 않거나 생각,
지출, 노력 등을 조정할 여지가 보인다면, 의식적으로 변화를

시도할 좋은 기회이다. 우리가 몸 이상의 존재라는 사실을 확실히 깨닫게 되면, 아름다움에 대한 기대를 무의식적으로 추종하는 대신, 몸과 관련된 선택을 신중히 고려하게 되고 그 과정에서 우리의 힘을 되찾을 수 있다.

이를 위해서는 기꺼이 희생과 취약함을 감수하려는 의지가 필요하다. 예를 들어, 평소보다 화장을 덜 해서 사람들이 "어디 아픈 거 아니죠?"라고 묻는 상황이 되면 어색하고 불편할 수 있다. 인습적인 외모 가꾸기에서 벗어나고자 애쓰고 있다면, 자신을 더 잘 돌보기 위해 외모보다 자신의 감정을 우선시하고, 몸을 다르게 이해하고 평가하는 방식을 찾고 있다는 사실을 주변 사람들에게 알려야 할 수도 있다. 미용 루틴이 나를 더 '나답게' 만들지 않는다는 것을 자신과 주변 사람들에게 증명하는 여정에 그들도 동참하도록 초대하자.

외모에 대한 각자의 선택을 평가할 때, 누군가가 아름다워지고 싶고, 인정받고 싶고, 자기를 표현하기 위해 내린 결정을 온라인이나 실생활에서 비난하거나 수치심을 자극하지 않도록 주의해야 한다. 우리는 서로의 선택에 동의할 필요도, 다른 사람의 개인적인 미용 루틴이나 페르소나를 감시할 필요도 없다. 이러한 방식은 전혀 도움이 되지 않는다. 도움이 되는 방식은 우리 자신과 우리가 돌보는 사람들과 함께 각자의 선택과 그 선택에 영향을 미치는 요인을 주제로 열린 대화를 나누는 것이다. 이는 모든 여성이 반드시 고려해야 할 중요한 문제이다. 특히 나이가 들면서 외모 압박이 점점 거세지고, 특정 집단에서 아름다움과 '변신'이 일반화되고 기대치가 높아지는 상황에 앞서 미리 숙고해야 할 사항이다.

자기 연민이 주는 위안

자신을 성찰하면서 발견한 답이 마음에 들지 않을 수 있다. 자신에게 맞지 않거나 도움이 되지 않는 틀에 맞춰 시간과 돈, 에너지를 소비했던 방식에 만족하지 못할 수도 있다. 습관화가 되기까지 수치심이 얼마나 큰 역할을 했는지, 그 습관을 바꾸는 것이 얼마나 어려운지 깨닫고 나면 참담한 마음이 들 수도 있다. 그러나 자기 성찰로 얻은 답이 마음에 들지 않더라도, 자신을 연민으로 감싸안을 수 있다. 자기 연민은 자기 자신과 과거의 선택을 무조건 받아들이는 것을 의미한다. 이런 마음가짐은 실망, 혼란, 바람직하지 않았던 대응, 바람 빠진 구명보트와도 같은 안전지대에서 벗어나는 데 도움이 될 수 있다. 모든 어려움을 막을 수는 없지만, 극복하는 데는 도움이 될 수 있다.

자기 연민은 신체 이미지 회복력을 키우고 활용하는 데 도움이 된다. 상황이 어떠하든, 원인이 무엇이든, 인내심을 가지고 자신을 이해하고 사랑해야 한다는 것을 상기시켜 주기 때문이다. 자기 연민이 주는 안정감과 안도감은 삶을 변화시킬 수 있을 만큼 강력하다. 크리스틴 네프Kristin Neff 박사의 연구에 따르면 자기 연민을 기르고 활용하는 것은 자기 비교를 비롯한 파괴적인 자기 비판적 경향을 완화하는 데 도움이 된다. 어려운 상황이나 문제에 짓눌려 부담과 압박을 느낄 때, 다른 사람이 당신의 어려움을 단순히 인정해 주기만 했을 뿐인데도 위로를 받았던 경험이 있는가? 그런 반응만으로도 우리는 누군가에게 인정과 지지를 받는다는 느낌을 받는다. 당신도 그런 역할을 할 수 있다.

특정 감정이 들었다거나, 또는 그 감정에 따라 행동했다고 자책하기보다는, 심호흡하며 자신에게 친절하게 대하자. 자신에게 다정한 말을 건네고, 당신이 느끼는 고통과 대상화의 부당함을 인정하며, 그 고통에 대한 과거와 현재의 반응을 받아들이자. 예를 들어 다음처럼 말이다. '이 상황은 힘들다. 이런 기분이 싫다. 내가 겪고 있는 일은 불공평하지만 괜찮다. 나는 최선을 다하고 있다. 삶의 어려움에 대한 나의 반응은 언제든 개선할 수 있다. 나는 살아있고, 숨 쉬고 있으며, 여기까지 왔다. 나는 혼자가 아니다.'

네프 박사는 이렇게 썼다. "자기 연민이란 힘든 감정을 기꺼이 마주하고, 그 감정을 타당하고 중요한 것으로 받아들이는 태도이다. 자기 연민의 아름다움은 '나쁜' 감정을 없애고

'좋은' 감정으로 채우려는 것이 아니라, 고통을 부드러움과 배려로 감싸안을 때 긍정적인 감정이 자연스럽게 피어난다는 데 있다. 이에 따라 우리는 빛과 어둠을 동시에 경험하게 된다." 우리가 변화하고 성장하며 다른 방식으로 반응할 수 있는 이유는 자신을 미워해 벌을 주고자 하는 것이 아니라 자신을 존중하고 소중하게 여기기 때문이다.

자기대상화나 자기비교에 빠져 있거나 자기 성찰로 얻은 답이 마음에 들지 않을 때, 자신의 경험을 인정하고, 자신에게 가장 적합한 자기 연민의 방식으로 반응하자. 공감이 가는 슬로건이나 문구를 찾아보자. 긍정적인 말을 듣거나 읽는 것은 영감을 주는 메시지를 발견하는 데 도움이 될 수 있다.

벨루스 나파르스텍Belleruth Naparstek과 같은 심리치료사가 제공하는 가이디드 명상을 들어보는 것도 한 방법이다. 다른 일을 하면서 들어도 괜찮다. 그들의 긍정적인 언어, 명상, 유도심상법guided imagery은 치유와 안정을 준다. 어떤 문구는 당신의 마음에 와닿을 수 있다. 그 문구를 적어두고 자주 읽으면 자기 연민에 도움이 된다. 정체성이 '보는 나'와 '보이는 나'로 분열하는 듯한 불안에 휩싸일 때, 자기 연민을 이용해 다시 본연의 자신으로 돌아오자. 단순하고 상냥한 자기 대화를 나누는 것만으로도 충분히 효과가 있다. 다음과 같이 생각해 보자. '잠깐만, 나는 지금 그저 되는대로 살아가는 것이 아니라, 다른 사람들이 나를 어떻게 볼지 상상하고 있어. 쉽게 이런 생각에 빠지긴 하지만, 나는 그보다 더 소중한 존재야. 지금 내 외모가 어떻게 보이는지는 중요하지 않아. 나는 하늘과 지나가는 사람들을 바라보고, 피부에 닿는 바람을 느낄 자격이 있어. 잠시 숨을 돌리고 내 삶의 다른 부분을 생각할 자격이 있어.'

신체 불안을 느끼면 구체적인 현실에서 벗어나 최악의 상황을 상상하거나 막연한 두려움에 빠질 수 있다. 이런 경우, 근심에서 벗어나 자기의 감각에 집중함으로써 불필요한 불안을 즉각적으로 없앨 수 있다. 어딘가를 걷고 있다면 스쳐 지나가는 모든 것을 주의 깊게 바라보자. 다른 사람의 눈에 비칠 내 모습을 상상하기보다는 사람들을 바라보자. 지나가는 자동차를 보고, 상점 유리창을 들여다보고, 공기 냄새를 맡고, 주머니 속 손의 감각이나 흔들리는 팔의 움직임을 느껴보자. 걸음을 내디딜 때마다 땅에 닿는 발의 리듬에 주의를 기울이자. 지금 몸으로 경험하는 것에 생각을 돌리고, 통증이 없는 것, 걸을 수 있는 것 혹시 걸을 수 없다면 예시를 자신에게 맞게 고치자, 편안한 옷과 신발을 가졌다는 것에 감사하자. 자기 자신과 다정하고 사려 깊은 대화를 나누자.

매장이나 집에서 청바지를 입어보던 중, 평소 입던 사이즈가 맞지 않거나 허벅지나 허리를 압박하거나 원하는 실루엣이 나오지 않아 실망했다면, 당신이 자기 몸을 타인의 시선으로 평가하고 있다는 사실을 상기하자. 당신은 몸 그 이상의 존재이며, 늘어나고 줄어들고 변화하는 몸을 가질 권리가 있는 인간임을 스스로에게 되뇌자. 브랜드마다 들쭉날쭉한 사이즈에 동요되지 않는 사람, 맞지 않는 청바지로 자신을 정의하거나 제한하지 않는 사람, 자신에게 편안하게 잘 맞는 사이즈의 바지를 당당하게 입을 자격이 있는 사람임을 기억하자.

그런 다음 감각에 집중해 본래 자기 몸으로 돌아가자. 거울에서 눈을 돌려, 외부에서 자신을 바라보는 시선을 내려놓고 몸의 '내부에 있는 나'와 다시 연결하자. 눈을 감고 숨을 깊이 들이마신다. 슬건, 종아리, 둔근을 스트레칭하며 그 감각을 음미해 보자. 가능하다면 런지^{하체 강화 운동의 일종—옮긴이} 동작을 하며 근육의 힘을 느껴보자. 최근에 튼튼한 두 다리로 어디를 다녀왔는지 생각해 보고, 다리가 건재하다는 사실에 감사하자. 즐거웠던 등산이나 자전거 타기, 공원 산책의 기억을 떠올리며, 건강한 두 다리가 있어 원하는 곳으로 갈 수 있는 특권을 누리고 있음을 상기하자. 자신과 의식을 다시 몸 안으로 되돌리기 위해 할 수 있는 모든 것을 해보자.

연인과 친밀한 순간을 보내는 순간, 자신이 멀리서 지켜보는 관찰자처럼 느껴지고, 파트너가 내 몸을 어떻게 생각할지 걱정되고 과도하게 의식된다면, 이제 자신의 존재감과 즐거움을 되찾을 때다. 스스로에게 격려의 말을 건네 보자. 당신은 이 순간을 즐길 자격이 있다. 당신의 성적 취향은 외부에서 관찰될 수 있는 것이 아니며, '섹시함'의 기준에 부합한다고 느껴야만 경험할 수 있는 것도 아니다. 당신의 성적 취향은 당신만의 것이며, 자기 몸과 다시 연결됨으로써 그 감각을 되찾을 수 있다. 파트너가 무엇을 생각하고, 느끼고, 보고 있는지 추측하기보다 자신의 감각에 집중하자. 어떤 기분이 드는가? 기분이 좋다면 파트너에게 솔직하게 전달하라. 더 편안하게 느끼거나 연대감을 느낄 방법이 있다면 파트너에게 표현하자. 파트너에게도 의견을 묻고, 그들의 말에 귀를 기울이자. 파트너는 지금, 이 순간 당신과 함께하기로 선택한 사람이다. 파트너의 손길이 콤플렉스를 느끼는 신체 부위에 닿거나, 특정 각도에서 보일 모습이 걱정될 때마다 이 경험을 되살리자. 이 순간은 당신의 것이기도 하다. 당신은 상대방에게 '보여주기 위해' 있는 것이 아니라, 상대방과 함께 시간을 나누는 중이다. 당신은 즐거움을 느끼고 이 순간을 온전히 누릴 자격이 있다.

손 내밀기

스스로에게 친절해지겠다는 선택은 자신이 혼자가 아님을 깨닫고 필요할 때 주위에 도움을 요청할 수 있는 여유가 생기도록 해 준다. 우리는 수치심과 불안에 휩싸이는 것이 나만의 문제라고 느끼는 경향이 있다. 그러나 대상화의 바닷속에서 겪는 경험들은 그리 특별하거나 예외적인 것이 아니다. 사실, 당신은 그저 평범할 뿐이다. 많은 사람이 어둠의 순간을 통과하며 당신과 비슷한 경험을 한다. 그런데도, 힘들다고 솔직하게 인정하기란 쉽지 않은 일이다. 우리는 판단 받거나, 무시당하거나, 어리석거나 잘못되었거나 불필요한 감정이라는 말을 들을까 두려워한다. 그래서 가능한 한 대수롭지 않은 척, 자신감 있는 척, 태연한 척 연기한다. 자신이 완벽하지 않다는 것을 드러내거나, 다른 사람들이 당신을 보는 방식과 이상에 부응하지 못할 때 뒤따를 여파에 대한 두려움을 밝히는 것은 쉽지 않다. 자기 성찰과 자기 연민을 연습하면, 의식 깊숙이 묻혀 있는 수치심과 두려움을 알아차릴 수 있을 뿐만 아니라 그 감정들이 어떻게 자아 인식에 혼란을 일으키는지 이해할 수 있다. 또한 몸에 대한 현재의 신념과 행동에 어두운 그림자를 드리우는 고통스러운 경험을 되돌아볼 수 있다면, 그 성찰을 외부로 확장해 다른 사람과 공유해야 할 필요성을 느낄 수도 있다.

모든 짐을 혼자 짊어질 필요도, 이유도 없다. 신체수치심을 기반으로 하는 산업은 마치 '정상'이라는 것이 존재하며 비교해야 할 기준인 것처럼 제시하면서 우리를 비정상으로 느끼게 하고, 이상에 미치지 못하는 것에 부끄러워하도록 몰아간다. 우리는 수치심을 마음속에 묻어두고 자신감 있고 행복한 척 연기한다. 많은 사람이 수치심 때문에 혼자 고통을 감내해야 한다고 느끼지만,

침묵은 수치심을 더 강화할 뿐이다. 자기비교나 자기성찰 과정에서 우울한 감정에 휩싸이면 신뢰할 수 있는 사람들에게 마음을 터놓을 기회로 삼아 보자. 온오프라인의 지인에게 전화, 편지, 문자, 익명 토론 포럼 등 다양한 방법으로 도움이나 연대의 신호를 보내 보자.

한 연구 참가자는 부모님이 자신에게 쉴 새 없이 쏟아내는 체중에 대한 관심과 몸에 대한 비판으로 심각한 고통을 겪고 있다고 털어놓았다. 우리는 그녀에게 자신의 경험을 가족에게 솔직하게 이야기할 것을 권유했다. 몇 주 후, 그녀는 이렇게 전했다. "이틀 전에 부모님과 허심탄회한 대화를 나눴어요. 신체 이미지 문제를 솔직하고 열린 마음으로 이야기했죠. 그 덕분에 우리 모두 과거의 상처를 용서할 수 있었어요. 아직은 시작에 불과하지만, 긍정적인 첫걸음이라고 생각해요. 다시 한번 진심으로 감사드려요. 감정과 경험을 글로 적어 보라는 당신의 권유를 실천하지 않았더라면 부모님과 대화를 나누지 못했을 거예요. 저는 이 연구에서 얻은 경험을 부모님께 이야기했고, 이제 우리 모두 앞으로 나아갈 준비가 되었어요!"

그녀는 자기 신체 이미지와 부모님이 그 고통을 어떻게 만들고 악화시켰는지 진솔하게 털어놓음으로써 온 가족에게 도움이 되는 긍정적인 변화를 끌어냈다. 가족, 연인, 친한 친구, 신뢰할 수 있는 사람에게 우리의 고통스러운 생각이나 경험을 털어놓으면, 그 아픔의 고통을 덜어주는 데 도움이 될 수 있다. 가까운 사람에게 상처나 압박을 받고 있다면, 신체 이미지로 겪는 어려움을 솔직하게 이야기해 보자. 변화의 계기가 될지도 모른다. 상대방은 당신이 겪는 어려움을 이해하고, 더 나아가 우리가 상대방에게 그 부담을 짊어지는 것을 도울 기회를 줄 수도 있다.

안타깝게도 우리가 마음을 열거나 도움을 요청한다고 해서 모든 사람이 당신을 도울 의향이나 능력이 있는 것은 아니다. 그들은 자기 연민이나 이상적인 몸에 대한 분별력이 없을 수 있으며, 당신이나 다른 사람을 돕고 싶어도 준비가 안 되어 있을 수 있다. 또한 신체 이미지를 둘러싼 자신의 고정관념에 도전하는 것을 어려워할 수도 있다. 괜찮다. 모두가 도움을 줄 수 있는 것은 아니지만 당신의 진심 어린 고백이 그들 마음속에 작은 씨앗이 되어 시간이 흐를수록 더 다양한 지식과 이해를 얻고자 하는 마음이 자랄 수 있다. 다른 사람들이 주저하거나 도와주지 못한다고 해서 당신을 도와줄 사람을 찾는 일을 멈추지 말자.

때로는 사랑하는 사람들뿐만 아니라 더 큰 지원을 제공할 수 있는 전문가의 도움이 필요하다. 예를 들어, 섭식장애는 주변에 아무리 많은 자원과 지지자가 있더라도 혼자서 극복하기 어려운 경우가 많다. 과도한 운동은 중독성이 있다. 수치심이나 불안 때문에 운동을 시작했다면 과도한 운동에 중독될 위험도 있다. 자해는 위험하며 일시적인 위안에 불과하다는 사실을 인지하더라도, 힘든 순간에는 강력한 유혹이 될 수 있다. 처방 약, 불법 약물, 알코올을 포함한 모든 종류의 남용과 중독은 강건하고 지적인 사람도 무너뜨릴 수 있다. 당장 눈에 보이는 어려움이 없어 보이는 사람들도 전문가의 도움이 필요할 수 있다. 우리는 모두 복잡한 감정을 품고 있으며, 때로는 우리에게 도움이 되지 않는 방식으로 고통을 해소하려고 한다. 치료는 누구에게나 도움이 될 수 있다.

연구 참여자 중 한 명은 치료사에게 배운 세심한 자기 성찰법이 10년간의 섭식장애와 왜곡된 자아상 회복에 큰 도움이 되었다며 이렇게 말했다. "저는 제 감정에 민감하게 반응하도록 훈련받았어요. 감정을 언제, 왜 느끼는지, 어떻게 관리해야 하는지 배웠죠. 이 기술을 익히고 감성 지능을 연마할 기회를 누릴 수 있어서 정말 감사하게 생각해요. 이 경험은 제 인생에 선물과도 같은 축복이었어요."

중독이나 이상섭식의 상담, 입원 또는 외래 치료에 대한 뿌리 깊은 편견 때문에 전문적 지원을 받아 고통에서 벗어나는 것을 망설여서는 안 된다. 마침내 치료와 상담을 받게 되면 사람들의 삶에 기적 같은 변화가 일어난다. 적절한 전문가와 함께라면 때로는 여러 번의 시도가 필요할 수 있지만 놀라운 변화를 경험할 수 있다. 그러나 이러한 도움을 받으려면, 사람들과 다양한 치료법을 논의하거나, 믿을만한 치료사를 추천받거나, 직접 병원에 입원하는 등의 노력이 필요하다. 중요한 것은 신뢰할 수 있는 사람에게 도움을 요청하고, 가능한 한 솔직하게 자신의 취약점을 드러내는 것이다. 마음의 짐을 덜고 안정을 찾는 데 필요한 도움을 받을 때까지 계속해서 노력해야 한다.

미국의 유명 가수 리조는 NBC 뉴스와의 인터뷰에서 자기 연민이라는 복잡한 감정과 사랑을 느끼는 데도 도움이 필요하다는 사실을 인정하는 것의 어려움을 솔직하게 이야기했다.

"자신을 사랑하는 것은 선택이 아니라, 생존을 위한 결정이라고 생각해요. 적어도 제 경우에는 그랬어요. 저 자신을 사랑하게 된 것은 다음 두 질문에 답한 결과였어요. 나는 살고 싶은가? 왜냐하면 이 모습으로 남은 인생을 살아가야 하니까요. 아니면 공허함과 자기혐오, 자기 경멸로 가득 찬 삶을 살 것인가? 저는 살기로 선택했어요. 따라서 저 자신을 받아들여야 했어요. 사람들이 알아야 할 것은, 자신을 사랑하는 데는 여러 단계가 있다는 거예요. 어느 정도까지는 자신을 미워하지 않을 수 있지만, 어떤 시점에는 자기혐오로 정신 건강에 문제가 생길 수 있어요. 폭식증이나 거식증, 우울증 같은 것들이요. 때로는 자신을 사랑하는 법을 배우기 위해 치료가 필요할 수도 있어요. 치료가 어느 정도 특권이라는 건 알아

요. 경제적 여유가 있어야 치료를 받을 수 있으니
까요. 그러나 치료가 필요하다는 사실을 받아들
일 수 있었던 것도 다행이라고 생각해요. 자기애
가 정직에 뿌리를 두고 있는 것처럼, 자기 관리는
자기 보호에 뿌리를 두고 있어요. 우리는 우리에
게 필요한 것과 마땅히 받아야 할 것에 더 솔직해
져야 하고, 스스로에게 이를 제공해야 해요."

재연결

리조의 말처럼 '치료는 어떤 면에서 특권'일 수 있다. 하지
만 전통적인 일대일 심리치료를 받기 어려운 상황이라도 혼
자서도 활용할 수 있는 방법들이 있다. 자기 성찰과 자기 연
민은 회복력을 키우는 데 큰 도움이 되지만, 자신에 대한 왜
곡된 믿음을 뿌리 뽑기 위해서는 겉으로 드러나지 않는 더 깊
은 문제를 들여다볼 필요가 있다. 효과적이고 일반적인 치료
법 중 하나는 '내면아이' 작업이다. 이 작업은 어린 시절부터
무의식 속에 자리 잡은 신념을 다룬다. 이 접근법의 기본 전
제는 어린 시절의 경험과 메시지는 성인이 된 이후에도 영향
을 미치며, 종종 그러한 신념이 무의식적인 상태에서 행동으

로 표출된다는 것이다. '내면아이'와 다시 연결하여 과거에
받은 부정적인 영향을 이해하고 해결할 수 있다면, 어린 시절
부터 짊어져 온 제약과 고통을 극복하고 자유롭게 앞으로 나
아갈 수 있다.

린지 이야기: '내면아이' 작업은 대학생 시절 처음 알게 되
었다. 그 후 몇 년 동안 다른 사람들이 이 방법을 사용해 관
계, 음식, 분노, 우울, 불안 등의 문제를 극복하는 모습을 보
며, 관련 내용을 읽고 공부했다. 이 방법이 많은 사람에게 도
움이 된다는 것을 알게 되었고, 나 역시 어린 시절의 경험이
신체 이미지에 부정적인 영향을 미쳤고, 대상화의 길로 이끌
었다는 것을 깨달았다. 하지만 이런 사실을 알면서도, 스스로
치료를 시작하기 전까지는 내 '내면아이'와 정면으로 마주할
용기가 없었다. 그러다 직접 치료받으며 '내면아이'와 마주한
순간, 마음이 녹아내리는 것 같았다.

깊이 있는 질문이나 강도 높은 과정 때문이 아니었다. 탁
월한 치료사인 바바라는 행복했던 순간이나 좋아하는 사진
속 어린 시절의 모습을 상상해 보라고 했다. 나는 곧바로 다
섯 살 때 부활절에 하얀 토끼를 품에 안고 갈색 줄무늬 소파
에 앉아 환하게 웃고 있는 내 모습을 떠올렸다. 나는 헐렁한
노란색 주름 바지와 목까지 지퍼를 올린 분홍색 스웨트셔츠
를 입고 있었다. 금발 머리는 머리 꼭대기에서 포니테일로 묶
고, 앞머리와 짧은 옆머리는 말아 올려 부풀려 놓은 모습이었

다. 90년대 소녀들의 전형적인 스타일이다. 나는 이 사진 속의 나를 정말 좋아한다. 너무 작고 사랑스러워서 나라는 게 믿기지 않을 정도이다. 짙어지기 시작한 눈썹, 둥그런 볼이 살짝 올라가도록 환하게 미소 짓는 모습, 부활절 선물로 받은 하얀 토끼를 소중하게 안고 있는 모습이 너무 사랑스럽다. 나는 이 토끼를 '화이트'라고 이름 지었고, '블랙'과 '브라우니'는 렉시와 남동생 개릿의 토끼였다.

바바라는 어린 시절의 내 모습을 '당신의 어린 소녀'라고 부르며, 거실 갈색 소파에 앉아 그 어린 소녀를 품에 안는 장면을 상상해 보라고 했다. 그 순간 왈칵 눈물이 쏟아졌다. 지금도 '내 안의 어린 소녀'를 생각하면 조건 없는 사랑이 가슴에서 솟구친다. 그 이름만 떠올려도 가슴이 뭉클해진다. 그녀는 내가 너무도 사랑하는 렉시의 어린 딸들을 닮았고, 그 아이들을 대하는 것처럼 나 자신을 바라보니 새로운 방식으로 마음이 열렸다.

이어서 바바라는 그 어린 소녀가 처음으로 부끄러움을 느낀 순간을 떠올려보고 그 감정을 설명해 보라고 요청했다. 사춘기가 오기 전 몸이나 식습관과 관련해 들었던 말들로 부끄러움을 느꼈던 기억의 단편들을 말하자, 그녀는 이렇게 물었다. "그때의 그 어린 소녀에게 뭐라고 말해주고 싶나요? 누구도 말해주지 않았던 것 중 지금 꼭 전해주고 싶은 메시지는 무엇일까요?" 나는 그 어린 소녀가 무조건 받아들여지고, 사랑받고, 인정받고, 이해받고, 안전하기를 바란다고 대답했다. 우리가 모두 어린 딸들에게 바라는 마음이다. 그 마음을 소리 내어 말로 표현하니, 나에게도 큰 변화가 일어났다.

집에 돌아와 '내 안의 어린 소녀'에게 편지를 쓰는 일은 훨씬 큰 변화를 불러왔다.

어린 린지에게,

부끄러움을 느꼈다니 정말 미안해. 너에게 그런 말과 행동을 한 사람들은 그것이 잘못되었다는 것조차 몰랐던 거야. 그들은 뚱뚱한 것이 나쁘다고 배웠고, 네가 조금 통통하다고 생각했어. 그들이 일부러 너에게 상처를 주려고 했던 건 아니었지만 결국 너는 상처받았지. 그 상처 때문에 너는 스스로와 네 몸을 다르게 바라보게 되었어. 예전처럼 자유롭게 네 삶을 즐기기보다는, 네가 어떻게 보이는지, 다른 사람들이 너를 어떻게 생각하는지 더 신경 쓰게 됐지.

하지만 괜찮아. 넌 언제나 괜찮았고, 앞으로도 괜찮을 거야. 네가 어떻게 생겼든, 무엇을 먹든, 얼마나 빨리 달리든, 다른 사람들이 무슨 말을 하든 전혀 상관없어. 넌 아무 문제도 없어. 넌 망가진 것도, 약한 것도, 부끄러운 존재도 아니야. 금지된 음식이라고 배웠던 것들을 먹고 싶어 하는 것은 너무 당연해. 주변 사람들이 더 날씬해지고 싶어 하는 걸 보면서 네 모습에 부끄러움을 느끼는 것도 자연스러운 일이야.

하지만 넌 네 몸을 편안하게 느낄 자격이 있어. 난 널 믿어. 넌 자신을 믿을 자격이 있어. 나는 네가 자신의 무엇이 진실이고 거짓인지 배우도록 돕고 싶어. 너 자신의 목소리에 귀 기울이고, 외부가 아닌 내면에서 네 몸을 이해하는 법을 배우도록 돕고 싶어. 넌 어떤 상황에도 괜찮을 거야. 난 너를 사랑해. 아무도 너를 부끄러워하지 않아. 설령 누군가 그렇게 말해도, 그들이 잘못된 거야. 그들도 어렸을 때 몸에 대한 그릇된 생각을 받아들인 것뿐이야. 나는 네가 네 몸을 사랑하는 법을 배우고, 그 몸으로 멋진 삶을 살아갈 수 있도록 돕고 싶어. 그 몸은 평생 네가 살아갈 집이 될 거야. 놀랍지 않니? 그 몸은 온전히 네 것이야. 네 몸은 훌륭하고 소중해. 하지만 몸이 전부는 아니야. 너 자신이 바로 모든 것이란다.

직접 시도해 보자. 다듬거나 연습하거나 완벽하게 쓰려고 애쓰지 말고, 그저 마음속에 떠오르는 대로 자유롭게 적어보

자. 처음으로 대상화의 물결에 휩쓸렸던 순간들을 떠올려보고, 그로 인해 느꼈던 감정들을 구체적으로 떠올려 보자. 그 첫 경험이 그 후 몇 년 동안 당신이 자기 몸을 느끼고 대하는 방식에 어떤 영향을 미쳤는가? 타인의 평가나 물건처럼 소비되는 압박감을 어떻게 적응하고 반응했는가? 당신의 '어린 소녀'가 자신에 대해, 그리고 앞으로 다가올 삶의 변화에 대해 무엇을 알기를 바라는가? 그녀에게 그녀의 가치, 힘, 영혼, 몸에 대해 어떤 이야기를 해주고 싶은가? 그것을 소리 내어 읽고, 글로 적고, 다시 읽고, 믿어보자. 당신이 상상하는 그 작고 완벽하고 사랑스러운 존재는 여전히 당신이다. 나이가 들고, 더 성숙하고 지혜로워졌지만, 그때와 마찬가지로 지금도 사랑받을 자격이 충분한 바로 당신이다.

영적 자기감

자신과 더 깊이 연결되고자 노력하다 보면 단순히 육체적 자아를 넘어 영적 또는 형이상학적인 맥락에서 자신의 정체성과 존재의 목적을 탐구하게 된다. 예를 들어, 존재 이유, 삶과 고통의 의미, 상위자아higher self, 자신을 초월한 힘을 생각해 볼 수 있다. 사람마다 서로 다른 신념을 가지고 이를 실천해 전혀 다른 결론에 도달할 수 있지만, 육체를 초월한 자기감을 탐구하는 그 자체만으로도 많은 사람에게 위안과 더 넓은 시각을 제공할 수 있다. 대상화는 사람을 관찰할 수 있는, 육체적 존재로 축소한다. 반면, 영성은 눈에 보이지 않지만, 더 큰 의미와 힘과 연결된 내면의 부분들을 강조함으로써 이러한 대상화에 맞설 수 있다. 많은 사람에게 영성은 종교와 연결되지만, 반드시 조직된 종교적 관행이나 예배와 연관될 필요는 없다. 여기서 말하는 영성은 물질적이거나 육체적인 것과 대비되는, 인간의 정신이나 영적 특성을 의미한다.

영성은 외모 중심의 메시지를 완화할 수 있다. 영성은 자기감을 확장해 우리가 몸이나 외모 그 이상으로 가치 있고 소중하다고 느끼도록 돕는다. 『스위밍 업스트림*Swimming Upstream*』의 저자 로라 쇼트Laura Choate는 이렇게 설명한다. "여성이 자신을 초월하여, 우주에 일관성과 목적을 부여하는 영적 힘에서 삶의 의미를 찾는다면, 행복과 삶의 만족을 찾기 위해 체중, 몸매, 외모에 집착할 필요가 줄어들 것이다."

영성이 종교적 실천이나 예배와 깊이 얽혀 있는 사람들은 그들의 교단, 종교 지도자, 종교적 경험, 또는 경전을 바탕으로 영혼의 본성이나 더 높은 존재와의 연결을 이해한다. 반면, 영성의 의미가 반드시 신이나 더 높은 존재와의 연결을 의미하지 않는 사람들도 있다. 이들에게 영성은 자신의 '상위 자아'나 타고난 신성을 발견하는 과정일 수 있다. 형태나 정체성과 무관하게 전지전능하고 친절하고, 자애로우며, 당신과 당신의 욕구와 필요를 살피는 더 고차원의 존재나 신성을 상상하는 것은 큰 위안이 될 수 있다. 이러한 존재와의 연결은 마음의 평화와 균형, 인도를 얻는 데 도움이 된다. 또 다른 이들은 달, 지구, 대자연과 같은 우주의 에너지원이나, 평화와 치유, 균형, 강인함을 얻을 수 있는 또 다른 상호 연결된 힘의 네트워크와 연결된다고 느끼기도 한다.

삶에서 영성을 어떻게 정의하든, 또는 자기 몸을 넘어선 자기감과 어떻게 연결하든, 영성은 회복탄력성 함양에 도움을 주는 강력한 자원이 될 수 있다. 자신의 존재가 단순히 장식적인 것이 아니라 의미를 지닌다는 사실을 깊이 느낄 수 있을 때, 삶은 새롭게 펼쳐지기 시작한다. 우리의 연구에서도 영성과 신앙은 대상화의 부정적인 영향을 완화하는 중요한 요소로 여러 번 등장했다. 많은 여성이 혼란에 부딪혔을 때 영적인 방법으로 삶의 균형과 목적을 되찾으며 위안을 얻었다. 확장된 자기감이나 더 큰 관점과 자신을 연결해 주는 수행을 실천함으로써 영성과 연결되는 것은 고통 속에서 의미를 찾고, 삶의 목적을 발견하는 강력한 방법이 될 수 있다. 이러한 수행에는 기도, 명상, 예배, 성경 읽기, 치유의 축복, 요가, 타로 등이 있다.

영적 통찰력, 영감, 평화, 인도를 경험할 때는 글로 적어 두는 것이 좋다. 마음 깊이 울림을 주는 순간은 그 자체로 의미 있으며, 이를 간직하고 기억함으로써 그 긍정적인 영향을 더 깊이 누릴 수 있다. 몸에 대한 집착을 부추기는 온갖 소음을 뚫고 들어오는 말과 감정, 경험을 소중히 여기면서 우리는 삶에서 영적인 힘을 인식하고 활용하는 능력을 더 개발할 수 있다. 이러한 경험을 신뢰하는 사람들과 공유하는 것이 적절하다고 느껴진다면, 주저하지 말자. 자신에 대한 시야를 넓혀주는 경험을 표현하면 미래의 도전에 대비한 회복력을 키우는 과정에서 더 큰 힘을 발휘할 수 있다.

렉시 이야기: 영감의 순간을 기리는 의미에서 첫딸이 아기였을 때 겪었던 경험을 공유하고 싶다. 지극히 개인적인 것이지만, 내게 큰 변화를 안겨준 이 경험이 당신에게도 도움이 되기를 바란다. 남편과 딸과 함께 호숫가에서 행복한 여름을 보낸 적이 있었다. 딸을 뒷좌석에 태우고 집으로 돌아오는 길에 나는 사진작가인 남편이 찍은 사진을 훑어보았다. 사진에는 수영복을 입고 딸과 함께 즐겁게 지내고 있는 내 모습이 담겨 있었다. 그런데 갑자기 외모에 대한 부끄러움이 몰려왔다. 나는 터널 비전에 사로잡혀 내 몸과 가치에 대한 신념이 모두 흐려지는 기분이 들었다. 그 순간 나는 마음에 들지 않는 사진들을 서둘러 삭제했다.

집에 돌아와 남편이 샤워하는 동안 나는 혼자 침대에 누워 있었다. 신체수치심에 휩싸인 것도 괴로웠지만 그런 내 모습이 부끄러웠고, 남편에게 말도 없이 모든 사진을 지운 사실도 당황스러웠다. 평소의 나답지 않은 행동이라는 걸 알았기에 수치심은 생각보다 훨씬 강렬했다. 혼란스러운 마음을 진정시키기 위해 내 몸과 나에 대한 더 깊은 이해를 되찾으려 노력했다. 반쯤은 이야기하듯, 반쯤은 기도하듯 소리 내어 말하자 따스하고 부드러운 위로와 사랑의 감정이 밀려왔다.

위로를 구하던 그 순간 따뜻한 사랑과 자부심의 감정이 온몸을 감쌌다. 그때 어딘가를 걷고 있는 내 모습이 머릿속에 떠올랐다. 나는 마치 몸 밖에 있는 것처럼 내 뒷모습을 바라보고 있었다. 그러나 그 시선은 자기대상화가 아닌 사랑으로 충만한 시선이었다. 자신을 바라보던 그 순간, 나는 딸아이를 바라볼 때 느끼는 자부심을 느꼈다. 딸아이의 둥근 배, 부드러운 다리, 뒷머리 솜털을 사랑하는 것과 똑같이 나 자신을 사랑했다. 내 걸음걸이를 바라보는 사이 나 자신과 내가 하는 일에 말로 표현하기 어려운 따뜻함이 밀려왔다. 그 감정은 절대적이고 무조건적인 자부심과 사랑이었다고 밖에 달리 표현할 방법이 없다.

기쁨의 눈물이 흘러넘쳤다. 부끄러움은 씻겨 내려가고, 마음속에 순수한 사랑이 가득 차올랐다. 온전히 설명하기는 어렵지만 그 사랑은 내가 딸에게 지금까지 느껴왔던 사랑과 비견할 수 있을 만큼 깊고 강렬했으며, 우리의 신념과 맞닿아 있는 어떤 원천에서든 얻을 수 있는 것이다. 우리는 육체적, 정신적, 정서적으로 많은 고통을 안고 살아간다. 그러나 우리 자신보다 더 큰 힘에 의지해 자기감을 확장함으로써, 자신과 타인을 향한 더 큰 연민과 무조건적인 사랑을 느낄 수 있다.

도움이 필요한 이들을 위해 세상을 변화시킬 수 있는 당신의 능력을 과소평가하면 안 된다. 많은 사람이 의기소침하고 슬픈 상황에서도 희망을 잃지 않고 기도하면서 자신을 도와줄 동료나 조력자를 찾고 있다. 당신이 바로 그 사람이 될 수 있다. 자신을 단지 고립된 육체적 존재로만 보는 시각에서 벗어나 영적 기반이나 다른 목적과 의미의 원천에 접근하고 그것을 확장하는 연습을 하면 더 넓은 공동체의 일원으로서 서로 연결된 존재라는 시각을 가질 수 있다. 자기감이 강화될수록 자의식을 극복하고 도움이 필요한 사람들에게 손을 내밀 수 있는 힘을 얻을 수 있다.

당신의 삶에서 시각적이고 물리적인 모습이 아닌 영적인 자신과 세상과 연결된 느낌을 받은 적이 있는가? 어떤 느낌이었는가? 자신의 영적인 측면과 다시 연결될 수 있도록 돕는 방법들을 어떻게 실천할 수 있을까? 균형을 찾고 자신을 더 깊이 이해할 수 있는 간단한 방법의 하나는 자신과 자기 생각에 집중하는 것이다. 우리는 하루 종일 다른 사람들의 말을 듣고 읽는 데 익숙하다. 음악, 팟캐스트, TV, 대화로 침묵을 채우곤 한다. 그러나 필요한 것들을 듣고, 몸과 마음에서 올라오는 감정을 온전히 느끼는 순간은 침묵 속에 찾아온다. 물론, 침묵 속에 찾아오는 혼란스럽고 불편한 감정과 생각을 마주하는 것이 쉬운 일은 아니다. 그러나 그런 감정과 생각들을 너무 오랫동안 내버려두면, 결국 거대한 파도가 되어 심각한 상처를 줄 수 있다. 따라서 내면의 소리에 귀를 기울이는 것이 중요하다.

내면의 소리에 집중하는 방식은 각자 다르겠지만, 가장 일반적이고 효과적인 방법들로는 명상, 기도, 태극권, 일기 쓰기, 요가, 자연 속에서 시간 보내기, 다른 사람들과 영성과 영적 경험 나누기, 평화로운 활동으로 '몰입' 상태에 들어가기 등을 꼽을 수 있다. 자신에게 효과적인 방법을 찾았다면, 몸과 자아가 더 확고하게 뿌리내릴 수 있도록 이를 일상에 포함하고 관리하자.

그 과정에서 분별력을 유지하고 자기 성찰을 실천하자. 자신과 세상에 대한 믿음을 깊이 파고들어 자신의 특권과 편견을 점검하고, 꾸준히 성찰하고, 신뢰할 수 있는 자료를 학습하자. 이 모든 과정은 어떤 신념과 경험이 지금의 나를 형성했는지 파악하는 데 도움이 될 것이다.

때때로 이러한 내면 탐구 과정에서, 처음에는 긍정적이라고 여겨졌던 것의 '어두운 측면'이 드러나기도 한다. 예를 들어, 어떤 시점이나 사람에게 힘과 영감을 주었던 믿음이나 메시지가 시간이 흐르면서 부정적인 영향을 미칠 수 있다. 이때 주의할 점은, 문화적 힘의 영향을 받아 종교적·영적 관행이 형성된 방식을 검토할 때 열린 마음을 유지하는 것이다. 이러한 문화적 힘은 특정 집단을 다른 집단보다 더 가치 있게 여기거나, 수치심과 죄책감을 심어주거나, 정체성을 제한적인 방식으로 정의해 남성을 여성보다 우위에 두고 엄격한 성 역할을 강요하거나, 자신이나 타인의 가치나 잠재력에 대한 믿음을 제한할 수 있다. 교회, 영성 센터, 종교 지도자, 영적 스승 등 다른 사람들을 인도하고 돕고자 하는 사람들조차도 여성과 어린이를 대상화하는 등 불평등을 강화할 수 있으므로 주의가 필요하다.

교회나 영적 공동체가 해로운 이상을 영속화한다고 느낀다면, 내부에서 변화를 끌어낼 수 있을지, 아니면 새로운 예배 장소나 영적 안식처를 찾는 것이 더 나은지 고민해 보아야 한다. 많은 사람이 성장하면서, 과거에 교회나 영성 공부에서 발견했던 위안이 더 이상 도움이 되지 않거나 오히려 해로운 가르침으로 인해 혼란스러워질 수 있다는 사실을 깨닫는다. 공동체와 자신과의 영적 연결은 회복력을 키우는 강력한 자원이 될 수 있지만, 반드시 분별력과 성찰 그리고 나와 다르거나 믿음을 공유하지 않는 사람들에 대한 연민과 함께 이루어져야 한다.

영적인 것 외에도 삶의 목적을 찾고 자기감을 확장하며 자신의 힘과 잠재력을 되새길 방법은 무수히 많다. 어떤 방식으로 당신이 느끼는 사명감을 실현하고 싶은가? 당신에게 중요한 것은 무엇인가? 세상에 선한 영향력을 끼치고 사람들을 필요한 방식으로 이끌 수 있는 당신만의 강점은 무엇인가? 세상에 행복, 빛, 평화를 가져오기 위해 당신이 할 수 있는 일은 무엇인가? 뜻을 같이하는 비영리 단체에서 자원봉사를 해보자. 학교, 지방 정부, 이사회, 시민운동, 노약자와 소외 계층을 돕는 지역사회 활동에 참여하는 것도 좋은 방법이다. 의미 있고 선한 영향력을 끼칠 기회를 찾아보자. 재능을 발휘해 미술, 음악, 시, 창작 글쓰기 등 다양한 형태로 이바지할 수 있다. 당신의 삶은 외모보다 훨씬 크고 의미 있다. 삶의 진정한 목적을 찾는 것은 자기대상화라는 한계를 넘어서는 중요한 열쇠가 될 수 있다.

이 모든 기술과 도구—자기 성찰, 자기 연민, 재연결, 신체를 넘어 확장된 자기감—는 자신을 더 잘 이해하는 데 도움이 된다. 이를 활용함으로써 자기 몸을 온전히 자신의 것으로 되찾을 수 있다. 다른 사람의 시선에 얽매이지 않고, 자기 몸이 지닌 고유한 권리를 온전히 누림으로써 본래의 자신, 진정한 자신과 더 가까워질 수 있다.

자신의 고통을 직시하고 인정함으로써, 당신은 자신과 자신의 힘을 더 깊이 이해하게 된다. 당신이 겪은 고통을 발판 삼아 세상에 선한 영향력을 끼치는 사람으로 성장할 수 있다. **숨거나 고치거나 위축되는 대신 당신의 힘과 능력, 삶의 목적을 향해 나아갈 수 있다.** 만약 당신이 겪은 고통이 더 큰 연민과 공감, 세상과 자신에 대한 더 깊은 이해로 이끄는 길잡이가 될 수 있다면 어떨까? 당신을 억누르던 바로 그 고통이 다른 방법으로는 찾을 수 없었던 삶의 목적을 제시할 수 있다.

만약 우리가 오랜 세월 동안 몸에 집착하지 않았다면, 대상화가 얼마나 해로우며 얼마나 많은 사람의 신체 이미지와 자아 인식에 영향을 미쳤는지 깨닫지 못했을 것이다. 어린 시절부터 자기 몸을 외부의 시선으로 관찰하고 평가하기 시작하면서 정체성이 분열했다는 사실도 알지 못했을 것이다. 배우고 다른 사람들을 인도하고 옹호하려는, 활기 넘치고 가슴 뛰는 열정도 찾지 못했을 것이다. 우리는 신체수치심 **덕분에** 삶의 긍정이라는 목적과 사명을 찾았다. 신체수치심에도 **불구하고**가 아니다. 그로 인해 심지어 지금까지 겪은 모든 고통의 순간도 감사하게 되었다. 이러한 목적의식은 우리가 지금 하고 있는 일을 지속할 수 있는 원동력이다. 이는 우리를 당장의 두려움, 불안, 부담에서 벗어나, 도움이 필요한 사람들에게 방향을 제시하고 위안을 제공할 수 있도록 이끈다.

당신은 삶의 목적을 파악하고, 사명과 존재 이유를 깨닫고, 고통 가운데 발견한 길을 걸어가면서, 신체 이미지에 혼란이 찾아와도 꿋꿋하게 다시 일어설 힘을 얻게 될 것이다. 그 과정에서 진정한 자신을 발견하게 되고, 자기대상화와 자기비교의 억압에서 벗어나, 온전한 나 자신으로 우뚝 설 수 있을 것이다.

4장

분열에서
통합으로

- 외모나 옷차림으로 누군가를 판단한 적이 있는가? 그리고 그 판단이 틀렸음을 알게 된 적이 있는가?
- 타인이 나를 외모나 옷차림으로 평가한다고 느낀 적이 있는가?
- 두 상황을 돌아보며 글로 써 보자. 그때 어떤 감정을 느꼈고 다른 사람의 몸을 판단하거나 내 몸이 평가받았던 경험이 다른 사람이나 자신에 관한 생각에 어떤 영향을 미쳤는가?

서로를 더 깊이 들여다보기

우리가 만들어갈 세상에서, '분열하고 다스리라divide and conquer'라는 전략은 우리 자신을 정의하고 힘을 북돋우라define and empower로 바뀌어야 한다.

오드리 로드Audre Lorde,
『시스터 아웃사이더Sister Outsider』

몸이 가장 중요하다고 배우며 성장하다 보면 다른 사람들, 심지어 우리가 알고 사랑하는 사람조차 자신을 대하듯 대상화의 시선으로 바라보기 쉽다. **다른 사람들이 외모로 우리를 규정하듯이 우리 역시 친구든 적이든 타인을 외모로 규정한다.** 누군가의 외모를 깎아내리며 무너뜨리기도 하고, 외모를 칭찬하며 추켜세우기도 한다. 이렇게 우리는 피억압자인 동시에 억압자이며, 대상화 문화의 피해자이자 그 문화를 서로에게 강요하는 가해자이다. 소녀와 여성들이 서로를 교묘하게 대상화하는 방식은 자기비교와 경쟁, 질문과 평가, 감시와 통제로 나타난다. 겉으로는 외모를 칭찬하며 서로를 격려하는 것처럼 보이지만, 몸에 대한 언급 자체는 외모를 다른 모든 가치보다 우선하게 만든다. 자기대상화의 무거운 짐과 몸에 집착하는 문화에 익숙해지다 보면, 결국 우리는 주변 사람들, 심지어 사랑하는 사람들조차 제한적인 시선으로 바라보게 된다.

우리가 주변 사람들에게서 더 많은 가치를 발견하고 그에 따라 대하는 법을 배운다면, 서로의 어깨에서 많은 짐을 덜어낼 수 있다. 외모를 넘어 더 깊은 유대감을 형성하면서 더 진정성 있고 충만한 관계를 맺을 수 있다. 표면적인 관계를 넘어 새로운 우정을 쌓고, 서로의 필요를 더 잘 충족시킬 수 있다. 또한 우리 삶에 스며든 대상화 메시지에 맞서 서로에게 힘을 실어주고, 외모를 우선시하는 비인간화 요소들을 줄일 수 있다. 경쟁자가 아닌 동반자로서 더 깊은 연민과 공감을 키울 수 있다. 이 장에서는 대상화가 우리를 분열시키는 괴롭힘과 경쟁에서 어떻게 작용하는지, 선의의 외모 칭찬이 어떻게 득보다 실이 될 수 있는지, 정숙과 복장규제가 어떻게 대상화를 강화하는지, 부모-자녀 관계와 연인 관계가 신체 이미지에 어떤 영향을 미칠 수 있는지 살펴볼 것이다.

서로를 갈라놓는 분열

소녀와 여성은 본질적으로 서로에게 신랄하고, 경쟁적이며, 적대적이라는 고정관념에 갇히곤 한다. 이러한 고정관념은 자신과 타인을 제한적이고 대상화하는 방식으로 보도록 가르치는 환경에서 비롯된다. 그 결과 우리는 무의식적으로 다른 소녀와 여성의 몸을 깎아내리거나 비하함으로써 이를 강화하기도 한다. 때로는 자신의 손상된 신체 이미지를 상대에게 투영하려는 무의식적인 시도로 이러한 행동을 하기도 한다. 결국 외모와 성적 매력만이 세상에 제공할 수 있는 가장 중요한 가치라는 메시지를 내면화하면, 누군가를 무너뜨리는 가장 효과적인 방법은 그녀의 외모나 성적 매력 또는 그것을 활용하는 방식을 공격하는 것이다. 연구에 따르면 남성은 신체적으로 더 공격적인 경향이 있지만, 여성과 소녀는

'관계적 공격성'을 보이는 경우가 많다. 이러한 공격성은 다른 소녀와 여성, 특히 매력적이라고 여겨지는 이들을 대상으로 험담, 외모 비판, 따돌림의 형태로 나타난다. 이러한 성별 차이는 6세부터 나타난다.

연구원 트레이시 베일런코트Tracy Vaillancourt는 여러 연구를 검토하여 이러한 현상이 일상에서 어떻게 나타나는지 요약했다. 그녀의 연구에 따르면, 매력적인 사춘기 소녀가 간접적인 공격 대상이 될 가능성은 35퍼센트 증가하는 반면, 매력적인 사춘기 소년은 25퍼센트 감소했다. 성인에서도 비슷한 경향이 나타났다. 2013년에 시행한 연구에서는 직장 내 여성들이 동성 구직자, 특히 자신이 더 매력적이라고 생각하는 구직자를 차별하는 경향이 있는 것으로 나타났다. 반면 남성은 자신이 더 매력적이라고 여기는 동성을 차별하지 않았다. 또한 용서를 구하는 상황에서 여성들은 덜 매력적이라고 여겨지는 여성이 사과할 때보다 '매력적'이라고 여겨지는 여성이 사과할 때 그 사과를 덜 받아들이고 부적절하다고 판단했다.

미국 교육부 통계에 따르면, 괴롭힘을 당할 확률은 남학생보다 여학생이 더 높았다. 또한 괴롭힘은 이제 학교 복도나 화장실을 넘어 가상 세계로 확산해 온라인에서 주로 발생하는 것으로 나타났다. 미 전역에서 사이버 괴롭힘이 증가하면서 문자 메시지로, 또는 온라인에서 괴롭힘을 당했다고 보고한 여학생의 숫자는 남학생보다 3배 더 많았다. 미국 국립교육통계센터National Center for Education Statistics에 따르면 2016~2017년에 중·고등학교 여학생의 21퍼센트가 문자 메시지로, 또는 온라인에서 괴롭힘을 당했다고 응답했지만, 남학생은 7퍼센트 미만에 그쳤다. 괴롭힘의 주요 원인은 외모였다. 특히, 전국 조사에 따르면 과체중 중학생 중 여학생의 30퍼센트와 남학생의 24퍼센트가 몸무게 때문에 매일 괴롭힘, 조롱, 따돌림을 경험했다. 과체중 고등학생은 이 수치가 두 배로 증가했다. 여학생의 63퍼센트, 남학생의 58퍼센트가 체중과 체격 때문에 괴롭힘을 당했다.

소녀 간의 괴롭힘은 놀라울 정도로 빈번하게 발생하며, 이상적인 아름다움에 부합하는지와는 상관없다. 어떤 소녀는 너무 예쁘다는 이유로, 또 어떤 소녀는 그 이상에 맞지 않는다는 이유로 괴롭힘을 당한다. 이 모두가 대상화의 결과다. 많은 연구는 우리가 타인에게 무의식적·의식적 편견이 있다는 사실을 보여준다. 체중 편견이 그 대표적인 사례이다. 여성은 취업, 교육, 미디어, 연애 등의 여러 분야에서 체중 탓에 비난받는다. 1950년대에 수행된 대표적인 연구는 미국 전역의 다양한 사회·경제·인종·민족적 배경의 10~11세 아동들에게 여섯 명의 아동 사진을 보여주고 '가장 호감 가는 아동' 순으로 순위를 매기도록 했다. 사진에는 '정상' 체중의 아동, '비만' 아동, 휠체어를 이용하는 아동, 목발과 다리 보조기를 사용하는 아동, 손이 하나뿐인 아동, 안면기형이 있는 아동이 포함되었다. 모든 그룹에서 '비만' 아동이 최하위로 평가되었다. 비만에 대한 두려움과 혐오는 타고난 성향이 아니라, 평생 수많은 경로로 학습되고 재학습된 결과이다.

이러한 편견과 이상은 주로 부모, 보호자, 양육자에게 배워 대물림된다. 이들은 아이들이 신체 대상화를 배우고 자기 몸에 대한 감정을 처리하는 데 중요한 역할을 한다. 언어학 교수 데보라 태넌Deborah Tannen은 자신의 저서 『가슴으로 말하는 엄마, 머리로 듣는 딸You're Wearing That? Understanding Mothers and Daughters in Conversation』에서 모녀간 대화에서 가장 흔한 갈등의 원인으로 머리 모양, 옷차림, 몸무게를 꼽았다. 결국, 처음부터 끝까지 모두 아름다움과 관련한 것이다.

태넌은 엄마의 보호 욕구와 딸의 인정 욕구가 갈등, 수치심, 외모 집착의 토대라고 설명한다. 엄마는 딸이 남의 험담이나 비판적인 시선에 상처받지 않기를 바라는 마음에서 선의의 조언을 하지만, 대상화하고 비현실적인 미의 기준을 '당연'하고 '필수'적인 것으로 내면화했을 수 있다. 엄마는 딸에게 자신을 투사한다. 자신의 외모 콤플렉스를 딸을 이용해 보상받고 싶을 수도 있다. 반면, 인정받고 싶어 하는 딸은 그 조언에 상처받고, 신체수치심, 불안, 분노, 슬픔을 느낀다. 이 양상이 반복될수록 모녀 사이의 유대감은 점점 약화한다.

특히 엄마나 사랑하는 사람, 권위 있는 위치에 있는 가까운 사람들이 외모가 가장 중요한 자산이며 이를 철저히 관리해야 한다는 믿음을 내면화할 때, 부모와 자녀의 관계는 더 복잡해진다. 이러한 믿음은 의도치 않게 자녀를 대상화의 위험한 바다로 끌어들일 수 있다. 이런 사고방식은 부정적인 자기 대화, 끊임없는 식단 제한과 다이어트, 체중 조절을 위한 운동이나 '나쁜' 음식 섭취를 보완하기 위한 운동, 자녀의 외모를 자신을 반영하는 것으로 보는 태도에서 드러난다. 이러한 행동들은 겉으로 드러내어 말하든, 조용히 행동으로 보여주든, 어린 자녀를 대상화의 바다로 끌어들이고, 더 나아가 더 강한 조류와 위험한 파도 속으로 점점 밀어 넣어, 자녀가 자기 몸과 관계를 맺는 방식에 잘못된 기준을 제공할 수 있다.

한 젊은 여성이 열여섯 살 때의 일화를 들려주었다. "엄마가 온라인으로 수영복을 사는 것을 도와줬을 때였어요. 어떤 사이즈를 주문해야 할지 고민하다 제 치수를 재기 시작했어요. 그러다 갑자기 엄마도 자신의 치수를 재더니, 16살의 제 몸과 40살의 엄마의 몸을 비교했어요. 엄마는 자신의 치수가 저와 같다고 기뻐했어요. 저는 자괴감에 빠졌죠."

2016년 「소아청소년 임상심리학저널*Journal of Clinical Child and Adolescent Psychology*」에 발표된 한 연구는 5∼7세 소녀와 그들의 엄마를 대상으로 한 실험 결과를 보여주었다. 이 연구는 우리가 경험으로 알게 된 사실을 증명했다. 엄마와 어린 딸이 거울 앞에 함께 있을 때, 딸은 엄마가 자기 몸을 묘사하는 방식을 모방하는 것으로 나타났다. 엄마가 자기 몸을 비하하면 딸도 자기 몸을 똑같이 부정적으로 묘사했다. 실험에서 엄마들은 자기 몸을 머리부터 발끝까지 묘사하도록 요청받았다. 한 그룹은 부정적인 말만, 다른 그룹은 긍정적인 말만 하도록 지시받았다. 수석 연구원 마리솔 페레즈Marisol Perez는 일부 여성들이 자신에 대해 친절하거나 긍정적인 말을 전혀 찾지 못했다고 말했다. 엄마가 한 말은 딸에게 크게 영향을 미쳤다. 애리조나 주립대학교의 심리학 부교수인 페레즈는 잡지 『애틀랜틱Atlantic』과의 인터뷰에서 이렇게 말했다. "엄마의 말을 듣고 나서 반응을 바꾸지 않은 아이는 단 한 명도 없었습니다. 그 말이 긍정적이든 부정적이든 마찬가지였습니다. 엄마가 자신의 머리가 마음에 든다고 말하면 아이도 똑같이 말했어요. 엄마가 어떤 부분이 마음에 들지 않는다고 말하면 딸도 똑같이 따라 했죠."

대상화가 중심이 되는 세상에서 우리는 자신과 타인의 몸을 감탄하고 평가하며 통제해야 할 대상으로 여긴다. 일상적인 소통에서 다른 사람들의 신체 이미지를 깎아내리고, 대상화 환경을 서로 강화하고 상기시키며, 서로의 몸을 감시하고, 말과 행동으로 타인이나 자신 모두 대상화의 바다로 깊숙이 끌어들인다. 타인의 외모에만 집중하면, 우리는 대상화 문화를 강화할 뿐만 아니라 서로 분열하게 된다. 친구, 자매, 딸, 동료, 심지어 낯선 사람조차도 외모와 상관없는, 온전한 한 사람으로 바라보지 못한다. 우리는 종종 사랑, 아름다움, 인정과 같은 자원을 얻기 위해 다른 여성들, 심지어 사랑하는 사람들과도 경쟁하는 느낌을 받지만, 사실 이러한 자원은 한정된 것이 아니다. 제한된 시각으로 서로를 바라볼 때, 이러한 행동과 경험은 일상적이고 당연한 삶의 일부가 되어버린다. 그러나 우리가 서로에게서 더 많은 가치를 발견할 수 있을 때, 분열하는 대신 연대할 수 있다.

신체 칭찬

우리가 다른 소녀나 여성과 연대 의식을 느끼고, 경쟁과 자기비교 때문에 생긴 분열에서 자유로워지더라도, 여전히 서로를 힘들게 할 때가 있다. 이따금 우리는 대상화의 바닷속에 함께 있을 때, 서로에게 친절하거나 도움이 되려는 의도로 "정말 날씬해 보여!" 또는 "섹시해!" 같은 칭찬을 한다. 친구나 유명인이 온라인에 사진을 올리면, "그렇게 빨리 살을 빼다니 정말 부럽다!" 또는 "정말 멋져. 비결 좀 알려줘!"와 같은 댓글을 남기기도 한다.

이 댓글들의 문제점을 느끼지 못한 채 그저 친절하고, 지지와 인정을 표하는 긍정적인 묘사로만 받아들일 수 있다. 하지만 표면적으로 무해해 보이는 이런 칭찬과 대화가 문제가 되는 이유는 이런 표현들이 우리가 외모로 가장 큰 가치를 평가받고, 항상 그에 따라 평가받아야 한다는 생각을 영구화한다는 것이다. 외모에 대한 언급은 작고 가벼운 물보라처럼 보일 수 있다. 친근하고 공격적이지 않으며 선의로 가득해 보이지만, 결국 당신의 관심을 외모로만 정의되는 대상화의 물결로 즉각적으로 되돌린다.

몸에 대한 끊임없는 칭찬은 결과적으로 불친절한 것일 수 있다. 외모를 세상에 보여줄 수 있는 가장 중요한 자산으로 강조하기 때문이다. 매일 인스타그램을 보는 소녀나 여성은 친구, 자매, 좋아하는 인플루언서의 사진에 달린 댓글을 보고 압박받는다. "그 레깅스 입으니까 엉덩이가 정말 ○○해 보여!", "오늘 머리 스타일 예쁘다!", "메이크업 강의 해 줄 수 있어?", "#보디목표", "살 빠졌어?"와 같은 '친절한' 말들은 외모의 가치와 중요성을 강화해 사람들이 자기 몸에 지나치게 집중하게 만든다. 이렇게 우리는 대상화 문화의 단순 가담자가 되어 이를 영구화한다.

사랑하는 사람들에게 받는 칭찬조차도 자신을 끊임없이 감시하는 경향을 강화할 수 있다. 외모에 관한 칭찬이 당신에게 어떤 영향을 미치는지 생각해 보자. 예를 들어, 이모 집을 방문했을 때 이모가 "새 속눈썹이 너무 예쁘네!" 또는 "피부가 정말 맑아 보여!"라고 말하면, 자기대상화의 함정에 빠질 수 있다. '이모가 이렇게 빨리 인조 속눈썹을 알아봤다는 건 내

원래 속눈썹이 정말 형편없어 보였다는 뜻이겠지. 한 달 후에 다시 붙이러 가야지' 또는 '평소 내 피부가 얼마나 안 좋으면 이모가 이걸 눈치챘을까. 다음에 만날 때는 꼭 화장해야지'라고 다짐할 수도 있다. 이러한 선의의 칭찬이 실제로는 신체 이미지에 긍정적인 영향을 주지 않는다는 사실을 깨닫게 되면, 사람을 인정하는 방식에 변화를 줄 수 있다.

여성의 몸에 대한 칭찬은 여성이 가능한 자리를 적게 차지하도록 학습된 방식을 따르는 경우가 많다. 여성이 체중을 감량했을 때는 감량 이유가 의도적인 것이든 질병이나 트라우마에 따른 인한 것이든 칭찬이 뒤따른다. 이러한 칭찬은 날씬한 것이 언제나 최선이고, 가장 건강하며, 심지어 질병이나 트라우마, 우울증, 또는 음식 제한으로 인한 체중 감량조차 감수할 가치가 있다는 잘못된 믿음을 강화한다. 체중이 줄었을 때 그 이유와 상관없이 사람들은 종종 선의로 이렇게 말한다. "와, 지금까지 본 모습 중에 가장 아름다워요!" 한 여성은 이렇게 말했다. "어렸을 때 모두가 저를 '스키니 미니'라고 불렀는데 키 크고 날씬하다며 칭찬했어요. 그래서 저는 그 모습을 유지해야 한다고 느꼈고, 이 점이 다른 사람들이 중요하게 여기는 것이라고 생각했어요."

이런 칭찬을 받으면 기분이 좋은 것은 당연하다. 인정받는 일은 누구나 바라는 것이니까! 만약 의도적으로 체중을 감량했고 그 결과에 만족한다면 다른 사람들이 변화된 몸을 알아봐

줄 때 기분이 좋다. 하지만 체중 감량과 날씬함을 긍정적으로 평가하는 이 피드백 시스템은 때로 심각한 해를 끼칠 수 있다. 어떤 사람에게는 인정으로 느껴질 수 있는 말이 다른 사람들, 특히 어리거나, 취약하거나, 고군분투하는 사람들에게 신체 불안을 불러일으키고 강화할 수 있다는 점을 고려해야 한다.

체중 감량에 초점을 맞춘 말은 상처가 될 수 있다. 다음 예시는 연구 과정에서 실제로 만난 여성들과 소셜 미디어에서 우리와 경험을 공유한 여성들의 이야기이다.

"응급실에서 섭식장애 병동 입원을 승인받기 위해 대기하던 중이었어요. 제 활력징후vital sign를 확인하러 들어온 간호사가 제 팔이 너무 말라 어린이용 커프스를 사용해야 한다고 하더군요. 그녀는 '나도 당신처럼 날씬하면 좋겠어요!'라고 말했어요. 내가 왜 응급실에 있는지 상황 파악이 잘 안되는 것 같았어요. 나는 '섭식장애로 입원하려는 거예요. 그런 말 하지 마세요.'라고 대답했죠. 그 후 그녀는 입을 다물었어요."

"［체중 감량 후］ 관심을 받게 되자 살이 많이 빠져 생기는 피부 처짐 현상으로 **축 늘어진 팔과** 5년간의 임신과 수유의 결과로 처진 가슴을 숨기고 싶어졌어요. 잘못된 생각이라는 것을 알면서도 '사람들이 지금 이 모습을 예쁘다고 생각한다면 10킬로그램만 더 빼면 훨씬 더 예쁘다고 생각하겠지?'라는 생각에서 빠져나올 수 없었어요."

"작년에 출산 4개월 후부터 건강을 되찾으려고 식단 관리와 운동에 집중하기 시작했어요. 그런데 정말 속상했던 건, 지금까지 알고 지내던 모든 사람이 갑자기 당연하다는 듯이 제 외모를 화제로 삼기 시작했다는 거예요. 지인들이 아무렇지도 않게 몸무게와 사이즈를 묻더군요. 가족들은 제 모습이 얼마나 좋아 보이는지를 화제로 삼았어요. 그러자 1년 전의 제 모습이 떠올랐고, 제가 사랑했던 그때의 제 모습이 안타깝게 느껴졌어요. 다른 사람들은 당시의 제 모습이 더 나아질 수 있다고 생각했던 것 같았거든요. 살면서 내 몸이 그토록 불편하게 느껴진 건 처음이었어요. 항상 나는 체중계의 숫자가 아니라 내 생각과 유머로 정의된다고 늘 느껴왔는데, 갑자기 모든 부분을 의식할 수밖에 없게 된 거예요."

"체중이 급격히 줄자 갑자기 낯선 사람, 지인, 친구들까지 나를 다르게 대하기 시작했어요. 처음에는 기분이 좋았지만, 현실을 파악하고 나니 슬펐어요. 그 이후로는 다른 사람의 체중 변화를 언급하지 않으려고 노력하고 있어요."

"살을 빼고 날씬해지자, 남자들이 갑자기 친절하고 예의 바르게 대했어요. 여자들도 더 쉽게 다가왔어요. 하지만 플러스 사이즈일 때는 나를 도움이나 관심을 받을 자격이 없는 투명 인간처럼 대하더군요. 정말 어이없어요. 사람들이 얼마나 얄팍한지 보여주는 단적인 예 같아요."

"동생의 죽음으로 스트레스와 슬픔에 빠져 두 달도 안 돼서 10킬로그램 넘게 살이 빠졌어요. 그런데 사람들은 어떻게 이렇게 살을 뺐냐며 칭찬을 쏟아내더군요."

"급격하게 체중이 줄어든 적이 두 번 있었는데, 첫 번째는 병원에 일주일 동안 입원해서 3주간 고형식을 못 먹었을 때였죠. 그때 칭찬을 많이 받았어요. 두 번째는 오랜 연애를 끝낸 직후였어요.

스트레스로 밥도 제대로 못 먹고, 운동에만 몰두했는데, 모두가 저를 보고 건강해 보인다며, 훨씬 나아 보인다고 칭찬하더군요."

"병으로 체중이 많이 줄었는데, 의사가 가장 먼저 '좋아 보인다'라고 말하더군요. 내가 얼마나 아픈지 알면서 말이죠. 친구나 동료들도 마찬가지였어요. 다른 사람의 외모를 함부로 언급하지 마세요. 진심으로 걱정된다면 안부나 건강 상태를 물어보세요."

"저는 궤양성 대장염을 앓고 있어요. 증상이 가장 심했을 때는 5일 만에 5킬로그램이 빠졌고, 총 15킬로그램이 빠졌어요. 몸 상태가 정말 안 좋고 말랐었는데, '그렇게 쉽고 빠르게 살을 뺄 수 있으면 좋겠다'라는 말을 자주 들었어요. 지금은 평소보다 몇 킬로그램 더 나가는데, 병이 재발해서 살이 빠질 경우를 대비한 '보험' 정도로 생각해요."

"전업주부로 셋째를 임신했던 당시, 7년간 함께 산 남편이 가족을 책임지는 삶이 '재미없다'며 떠나버렸어요. 이혼이 확정된 시점은 임신 5개월 때였어요. 임신 중이었는데도 몸무게가 늘기는커녕 오히려 10킬로그램이나 빠졌죠. 사람들은 '정말 좋아 보인다.', '체중이 안 늘다니 관리 잘했네.'라고 칭찬하더군요. 아이를 낳은 후에도 체중은 계속 줄었어요. 이혼했다고 말하면 다들 놀랐어요. 모두 제 몸매를 칭찬하면서 출산 후 살을 어떻게 그렇게 빨리 뺄 수 있었는지만 궁금해 했으니까요."

복장 규정과 대상화

누군가를 온전한 인격이 아닌 몸으로만 평가하려 든다면, 그 사람의 몸을 규제하고 감시하려는 유혹에 빠지기 쉽다. 이는 대개 그 사람에게 희생을 강요하는 결과를 초래한다. 특히 소녀와 여성의 몸은 도발적이고 마음을 어지럽힌다는 인식 때문에 주변 사람들에게 위협으로 여겨지는 경우가 많다. 이러한 현상은 학교와 교회에서 시행되는 복장 규정과 '정숙' 강요, 그리고 그러한 제도적 문화에서 형성된 사회 규범에서 자주 나타난다. 물론 몸 자체가 직접적으로 해를 끼치지는 않는다. 그러나 정신을 산란하게 하거나 도발할 의도가 전혀 없어도 여성의 몸을 바라보는 행위 자체가 해롭다고 여겨지기 때문에, 결국 그 몸이 책임을 지게 된다. 위협을 준다고 인식되는 대상은 대부분 여성이며, 도발을 당한다고 여겨지는 대상은 대부분 남성이다.

사회는 남성의 몸과 마음을 내적이 아닌 **외적으로 통제해야 한다고 보고, 남성을 보호하려는 목적으로 여성의 몸이 드러나는 방식을 규제하는 규칙을 정한다.** 이 규제는 아주 어린 시절부터 시작된다. 치마와 어깨끈의 길이를 측정하고 여학생들에게 무릎을 꿇어 치마 길이를 확인하게 하거나 팔을 들어 배가 드러나는지 점검한다. 여성의 모든 신체 부위를 가리도록 요구하는 복장 규정을 시행한다. "다리가 너무 많이 드러나." 또는 "팔을 들면 배가 보이잖아!"라는 식으로 정숙 규제를 한다. 이런 은밀한 대상화는 아주 어린 시절부터 시작된다.

소녀는 자신에게 가장 중요한 것이 외모라고 배운다.

소년은 소녀에게 가장 중요한 것이 외모라고 배운다.

소녀는 자신을 바라본다.

소년은 소녀를 바라본다.

소녀는 소년이 자신을 보는 것에 책임을 진다.

소녀는 자신의 외모를 바꾼다.

소년은 계속 소녀를 바라본다.

문제는 소녀의 외모가 아니다.

문제는 사람들이 소녀를 바라보는 시선이다.

여성들의 몸과 복장이 규제되거나 이에 따라 질책을 받는 것은 소녀들이 대상화의 물결에 휩싸이게 되는 한 방식이다. 다음은 대상화 발생의 예시이다. 캠프에서는 남성이 주위에 있다는 이유로 여성에게 옷을 바꿔 입고 몸을 더 가리라고 요청한다. 교회에서는 여성에게 젊은 남성을 유혹해서 넘어뜨리는 '걸림돌'이 되지 않으려면 옷차림이 정숙해야 한다고 가르친다. 학교에서는 남학생이 여학생 때문에 정신이 산만해졌다고 불평하면, 여학생 부모님께 전화해 스웨터를 가져오게 하거나 몸매를 가리도록 요청한다.

이러한 압박은 우리를 대상화의 파도와 흐름 속으로 밀어넣는다. 악의적이지 않았다 하더라도 타인이 우리의 몸을 평가하고 알지 못하는 사이에 다른 사람들에게까지 영향을 미친다는 사실을 깨닫는 것은 충격적이다. 그 충격은 우리를 우리 자신과 분리한다. 갑자기 자신 밖에 존재하는 느낌을 받게 된다. 자기 몸이 다른 사람들에게 미치는 영향을 이해하고 통제하려고 애쓰게 된다. 이는 어린이와 청소년에게 대상화의 바다에서 살아가는 현실과 우리가 평가되고 인식될 때 몸이 차지하는 과도한 역할에 대한 놀라운 깨달음을 준다.

우리는 살아가면서 다른 사람의 규제와 감시를 받지만 종종 자신도 다른 사람들에게 동일한 규제를 적용하고 강요한다. 사회에서 이를 공식적으로 실천하는 두 가지 대표적인 방식은 사회적 복장 규정과 종교적 정숙성 규칙이다. 이 주제는 최근 몇 년 동안 미디어를 달구며 큰 논란을 일으켰다. 학교 복장 규정이 터무니없이 적용된 극단적인 사례나, 학교 관리자 한 명의 의견 때문에 여학생이 학교나 중요한 행사에서 쫓겨나는 등의 뉴스가 몇 주 간격으로 연속 보도되었기 때문이다. 우리는 오랫동안 정숙성을 강조하는 수사법과 일방적인 복장 규정의 시행으로 소녀와 여성이 성적으로 대상화되는 방식을 강하게 비판해 왔다. 다음은 미국 서부의 '교회 무도회' 전단에서 본 실제 사례이다.

소년: 넥타이와 버튼다운 셔츠 착용 필수. 로우 라이더 바지 금지.

소녀: 소매는 어깨와 팔 윗부분을 덮어야 하며 가슴골이 드러나지 않아야 한다. 브래지어 또는 브래지어 끈이 비쳐서는 안 되며, 앞뒤 목선이 너무 낮지 않아야 한다. 가슴이나 등의 노출이나 레이스업 디자인은 금지한다. 춤출 때 팔을 들어도 배가 보이지 않아야 한다. 몸에 너무 꼭 끼거나 노출이 심한 옷은 피해야 한다. 어깨를 포함하여 가려야 할 부위에 시스루, 레이스 등 비치는 소재를 사용해서는 안 된다. 치마 길이가 무릎 위 세 손가락 너비보다 짧아서는 안 되며, 드레스 뒷부분은 브래지어 스트랩보다 높아야 한다. 등이 많이 드러나는 치마나 바지도 금지된다. 복장은 문자로 승인받아야 한다.

이게 전부가 아니다! 소녀들의 복장에 적용되는 지나치게 구체적인 규칙과 소년들에게 적용되는 최소한의 요구 사항은 책임자들이 무엇을 두려워하는지 잘 보여준다. 여학생에게만 적용되는 지나치게 길고 세세한 복장 규정은 성, 특히 남성의 성욕과 여성의 몸이 불러일으킬 감정에 대한 두려움과 불안에서 비롯된 것이다. **하지만 이런 복장 규정은 여학생들을 성적 대상으로 인식되는 현상을 막지 못하고 오히려 강화한다.** 이런 규정은 소녀와 여성의 인간적인 면에 초점을 맞추는 대신, 가려야 할 부위에 과도하게 집중하여 그 부위를 성적 대상화하거나 부적절한 것으로 여겨지게 만든다. 어깨, 무릎, 등, 배, 허벅지, 겨드랑이 등은 본질적으로 도발적이지 않으며 성적 요소를 내포하지도 않는다. 그러나 복장 규정이 이 부위를 가리도록 요구하면, 소년은 소녀와 마찬가지로 여성의 특정 신체 부위가 부적절하며 성적인 요소가 있다고 배우게 된다. 또한, 소녀와 여성을 대상화하는 것이 정상이고 적절하다는 인식을 성인이 되어서도 이어간다.

여학생들이 복장 규정 위반으로 단속을 받고 남학생이 주의가 산만해지거나 유혹받지 않도록 옷을 단정하게 입으라는 교육을 받게 되면, 자기 몸을 외부에서 성적 시각으로 바라보는 법을 익히게 된다. 즉, 자기 몸을 관찰 대상으로 인식하게 된다. 젊은 여성은 자기 몸을 스스로 24시간 감시하며, 사회가 정한 자의적이고 달성 불가능한 아름다움과 매력의 기준을 자신에게 적용하고, 동시에 '적절함'을 유지하기 위해 애쓴다. 귀엽되 너무 귀엽지 않아야 하고, 섹시하되 너무 섹시하지 않아야 한다. 이러한 대상화의 거센 흐름 속에서 여성은 자신의 모습을 드러내는 방식뿐만 아니라, 다른 사람들이 자신을 인식하는 방식도 책임을 져야 한다.

이 메시지가 소녀를 진정으로 아끼는 또한 그래야 하는 교회나 기관에서 나올 때 특히 실망스럽다. 이들은 외부 사회가 소녀에게 끊임없이 전달하는 '몸이 먼저고, 사람은 그다음'이라는 메시지를 반영하고 강화하기 때문이다. 소녀는 학교나 교회, 행사에서 정한 임의적인 기준에 따라 옷차림이 부적절하다는 지적을 받고 집으로 돌려보내지곤 한다. 특히 관능적이고 성숙한 몸매의 소녀가, 발달이 늦은 소녀보다 복장 규제의 압박을 더 자주 겪는다.

정숙성은 철저히 주관적이다. 어떤 사람에게는 세련되어 보이는 민소매 블라우스가 다른 사람에게는 민망한 속옷처럼 보일 수 있다. 어떤 사람에게는 편안하고 저렴한 풀 커버리지 레깅스가 다른 사람에게는 TV에 나오기에는 너무 섹시한 바지가 될 수 있다. '적절한' 옷차림의 정의는 사람마다 다를 수 있다. 하지만 일반적으로 공공장소에서 허용되는 복장 규정이나 특정 장소에서 요구하는 복장 규정 내에서 이루어진다. 맥락도 중요하다! 왜 레깅스가 길거리에서는 대상화되지만, 체육관에서는 그렇지 않을까? 저녁 식사에서는 부적절하다고 여겨지는 짧은 치마가 왜 테니스 코트에서는 문제가 되지 않을까?

어떤 사람이나 가족, 문화에서는 '노출'로 여겨지는 것이 다른 사람이나 가족, 문화에서는 '정숙'으로 받아들여질 수 있다. 여성이 몸을 가린다고 해서 남성의 자기 통제력이나 여성에 대한 존중이 달라지는 것은 아니다. 여성이 몸을 많이 가려야 하는 문화에서도 강간과 성폭력 발생률은 여전히 높다. 반면, 일부 원주민 부족 등 옷차림이 자유로운 문화에서는 강간과 성폭력 발생률이 매우 낮다고 보고된다.

소녀들에게 자기 자신과 남성을 보호하기 위해 몸을 철저히 가려야 한다고 가르칠 때마다, 여성을 대상으로 보는 시각이 강화된다. 물론, 복장 규정은 필요하고 유익할 수 있다. 똑같은 복장 기준을 모두에게 제시하기 때문이다. 그러나 이러한 규정은 대상화가 아닌 상호 존중을 바탕으로 이루어져야 한다自세한 내용은 244쪽 참조.

복장 규정이 중요한 이유는, 6세 정도의 어린 소녀조차 섹시하면 보상을 받는다는 미디어 메시지에 반응하여 스스로 성적 특징을 부여한다는 연구 결과가 있기 때문이다. 또한, 패션 산업은 성별에 따라 뚜렷하게 구분되어 있다. 소녀들은 성적 요소가 강조된, 몸에 꼭 맞는 옷을 입지만 소년들은 활동성과 기능성을 중시한다. 작가 사라 클레멘스*Sara Clemence*는 패션 업계의 성별 격차를 지적하는 글을 『뉴욕 타임스*New York Times*』에 기고했다. 아들을 위한 주머니와 무릎 보호대가 있는 실용적인 옷을 찾기는 쉽지만, 딸을 위한 같은 기능의 옷을 찾는 데는 많은 어려움을 겪었다고 한탄한다. "여아복 섹션은 가벼운 레깅스, 목선이 깊게 파인 상의, 장식 달린 신발로 가득해요. 주머니가 넉넉하고 무릎 보호대가 달린 여아용 바지를 찾으려고 인터넷을 뒤졌지만, 짜증 날 정도로 선택의 폭이 좁았어요. 여성 전투기 조종사가 넘쳐나고 #미투 운동이 활발한 시대에도 남아 옷은 실용적으로 디자인되는 반면, 여아 옷은 '예쁘게 보이는 것'에 초점이 맞춰져 있다는 사실을 깨달았어요. 이는 무릎 보호를 넘어서, 여아의 옷에는 '꾸미기 위해 옷을 입는 것이다'라는 은밀하고도 실망스러운 메시지가 새겨져 있다는 것을 알게 되었어요."

우리가 소녀에게 관찰되는 존재라고 가르칠수록, 소녀는 더 불리한 처지에 놓인다. 다른 여성을 외모와 옷차림—너무 뚱뚱하다, 너무 말랐다, 너무 많이 가렸다, 충분히 가리지 않았다—에 따라 가치를 매길수록, 당사자뿐 아니라 우리 자신도 더 불리한 상황에 놓이게 된다. 다른 여성의 외모가 타인에게 미치는 영향이나 그녀가 어떻게 보일지를 평가하고 감시하는 사고방식에 갇혀 있는 한, 우리는 여성을 몸 이상의 존재로 볼 수 없다. 정숙 규제에 관한 몇 가지 긍정적인 대안이 244쪽에 제시되어 있다.

연민 키우기

연민은 본질적으로 관계적이다. 연민이란 '함께 고통받는다'는 의미로 고통의 경험에는 기본적인 상호성이 내포되어 있다. 연민의 감정은 인간의 경험이 불완전하다는 인식에서 비롯된다.

크리스틴 네프Kristin Neff,
『러브 유어셀프Self-Compassion:
The Proven Power of Being Kind to Yourself』의 저자

여성을 경쟁으로 몰아가는 문화에서 인류 공동의 인간성을 인식하면 고립의 감정과 상황을 줄일 수 있다. 우리는 우리의 경험, 고통, 기쁨을 서로 분리된 개별 요소로 분리하기보다 더 큰 인간 경험의 일부로 바라보는 법을 배워야 한다. 고통, 실패, 불완전함은 인간이라면 누구나 겪는 자연스러운 과정이다. 당신을 포함한 모든 사람은 보살핌과 연민을 받을 자격이 있다. 자신에 대한 연민을 키우면 주변 사람들에게도 마음이 열린다. 모든 사람의 인간성을 있는 그대로 바라보게 되면서 경쟁이 아닌 연대의 마음으로 함께 할 수 있게 된다.

연민으로 하나 되기

　매일 수많은 사람이 신체수치심과 자기비교의 고통을 겪고 있다는 사실을 알게 되면, 누구나 큰 충격을 받을 것이다. 그런 고통을 느낄 것이라고는 상상조차 못 했던 사람들도 마찬가지로 충격을 받는다. 강연 후, 전통적인 미인상의 여성들이 찾아와 신체 이미지와 관련한 깊은 고통과 외모를 유지해야 한다는 과도한 압박감을 털어놓는 경우가 많다. 뛰어난 외모는 그들에게 가치와 인정을 안겨 주었지만, 동시에 삶을 짓눌러왔다. 누구도 예외가 될 수 없다.

　대상화의 바다를 헤쳐 나가는 게 어렵다는 것을 인정하면 다른 사람들과 그들의 선택을 더 너그러운 시선으로 볼 수 있다. **타인을 경쟁자나 위협적인 존재로 보는 대신 동료, 친구, 조력자로 바라보자.** 이전에 지나치게 거만하거나, 허영심 많고, 뚱뚱하거나, 아름답다고 생각했던 여성과도 유대감을 쌓을 수 있다. 당신의 몸에 대한 엄마의 의견을 내면화하지 않고 받아들이면서도, 엄마의 내면화된 대상화를 인식할 수 있다. 각종 제품, 시술, 다이어트로 가려진 여성의 고통과 수치심을 이해하고, '개선된' 외모 이상의 가치를 인정할 수 있다. 다른 여성을 평가의 대상으로 삼거나, 자신의 관계에 위협이 될 섹시한 경쟁자로 여기거나, 아들의 집중을 흐트러뜨리는 유혹적인 방해 요소로 보지 않고, 주체성을 지닌 온전한 인간으로 바라볼 수 있다.

다른 사람을 판단하거나 자신과 비교하고 싶은 충동이 생긴다면, 특히 그녀가 외모나 성적 매력을 가꾸는 데 큰 노력을 기울인 것처럼 보인다면, 관점을 연민의 시선으로 바꿔보자. 그녀의 성격을 섣불리 판단하거나, 파트너가 그녀를 보고 있지는 않은지 불안해하거나, 그녀의 화장이나 성형을 비꼬기보다는, 그녀 역시 당신과 마찬가지로 대상화된 이상적인 아름다움에 맞서고 있다는 점을 기억하자. 그녀가 당신과는 다른 선택을 할 수도 있다. 그렇다고 문제가 될 이유는 없다. 둘 다 대상화의 바다에 있지만, 그녀가 당신을 비추는 거울이 아니기 때문이다. 그녀의 외모 가꾸기는 당신과는 아무런 관련이 없다. 따라서 그녀가 정한 기준에 맞출 필요도 없다. 자신을 가치 있고 정상적이고 소중한 존재로 느끼기 위해 그녀처럼 보일 필요도, 똑같은 노력을 할 필요도 없다. 다른 사람을 평가의 대상으로 볼지 아니면 그 이상의 존재로 볼지는 당신의 선택에 달려 있다.

전 애인의 새로운 파트너 사진을 인스타그램에서 발견하고 자기비교로 질투와 열등감을 느낀다면, 그 감정을 피하지 말고 있는 그대로 받아들이자. 그 사람의 인생 최고의 장면들을 보며 그들의 가장 멋진 모습과 당신이 싫어하는 자기 모습을 비교하고 있다는 것을 인정하자. 자기비교로 생긴 불편한 감정을 받아들이고 솔직하게 인정하자. 그리고 스스로에게 이렇게 말해 보자. "그녀도 소중하고, 나도 소중해. 이 점에서 우리는 똑같아. 우리는 한정된 자원을 두고 경쟁하는 게 아니야. 나는 행복하기를 바라고, 그녀도 내 행복을 바랄 거야." 그녀의 행복을 진심으로 빌어준 뒤, 휴대전화를 내려놓자.

자신과 다른 사람에게 열린 마음으로 다가가자. 당신이 솔직하게 마음을 열고 취약점을 나눌 수 있다면, 다른 사람들도 당신에게 마음을 열고 자신들의 비슷한 경험담을 들려줄 것이다. 당신이 편하게 느끼는 방식으로 조금씩 마음을 열다 보면, 다른 사람들을 판단하거나 비교하고 경쟁하려는 마음이 점차 줄고, 공동체 의식을 느끼게 될 것이다. 우리가 공유하는 인간애가 서로를 하나로 묶어주고, 함께 버텨낼 힘을 줄 수 있기 때문이다.

우리 사회는 자기대상화와 날씬함 추구가 얼마나 우리를 해치는지도 인지하지 못하고 당연시한다. 도움을 요청해야 하고 요청할 수 있다는 사실조차 모르는 사람들을 주의 깊게 살펴봐야 한다. 다음은 어느 젊은 여성이 들려준 이야기다. "어느 날 프런트 직원이 준 도넛을 먹고 화장실에서 토했는데, 동료 직원이 밖에서 기다리고 있더군요. 화장실에서 나오자, 그녀는 조심스럽게 이 문제에 관해 이야기했어요. 동료에게 이 문제를 털어놓은 것은 그때가 처음이었어요. 그녀는 그 행동이 건강에 해롭다고 말했고, 나도 그녀의 말이 옳다는 걸 알았어요. 하지만 날씬해지고 싶은 마음이 너무 강렬해서 무슨 행동이든 감행하려고 했죠! 그 대화가 큰 도움이 되었어요. 이후 시작한 치료에서도 많은 도움을 받았어요."

당신이 고군분투한 경험을 털어놓으면, 당신의 용기에 자극과 격려를 받는 사람들이 생긴다. 익숙한 고통과 두려움에 관한 이야기도 있지만, 예상치 못한 사람들에게서 생각지 못했던 어려움을 듣게 되기도 한다. 연구에 참여한 한 여성은 10대 시절, 섭식장애 트라우마를 극복하고 엄마와 함께 유대감을 형성한 사례를 공유했다. "제 체중은 어린 시절부터 가족들 사이에서 끊임없이 문제가 되었어요. 자라면서 외모에 더 집착했죠. 대학 1학년 때 억지로 토하는 모습을 엄마가 보게 되었어요. 그때 엄마가 평생 이상섭식과 싸워온 이야기를 해주셨어요. 그 이후로 우리는 더 건강하고 행복해지기 위해 함께 노력해 왔어요. 딸이 생긴다면 같은 어려움을 겪지 않도록 이 악순환의 고리를 끊을 거예요. 저와 엄마에게 정말 소중한 경험이었어요."

많은 경우, 자기 신체 이미지 문제를 치유하지 못한—또는 직시하거나 인정하지 않았던—엄마나 보호자들은 어린 시절에 자신을 대하던 방식이나 겪었던 방식으로 무심코 딸을 대한다. 엄마들은 어린 딸의 체중이 늘어나는 것을 보고 사춘기에는 평균 18킬로그램 증가한다! 딸이 먹는 음식이나 외모에 대해 잔소리하면 딸이 더 행복한 어린 시절을 보내고 괴롭힘과 따돌림을 당하지 않을 것으로 생각한다. 딸이 신체수치심으로 고통받지 않을 수 있는 해결책은 작고 마른 몸을 유지하는 것이라고 믿는다. 하지만 실제로는 비만이나 체중 증가에 대한 부모 자신의 두려움과 과체중의 소녀와 여성에게 향하는 사회적 편견을 딸에게 그대로 물려주는 것일 뿐이다. 차세대의 개인적·집단적 신체 이미지 문제를 치유하려면, 딸이나 여동생, 조카, 친구에게 분열적인 시각을 투사하는 대신, 먼저 자신의 삶에서 날씬함에 대한 억압적인 이상을 거부하기 위해 노력해야 한다.

이제 우리 사회의 대상화 문화를 더 잘 이해하게 되었으니, 다른 사람을 향한 연민의 형태도 예전과는 달라질 수 있다. 이전에는 누군가의 체중 감량이나 외모 칭찬이 친절함을 표현하는 자연스러운 방식이었을 수 있다. 이제는 그들의 몸이나 아름다움을 넘어, 인간성을 깊이 인정하는 방법을 생각해 보자. 과거에는 단순히 좋은 조언을 하거나 규칙을 지키고 있다고 생각하며 주변 소녀와 여성에게 정숙을 강요하는 말이나 행동을 했을지도 모른다. 이제는 두려움이나 판단이 아닌 연민을 우선시하는 방식으로 정숙성 기준과 복장 규정을 다시 생각해 볼 때이다. 또한 과거에는 자신이 본보기가 되어 친구, 자매, 딸을 대상화의 바다에 끌어들이고, 당신 또한 부모님이나 보호자에 이끌려 그 파도 속으로 들어갔을 수 있다. 그러나 이제는 배려와 사랑을 바탕으로 자신의 선택과 행동을 재고할 때다. 타인을 인간적이고 온정적인 시선으로 대하면, 대상화가 유발한 분열 속에서도 유대를 구축할 수 있는 능력을 갖출 수 있다.

몸 칭찬보다 더 나은 방법

우리가 서로에게 가볍게 건네는 외모 관련 말들은 대개 친절하고 좋은 의도로 시작되지만, 우리 자신과 타인에게서 중요하다고 배워온 가치들, 즉 작은 체구, 날씬함, 젊음, 그리고 아름다움에 대한 편협한 기준을 반영하는 것일 뿐이다. 소녀와 여성이 외모로 괴롭힘을 당하거나 '내가 못생겼나요?'와 같은 인기 동영상이 인터넷을 휩쓸 때, 사람들은 '당신은 못생기지 않았어요! 당신은 아름다워요!'라고 즉각적으로 반응하기 쉽다. 아름다움에 대한 우리의 생각은 자존감과 깊이 얽혀 있어서 이 둘을 분리할 필요성을 깨닫지 못하는 경우가 많다. 하지만 누군가에게 '넌 아름다워'라고 말한다고 해서 그 사람이 '못생겼다'라는 말로 받은 상처가 치유되지는 않는다. 외모를 칭찬하는 말이 누군가를 북돋을 수 있다면, 외모를 깎아내리는 말 또한 누군가를 무너뜨릴 힘이 있다. 누군가의 외모에 계속 집중하는 것은—설령 그것이 긍정적인 방식이라 하더라도—외모를 비하하는 동일한 논리와 틀을 사용하는 것이나 다름없다. **아름다움에 가치를 부여하지 않으면, 아름다움에서 우리를 무너뜨릴 힘도 사라진다.**

소녀의 자존감을 높이고 외모 때문에 받은 실망감을 견딜 수 있는 회복력을 키워주고 싶다면, 그녀가 아름다움 그 이상의 존재라는 것을 가르쳐 줘야 한다. 단순히 몸매가 예쁘다고 말하기보다는, 그녀의 몸이 소중하다고 가르쳐주자. 아이의 아픔을 '아름다움'이라는 일시적인 위로로 덮지 말고, 그 아픔으로 오히려 더 강해지고, 더 따뜻한 마음을 갖게 되고, 세상의 고통을 덜어주는 사람이 될 수 있다는 걸 깨닫게 도와주자. 그녀의 진짜 모습을 알려 주자. 관대하고, 세심하고, 똑똑하고, 사랑스럽고, 호기심 많고, 활기차고, 창의적이며, 명철하고, 동정심이 많고, 재능이 있다는 사실을 말해 주어야 한다. "다른 친구들을 놀이나 활동에 자연스럽게 끼워주는 모습을 보면 너는 정말 다정하고 배려심이 많은 것 같아." 또는 "너는 놀라운 예술가야. 사람의 마음을 움직이는 특별한 힘이 있어." 이처럼 그녀의 가치가 외모에만 국한되지 않는다는 것을 알리는 칭찬을 하자. 다양한 삶의 목적을 찾게 되면, 더는 자기 몸을 가치나 인정을 받는 기준으로 삼지 않게 될 것이다.

마찬가지로, 만약 당신이 아끼는 사람이 자신이나 다른 사람을 '뚱뚱하다'고 표현하거나 뚱뚱해 보이냐고 묻는다면 어떻게 해야 할까? 본능을 거스르더라도 거부감이나 충격 또는 다른 부정적인 반응을 보이지 않도록 노력해야 한다. 우리는 사람들의 몸이 다양한 형태와 크기로 존재하는 것이 지극히 정상적이고 자연스러운 일이라는 걸 받아들여야 한다. 특히 너무 크거나 다르다고 폄하하고 조롱하며 낙인을 찍어서는 안 된다. 우리는, 어린아이부터 성인까지, '뚱뚱함'에 가치를 매기지 않는 법을 배울 수 있다. 뚱뚱하다는 것은 좋거나 나쁨의 문제, 또는 친절함이나 무례함의 문제가 아니다. 그저 존재하는 것일 뿐이다. 예를 들어 아이들에게는 이렇게 말해 줄 수 있다. "지방은 우리 몸을 따뜻하게 해 주고, 내장을 보호해 주고, 에너지원으로 사용돼. 정말 멋지지 않니?" 또는 "몸에 지방이 있다는 건 살아있고 건강하다는 뜻이야. 정말 다행이지?" 어떤 사람은 여러 이유로 다른 사람보다 지방이 더 많을 수 있고 지방의 양이 그 사람의 건강, 강인함, 친절함, 똑똑함, 성공, 행복, 사랑스러움 등을 판단하는 기준이 될 수 없다는 점을 자연스럽게 이야기해 주자.

누군가를 '뚱뚱해'라고 말할 때 '그런 말하면 안 돼.' 또는 '뚱뚱하지 않아, 예뻐!'라고 반응하는 순간, 우리는 '뚱뚱함'을 '아름다움'이나 '좋음,' '가치 있음'의 반대 개념으로 설정하게 된다. 이는 우리가 평생 접하는 문화적 메시지와 상응하지만, 진실이 아닐뿐더러 도움도 되지 않는다. 우리는 모든 형태의 신체 다양성을 지지하고 옹호하고 존중하는 태도를 견지함으로써 이를 점차 극복할 수 있다. 젊은 세대의 신체 이미지가 개선되도록 돕기 위해 우리가 할 수 있는 가장 중요한 일은 자신과 타인의 몸에서 발견되면 깎아내리기 마련인 특성들, 지방, 셀룰라이트, 튼살, 체중 증가 등에 대한 자신의 편견과 선입견을 자각하는 것이다. 단순히 이러한 편견과 자기 비하적인 태도를 숨기는 것을 넘어, 자신과 타인의 몸에 감사와 존중을 적극적으로 표해야 한다. 자기나 타인, 또는 유명인의 몸을 이야기할 때, 어떤 점을 소중히 여기는지 자녀에게 알려 주자. 그들의 힘, 재능, 패션 감각, 말, 행동과 같은 내면의 가치를 칭찬하자. 자신과 타인의 몸 사이즈와 체중은 아예 입에 올리지 않는 게 좋다. 여성을 몸 이상의 존재로 보기 시작하면, 외모는 그 사람의 가장 사소한 부분이 될 것이다.

우리는 보통 상대에게 친근함을 표현하려고 할 때 외모를 이야기한다. 좋은 칭찬이 나쁠 리 없다. 하지만 짚고 넘어가야 할 부분이 있다. 우리 문화에 내재한 날씬함과 신체적 '완벽함'에 대한 집착이 서로를 바라보고 평가하는 방식을 왜곡시켰다는 점이다. 만약 여성을 볼 때 먼저 외모를 칭찬하는 것이 자연스럽다고 느낀다면, 여성에 대해, 또한 여성이 필요한 것에 대해 제한적인 시각을 가지고 있다는 신호이다. 우리가 몸 이상의 존재라고 믿는다면, 이 메시지를 작지만, 강력한 방식으로 전달할 수 있다. 외모 칭찬도 때로 좋을 수 있지만, 특히 자주 만나거나 가까운 사람에게는 외면보다 내면을 칭찬하자. "멋져 보여!"라고 말하는 대신 "넌 정말 멋진 사람이야!"라고 말해 보자. 가능하면 좀 더 구체적으로 성격, 재능, 행동 등 외모 이외의 존경스럽거나 인정할 만한 점을 칭찬하자.

가까운 사람들에게 들었던 수치심을 불러일으킨 신체 발언을 재구성할 수도 있다. 예를 들어, "살 빠졌네! 정말 멋져 보여.", "살 좀 붙으면 더 보기 좋을 텐데.", "조금만 신경 쓰면 정말 예뻐 보일 텐데 왜 화장 안 해?" 같은 말에 이렇게 반응해 보자. "칭찬으로 하는 말인 건 알지만, 요즘 신체 이미지를 개선하려고 애쓰는 중이야. 외모가 아닌 데서 내 가치를 찾기 위해 노력하고 있지", "외모 이외의 가치를 말해 주면 좋겠어!", "고마워! 하지만 외모 이상의 가치를 인정하자는 목표를 세우고 노력 중이야. 우리 같이 노력해 볼까? 처음엔 좀 어색해도 외모를 넘어서는 진정한 가치를 발견하는 데 도움이 될 거야." 이런 순간을 상대의 안부를 살피는 계기로 삼을 수도 있다. 대체로 상대방의 말에는 자신의 삶에서 그들이 집착하거나 고민하는 문제가 반영되기 마련이기 때문이다. "요즘 어떻게 지내?", "뭐 하고 있었어?", "도와줄 일 있을까?" 같은 질문은 당신에게 집중되던 대화의 초점을 더 깊은 대화로 돌릴 수 있다.

누군가 어린 소녀에게 외모에 관한 말을 하면 엄마나 보호자, 사랑하는 사람들은 개입하여 상황을 바꿀 수 있고, 또한 그래야만 한다. 주위의 소녀가 '예쁘다.'라거나 '날씬하다.' 등의 외모 중심의 칭찬을 자주 받는다면, 그런 말을 피해 달라고 가능한 단호하고 확실하게 요청하는 것이 좋다. 몸과 관련한 이야기를 피하는 이유를 적절하게 밝히는 것도 도움이 될 수 있다. 사람들에게 몸 이상의 존재로 존중받기 위해 과거부터 현재까지 얼마나 노력해 왔는지 솔직하게 이야기하자. 또한, 당신의 아이에게도 겉모습이 아닌 내면의 가치가 더 중요하다는 것을 가르치는 중이라고 말하자. 사랑하는 사람이 섭식 장애나 자의식 문제로 어려움을 겪고 있다면, 그 사실을 당사자 동의하에 대화하는 사람과 공유하고, 이 문제를 피하고자 가능한 모든 노력을 기울이고 있다고 설명해 주자. 주변 사람이 아이의 날씬한 몸매를 드러내놓고 칭찬하면 '날씬할수록 좋다'는 사고방식이 사람들에게 얼마나 큰 상처를 주는지 알기 때문에 이 사고방식을 바꾸기 위해 노력하고 있다고 말하자. 타인의 외모보다 내면에 주목하고, 이를 더 칭찬하기 위해 노력하고 있으며 당신 자신도 내면에서 더 많은 가치를 발견하기 위해 애쓰고 있다는 사실을 말이다.

만약 직접적으로 말하는 것이 불편하다면, 대화를 다른 방향으로 부드럽게 돌리면서 아이가 외모 이상의 존재라는 사실을 드러낼 수 있다. "아이가 요즘 수영을 열심히 해서 몸이 튼튼해졌어요!" 또는 "아이가 요즘 스페인어 배우는 거 아세요?" 또는 아이에게 "○○아아이 이름, 최근에 읽은 책에 관해 말해줄래?"라고 얘기함으로써 화제를 돌릴 수 있다. 공공장소에서 사람들을 당황하게 만들고 싶지 않은 때를 대비해 렉시는 딸에게 귀엽다고 칭찬하는 말에 이렇게 응수하도록 가르쳤다. "고마워요! 저는 똑똑하기도 해요!" 사랑스러울 뿐만 아니라 요점도 적절하고 명확하게 전달되는 방식이다. 아무리 친절하게 표현해도 누군가는 기분 나빠하거나 방어적으로 반응할 수도 있다. 그럴 때는 상대방의 안전지대에 공감을 표하자. 당신의 말을 기꺼이 받아들이고 변화를 시도할 것이다.

다른 사람을 칭찬하는 말을 들어보면 그 사람이 중요하게 여기는 것이 무엇인지 알 수 있다. 예를 들어, 다음과 같이 칭찬하면 좋다. "네가 수업 시간에 한 발언이 인상적이어서 적어뒀어. 정말 똑똑하고 표현력이 뛰어나!" "사람들과 소통하는 데 정말 능숙하네요. 상대방이 편안함과 존중받는다는 느낌이 들 수 있도록 애쓰는 모습을 보고 본받고 싶어졌어요." "페이스북에서 정치 캠페인 자원봉사 활동 글을 봤어요. 정말 열정적이네요! 어떤 계기로 참여하게 되셨나요?" 이런 의미 있는 칭찬은 단순히 "고마워요, 보정 속옷 덕분이에요!" 같은 대답으로 쉽게 넘길 수 없는, 마음을 움직이는 말이다.

외모 칭찬을 자제하자는 의견에 많은 사람들이 이렇게 질문한다. "그럼 다른 여성들과 외모에 관한 이야기는 아예 하지 말아야 하나요?" 물론 외모와 관련된 칭찬이 때로는 기분 좋고 환영받을 수 있다는 점은 충분히 인정한다. 그러나 칭찬받는 사람이 어떤 반응을 보일지 염두에 두고 신중하게 판단해야 한다. 외모에 관한 생각을 불러일으키는 칭찬이 달갑지 않을 수 있고, 업무능력, 친절함, 성격 또는 다른 인간적인 측면에서 인정받기를 원할 수 있다는 점도 고려해야 한다.

우리가 확실하게 선을 긋는 부분은 신체 사이즈와 관련된 언급이다. 사이즈 언급은 하지 않는 것을 원칙으로 삼는다.

이와 관련된 깜짝 퀴즈다. 체중 감량에 성공한 사람을 알고 있는데, 그 방법이나 이유를 모른다면 어떻게 해야 할까?

A: 칭찬 세례를 퍼붓는다. 그녀의 변신을 칭찬하는 말은 많이 할수록 좋다.

B: 직접 말하는 건 피하지만, 다음에 그녀의 인스타그램이나 페이스북에 올라온 사진에 "진짜 날씬해 보이네요!"라는 댓글을 남겨 다이어트 성공을 알아차렸다는 것을 알려준다.

C: 외모 이외의 주제로 이야기한다. 그녀의 직업, 오늘 먹은 점심, 지나가는 강아지 등 어떤 것이든 좋다. 그녀가 어떻게 지내고 있는지, 기분이 어떤지 같은 질문을 한다.

모든 칭찬은 좋은 건데 질문이 이상하다고 생각할 수 있다. 그러나 현실은 이보다 조금 더 복잡하다. 이렇게 생각해 보자. 우리 대부분은 여러 가지 이유로 체중이 바뀐다. 눈에 띄게 체중이 줄었다면, 친구나 지인에게 "지금까지 본 모습 중 가장 좋아 보여!" 같은 호의에서 우러나온 칭찬을 받을 가능성이 크다. 당신은 그 말을 진심으로 믿고, 또 듣는 것도 좋아할 수도 있다. 하지만 연구에 따르면, 대부분의 사람은 몇 년 이내에 체중의 대부분 또는 전부가 다시 늘어난다. 그런 칭찬이 멈추면, 날씬하고 자리를 조금 차지할 때만 매력적이며 가치 있는 존재라는 신체수치심에 빠지기 쉽다.

렉시 이야기: 작년에 2주 동안 독감을 앓은 뒤 체중이 줄었다. 동료 중 한 명이 이를 알아채고 매일 칭찬을 퍼부었다. 나는 동료에게 그 발언이 반갑지 않다는 것을 부드럽게 이해시키기 위해 이렇게 말했다. "칭찬해 줘서 고맙지만, 아파서 체중이 준 데다, 그 과정도 고통스러웠어요! 곧 다시 살이 찔 게 뻔하고, 그렇게 되면 당신은 더 이상 칭찬하지 않겠죠. 우리 둘 모두에게 유쾌하지 않은 상황이죠!"라고 웃으며 말했다. 다행히 그녀는 내 말을 웃으며 받아들였다. 이후로는 체중에 대해 칭찬하지 않고 있다.

서로를 더 깊이 이해하기 위해서는 해로운 신체 감시를 중단하고 대화와 질문, 칭찬으로 익숙한 대상화의 바다에서 벗어나야 한다. 대화의 방향을 바꿔 사람들에게 그들의 삶과 감정에 관해 질문하자. 사람마다 다양한 인간성이 있다는 것을 인정하고, 상대방이 원할 때 마음을 열 수 있도록 배려하자. 우리가 신체 다양성을 수용하고 존중하고 비만에 덧씌운 낙인을 벗겨낼 때, 타인에게 말하고 타인에 관해 말하는 우리의 언어에 그들의 온전한 인간성을 더 깊이 배려할 여지를 담게 된다.

그 과정에서 우리는—자신에 대한 것이든 타인에 대한 것이든—몸과 얼굴에 대한 자신의 편견을 돌아보고, 이를 배우고 인정하고 의식적으로 극복하려고 노력해야 한다. 치카나_{멕시코계 미국 여성—옮긴이} 페미니스트 학자 체리에 모라가_{Cherríe Moraga}는 에세이 『라 게에라_{La Güerra}』에서 이렇게 말한다. "우리 내부와 외부의 적을 명확히 밝혀내지 않으면 억압받는 집단 간의 진정성 있고 위계를 초월한 연결은 이루어질 수 없다." 이는 그녀가 '두려운 질문'이라고 부르는 것, 즉 '나는 어떻게 나를 억압하고 그 억압을 내면화했는가?'와 같은 질문으로 이어진다. 우리는 억압자이자 동시에 피억압자이다. 따라서 이러한 질문을 깊이 있고 비판적으로 고민해 봄으로써, 우리가 언제 편견과 대상화를 이어가고 있는지, 그리고 언제 이에 맞서 싸우는지를 파악할 수 있다.

감시자가 아닌 착용자를 위한 복장 규정

대상화가 지배하는 문화일지라도 공감 능력과 인간애를 인식하면 정숙성에 대한 관점과—복장 규정이나 암묵적인 문화 규범을 통해—정숙성이 강요되는 방식이 바뀔 수 있다. 또한 타인의 몸을 통제하려는 경향도 줄어들 수 있다. 우리가 진정으로 바라는 바이기도 하다. 사람들이 소녀와 여성을 어떻게 보고 그들의 몸과 옷을 어떻게 느끼는지는 소녀와 여성이 자신을 어떻게 보고 자기 몸과 옷을 어떻게 느끼는지보다 상대적으로 덜 중요하다. 이는 모든 사람—보는 사람과 보이는 사람—의 주체성과 인간성을 인식하고 존중하는 문제이다.

젊은 여성의 최고 가치는 성적 매력이라는 메시지가 넘쳐나는 상황에서 복장 규정을 명확하게 제시하고 싶은 마음은 이해한다. 하지만 지나치게 구체적인 복장 규정은 문제 해결에 도움이 되지 않는다. 오히려 젊은 여성을 숨겨야 마땅한 부적절한 신체 부위의 집합체로 성애화함으로써 더 큰 해를 끼칠 수 있다.

179쪽에서 언급한 복장 규정 작성자들과 이와 유사한 규정의 작성자들은 대부분 선한 의도로 규정을 마련했다. 우리는 이러한 좋은 의도를 바탕으로 복장 규정이나 정숙성, 신체 전반에 관한 대화를 더 효과적으로 나눌 방법을 제안하고자 한다. 복장 규정에 대한 접근 방식을 재고함으로써 학교와 교회는 소녀들에게 성적 매력과 외모를 넘어 더 크게 성장하도록 자신의 가치를 이해하고 추구하는 방법을 가르칠 수 있다. 많은 교회가 영혼의 가치와 사람들을 도울 수 있는 위대한 사랑과 힘의 원천에 대한 긍정적인 메시지를 전하고 있다. 학교는 비판적 사고, 미디어와 문화적 이해를 가르치기에 완벽한 장소이다. 학생들이 사회에서 사람들을 평가하는 기준과 그로 인해 누가 억압받고 상처받는지를 비판적으로 질문하고 생각해 볼 수 있도록 도울 수 있다.

바람직한 복장 규정은 소녀와 여성이 자신의 몸과 옷을 어떻게 느끼는지를 우선시한다. 타인이 그들을 어떻게 느끼고 바라보는지, 심지어 본인이 자신의 모습을 어떻게 보는지와도 상관없이, 그들이 자신의 옷과 몸을 내적으로 어떻게 느끼는지가 중요하다. 성인이자 젊은 여성으로서, 우리는 소녀와 여성들이 자기연민을 기를 수 있도록, 타인의 시선이 아니라 옷이 자신의 자기인식과 자의식에 어떤 영향을 미치는지를 의식적으로 살피도록 가르칠 수 있다. 예컨대, 우리가 자신을 보이기 위한 대상으로 바라보고 가치 매기도록 학습되어 온 방식을 인식하고 비판하도록 돕는 한편, 그러한 사고가 옷의 디자인과 마케팅, 더 나아가 우리의 옷 선택에 어떤 영향을 미치는지를 이해하도록 도울 수 있다.

타인의 시선을 즐기고 외모로 주목받고 싶은 마음은 어찌 보면 자연스러운 일이다. 하지만 많은 연구에서 밝혀진 바와 같이 문제는 주목받고자 하는 마음과 기대가 우리의 집중력, 행복, 건강을 방해할 때 일어난다. 복장 규정 유무를 떠나, 옷이 집중을 방해할 수 있다는 점을 인식하는 것이 중요하다. 자기대상화에 관한 연구에 따르면 노출이 심하거나 몸에 딱 붙는 옷을 입을 때 자기대상화, 신체수치심, 신체 불만족, 부정적인 기분이 증가한다. 이 사실 또한 우리의 경험이 알려 주는 것은 몸매가 드러나거나 노출이 많은 옷을 입으면, 자연스럽게 눈에 띄는 부위에 신경이 쓰일 수밖에 없게 된다는 것이다. 그 결과, 자신을 대상화하고 뱃살을 의식해 계속해서 배를 집어넣으려 하거나 자세를 바르게 하려 애쓰고 옷매무새를 고치며 외모에 과도하게 집착하게 된다.

연구에 따르면 옷으로 몸을 편안하게 가릴 수 있는 적정 수준을 찾는다면 자기대상화에서 자신을 더 잘 보호할 수 있다. 편안함은 주관적이라 개인차가 있게 마련이지만, 보는 사람이 아니라 입는 사람이 판단하여 몸을 덜 의식하게 만드는 옷차림은 외모에 집착하는 사람들에게 도움이 될 수 있다. 성적 매력보다는 자신의 편안함, 경험, 표현을 우선시하는 옷을 선택하는 것이 좋다. 물론 성적 매력은 개인을 표현하는 한 방식일 수 있다. 하지만 자신을 표현하는 주된 동기가 성적 매력이 되면 자신보다는 다른 사람들의 시선을 더 신경 쓰게 될 가능성이 높다. 지금 옷장이나 서랍 속에 있는 옷 중 가장 편안하고 외모에 신경을 덜 쓰게 만드는 옷은 무엇인가? 반대로 끊임없이 옷매무새를 정돈하고 점검하게 하는 옷은 어떤 것인가? 부모인 경우, 딸또는 다른 사랑하는 사람들에게 이러한 사항을 염두에 두고 옷을 선택하도록 권해보자. 우리의 성공과 행복은 우리가 얼마나 삶에 몰입하고 충실할 수 있는지에 달려 있는데, 옷은 그 성공을 돕거나 방해할 수 있다.

만약 당신이 권력을 가진 위치에 있거나 복장 규정을 결정하는 처지라면 소녀들의 복장을 규제하려는 의도가 무엇인지 이해하는 것이 중요하다. 복장 규정은 성에 대한 두려움과 불안, 여성의 몸이 남성에게 유발할 감정을 방지하고자 하는 시도이다. 정숙성 논의는 여성과 소녀의 옷차림이 남성에게 미치는 영향을 중심으로 이루어지지만, 우리는 복장 규정 관련 논의에서 관찰자의 입장을 배제할 것을 제안한다. 만약 당신이 소녀들에게 정숙의 주된 목적이 남성과 소년이 성적인 생각을 품지 않도록 몸을 가리는 것이라고 가르친다면, 당신은 소녀에게 여성은 다른 사람의 생각을 책임져야 하며 몸을 가릴 필요가 있는 성적 대상이라고 가르치는 셈이 된다. 하지만 어떻게 옷을 입어도, 모든 사람이 우리 의도대로 우리를 인식하게끔 완벽하게 옷을 입을 수는 없다. **다른 사람들이 우리를 바라보며 무슨 생각을 할지까지 통제할 방법은 없다.**

모든 상황에서 복장 규정을 완전히 폐지하자는 주장이 아니다. 복장 규정을 수립하고 시행하되 연민과 배려, 평등이 바탕이 되어야 한다. 잘 세워진 복장 규정은 모든 사람이 적절하게 착용하도록 개인의 책임감을 강화할 수 있다. 이는 모든 구성원에게 동일한 지침을 제시하고, 일관되게 동시에 세심하게 시행되어야 한다. 여성에게만 적용되거나, 몸매 좋은 여성이나 소년의 '주의를 분산시킬 수 있는' 여성만을 대상으로 하거나, 특정 학생이나 여성의 몸 전반에 대한 누군가의 일시적인 의견에 따라 자의적으로 시행되어서는 안 된다. 복장 규정을 만들 때는 소녀들을 단순히 가려야 할 신체 부위의 집합체로 바라보는 규정은 피해야 한다. 모두에게 적용될 수 있는 일관되고 적절한 복장 기준을 명확히 제시하여 모든 사람이 스스로 책임을 질 수 있도록 돕는 방향으로 접근해야 한다.

성 중립적인 복장 기준은 모두에게 해방감을 선사한다. 겨드랑이부터 손끝까지 모두 가리는 걸 원하는가? 아니면 어깨부터 무릎까지? 학교나 교회의 공식 행사에서 일반적으로 남학생보다 선택의 폭이 넓은 여학생에게 드레스나 치마를 강요하는 것을 인제 그만둘 때가 되었다고 생각한다. 여학생은 여성스러운 패션 기준에 들어맞고 복장 규정을 충족하면서도 입어서 편안한 옷을 찾기 위해 엄청난 시간과 돈, 에너지를 쏟아야 하는 부담을 안고 있다. 마지막으로, 아이들이 자신에게 적용될 복장 기준에 관해 의견을 낼 수 있는 기회를 제공할 것을 권고한다. 그들이 합리적이고 적절하다고 생각하는 방안은 무엇인지 경청하는 것이 도움이 될 수 있다.

여학생의 복장을 철저히 통제하고 싶을 때, 복장 규정 완화를 주저하는 이유가 무엇인지 자문해 봐야 한다. 10대들이 학교에서 배꼽이나 브래지어 끈이 노출되면 성관계를 가질 가능성이 더 높다고 생각하는가? 아마 그렇지 않을 것이다. 만약 그들이 성관계를 갖기로 결심했다면 옷감 몇 인치로 막을 수는 없다. 젊은이들이 감정적·정신적으로 준비되지 않았음에도 성관계를 가져야 한다고 느끼는 압박과 성이라는 주제에 대해 솔직하게 논의해 보자. 남학생이 여학생의 레깅스 너머로 드러나는 엉덩이 윤곽이나 셔츠 아래로 드러난 가슴에 정신이 산만해질까 봐 걱정되는가? 그럴 수 있다. 하지만 남성은 그런 상황에서도 자기 자신을 통제하고 집중하는 법을 배워야 한다. 여성은 절대 사라지지 않을 것이기 때문이다. 그의 성공이 여성의 부재에 달려 있지 않다면, 더 나은 삶을 살 수 있을 것이다. 아이들에게 자기 생각과 행동에 책임지는 법을 가르쳐야 한다. 10대에게 성적 반응은 부끄러워할 이유가 없는 자연스러운 것이라는 점과 타인을 존중하며 진실하게 행동할 책임이 있다는 점을 이야기하자. 우리는 모두 자신의 두뇌와 몸을 어떻게 쓸지 스스로 결정할 수 있다. 사람들이 어떤 옷을 입고 행동을 하든 상관없이 모든 사람을 사고하고 느끼는 온전한 인격체로 볼 수 있다는 사실을 아는 것은 10대와 성인 모두에게 안도감과 힘을 줄 수 있다.

2019년, 시애틀의 한 교육구는 '포용적 복장 정책'을 도입하고 관할 교육구의 모든 학교에 일관되고 공정하게 적용해 온라인에서 큰 반향을 일으켰다. 새 정책에 따르면 학생들은 상의와 하의, 신발을 착용하고 '신체 민감 부위'를 가려야 한다. 또한 성적인 암시, 비방, 폭력, 범죄와 관련된 메시지가 담긴 옷은 금지된다.

교육구는 복장 정책 규칙 수립에 기반이 된 핵심 가치를 다음과 같이 밝혔다.

- 학생은 불필요한 징계나 신체수치심에 대한 두려움 없이 개성을 표현할 수 있는 방식으로 옷과 머리 스타일을 결정할 수 있어야 한다.
- 학생은 공정하게 대우받을 권리가 있다. 복장 규정 시행은 특정 집단에 대한 차별이나 소외를 유발하거나 강화해서는 안 되며, 인종, 민족, 성 정체성, 성 표현, 젠더비순응gender nonconformity, 성적 지향, 문화적 또는 종교적 정체성, 가계 소득, 신체 사이즈 및 신체 유형, 신체 성숙도에 따라 더 엄격하게 적용되지 않는다.
- 학생과 교직원은 개인적 방해 요소를 관리할 책임이 있다.
- 학생은 학교에 출석하는 데 불필요한 장벽에 부딪혀서는 안 된다.

포용성을 추구하려는 노력에 박수를 보낸다. 이 정책은 현재 미국 전역에서 모범 사례로 활용되고 있다. 학교의 복장 규정에 문제가 있다고 느낀다면, 비슷한 해결책을 도입할 수 있도록 학교나 교육구 담당자에게 연락해 보기를 권고한다. 시애틀의 '포용적 복장 정책'이나 이와 유사한 정책을 담당자에게 전달하고, 이러한 정책이 어떤 핵심 가치를 바탕으로 만들어졌는지 설명하며 비슷한 정책을 도입해 달라고 요청하자.

다른 사람들의 인간성을 인정하고, 그들이 특정 옷을 입는 이유에 영향을 미치는 다양한 요인을 이해하면, 무의식적으로 판단하거나 제재하기보다는 그들에게 연민의 마음으로 접근하게 될 것이다. 이는 담당 학생뿐만 아니라 길에서 스쳐 지나가는 사람들 또는 온라인에서 우연히 마주치는 사람에게도 해당한다. 우리가 기본적으로 타인을 판단보다는 연민의 시선으로 바라본다면 어떨까? 다른 사람의 옷차림을 단속하고 싶은 충동이 들 때, 당신의 의식적 또는 무의식적 동기나 두려움을 되돌아보자. 옷 자체가 문제인가 아니면 우리 사회에 만연한 대상화 문화가 문제인가?

문화적 또는 종교적으로 요구되는 정숙의 수준이 자신이 소중히 여기고 지키고자 하는 가치인지 판단하는 것은 각자의 몫이다. 만약 당신이 여성의 머리나 몸을 가려야 하는 종교나 사회에서 성장했다면, 이러한 관행을 삶에 어떻게 적용할지 또는 적용할지 말지는 당신이 결정한다. 의복과 두발을 가리는 선택이 종교적·문화적 경험뿐만 아니라 자기 몸과의 관계에 어떤 영향을 미치는지 숙고해 보자. 당신의 선택이 몸을 단순히 감상의 대상이 아닌, 사용할 수 있는 도구로 이해하고 경험하는 데 도움이 되는가, 아니면 방해가 되는가?

또한 사람들이 옷을 단정하게 입거나 특정한 개인적 또는 종교적 규범을 따르는 이유가 반드시 자신을 대상화에서 보호하기 위한 것만은 아닐 수 있다는 점을 기억하자. 여성의 옷차림에 대한 우리의 판단은, 몸과 얼굴을 기준으로 여성을 대상화하고 평가하는 문화적 경향의 한 단면일 뿐이다. 남성의 피부 노출은 누구도 의문을 제기하지 않는다. 종교적 정숙의 전통을 따르는 문제와 무관하게, 여성도 이러한 추측과 판단에서 벗어날 자유를 가질 수는 없는 것일까?

이 모든 것의 핵심은 소녀와 여성이 타인의 시선보다 몸과 옷에 느끼는 자신의 감정을 우선순위에 두어야 한다는 것이다. 옷이 타인의 시선에 어떻게 비칠지를 고민하기보다 우리의 자기 인식과 자의식에 영향을 미치는 방식을 생각해 보고, 다른 사람도 그러한 시각을 가질 수 있도록 돕는 것이 중요하다. 또한 옷차림이나 외모와 상관없이 다른 사람을 존중하는 태도를 가져야 한다.

결국, 우리를 하나로 묶어주는 것은 연민일 것이다. 우리가 자신과 타인을 관찰되는 신체의 조합 이상으로 바라볼 수 있을 때, 비로소 그 모든 복잡성 속에서 진정한 인간의 가치를 볼 수 있다. 외모 때문에 관심을 가질 가치가 없다고 여겼던 사람과도 유대감을 형성할 수 있다. 자신의 고통을 솔직하게 드러내며 외모 너머에 있는 가치를 볼 수 있도록 서로 도우면서, 우리는 서로의 연약함을 끌어안으며 서로 연대할 수 있다. 몸에 대해 언급하는 사람들이 더 많은 것을 보고 말하도록 도와줌으로써 서로 간의 뿌리 깊은 긴장을 줄일 수 있다. 우리는 함께 힘을 모아 대상화에 맞서 싸우고, 이를 식별하여

뿌리 뽑고, 회복력을 발휘해 우뚝 일어설 기회로 바꿀 수 있
다. 우리는 혼자가 아니다. 서로 협력하여 더 나은 목표에 도
달할 수 있다.

뿌리 뽑고, 회복력을 발휘해 우뚝 일어설 기회로 바꿀 수 있
다. 우리는 혼자가 아니다. 서로 협력하여 더 나은 목표에 도

5장

나를 위한 건강과 체력 되찾기

- 당신은 어떤 기준으로 건강하거나 체력이 있다고 판단하는가?
- 당신은 자신을 건강하거나 체력이 좋다고 생각하는가?
- 당신의 건강 상태를 개선하고 싶다면 구체적으로 어떤 변화를
  원하는가?

건강을 바라보는 새로운 시선

> 비만 공포증과 마른 체형 선호는 근본적으로 그리고 역사
> 적으로 건강과 관련이 없다.
>
> 사브리나 스트링스Sabrina Strings,
> 『블랙 보디 두려워하기: 비만 공포증의 인종적 기원
> *Fearing the Black Body: The Racial Origins of Fatphobia*』

미디어에서 그리고 개인적인 목표와 대화에서 건강과 체력
은 자주 외모의 관점에서 정의된다. 예를 들어 체중, 옷 사이
즈, 신체 치수, 체질량지수, 얼마나 몸이 '탄탄'한지 '매끈'한

지로 묘사된다—외모와 너무 밀접하게 연결되어 아름다움과 건강의 개념이 거의 구분되지 않을 정도이다. 왜곡된 신체 이미지 지도 때문에 실제로 건강하게 존재하거나 느끼는 것보다 외관상 건강하고 날씬해 보이는 것을 목표로 삼는 경우가 많았다.

이러한 경향은 우리의 연구 결과에도 나타났다. 연구 참가자에게 건강과 체력을 어떻게 정의하는지 질문하자, 약 40퍼센트의 응답자가 외모와 관련된 표현을 사용해 답변했다. 한 여성은 이렇게 정의했다. "건강을 위한 특정 기준이나 체중이 중요한 것이 아니라, 신체의 전반적인 건강 상태, 예를 들어 심장, 혈압, 활동 수준 등이 중요하다고 생각해요. 그런 상태에 도달하면, 자연스럽게 내 몸도 최상의 모습이 될 것 같아요. 군살 없이 탄탄하고 멋진 몸매요." 스스로 건강하거나 몸매가 좋다고 생각하느냐는 질문에 한 여성은 "어느 정도는요. 자주 운동하고 건강한 식습관을 유지하려고 노력하지만, 아주 마른 편은 아니에요. 웨이트워처스'체중 감시자'란 의미의 미국 다이어트 회사 WW의 예전 이름—옮긴이의 다이어트를 계획 중이고, 정기적으로 운동 수업에 참석하며 라그나르'장거리 릴레이'와 하프 마라톤 등 경주에 나가기 위해 훈련하고 있어요."라고 답했다.

우리가 시행한 연구에서 자기 몸을 부정적으로 느끼는 여성들은 건강을 외모로 판단하는 경향이 있다는 것을 발견했는데, 그 결과는 예견된 것이었다. 또한 건강을 외모로 평가하는 여성들은 거의 항상 자기 몸에 수치심을 느꼈다. **이상적인 몸을 기준으로 자기 몸을 평가할 때 긍정적인 감정을 느끼기 힘든 것처럼 외모를 기준으로 건강을 판단하면 긍정적인 감정을 느끼기 힘들다.** 이상적인 외모는 도달하기 어려울 뿐만 아니라 건강과 전혀 관련이 없다! 많은 여성이 건강이 자신에게는 너무 먼 목표라고 느끼는 것도 무리는 아니다. 자기 몸에 수치심을 느끼는 여성 가운데 압도적으로 많은 수가 건강과 피트니스가 자신과는 거리가 멀거나, 극도의 자기희생과 절제로만 달성할 수 있다고 믿었다.

연구에 참여한 한 여성은 자기 몸을 전반적으로 부정적으로 느끼면서도 현재 에어로빅 강사로 일하며, 역도 수업을 수강하고, 정기적으로 하이킹을 하는 등 매일 운동하고, 건강한 식습관을 유지하려고 열심히 노력하고 있다고 말했다. 그럼에도 그녀는 자신이 '건강하다'라거나 '체력이 좋다'고는 생각하지 않았다. '체질량지수에 따른 목표 체중'에 도달하려면 2~5킬로그램을 감량해야 한다는 신념 때문이었다. 또 다른 응답자는 이렇게 말했다. "스스로 건강하고 체력이 좋다고 생각하지만, 아직 더 노력해야 할 것 같아요. '수영복'을 입고 만족할 만한 몸매가 되려면 5~7킬로그램 정도는 더 감량해야 하니까요."

연구 참가자 중 많은 사람이 체중과 체질량지수BMI. 체중을 킬로그램으로 환산하여 키의 제곱을 미터로 나눈 수치로 자신의 건강을 정의

했다. 한 여성은 스스로 건강하거나 체력이 좋다고 생각하느
냐는 질문에 이렇게 답했다. "대체로 그래요. 건강한 BMI 범
위 상한선에 있지만, 출산 전부터 쌓인 군살을 빼고 싶어요.
하지만 혈압과 다른 검사 결과는 꽤 만족스러워요. 일상적으
로 원하는 활동에 무리 없이 참여할 수 있을 정도는 돼요."

'군살'이 있어도 건강하다고 느끼는 이 여성처럼, 많은 사
람이 단순한 체지방 수치보다 자신의 건강을 더 잘 나타내는
다른 지표들이 있다고 생각한다. 세계적인 운동선수나 누구
라도 인정할 만큼 체력이 뛰어난 사람도 사회가 이상적으로
여기는 '건강한 몸'의 외형이나 체중과 다를 수 있다. 따라서
신체 측정값이나 거울에 비친 모습보다, 운동 능력이나 몸으
로 느끼는 경험이 더 적절한 건강 지표가 될 수 있다. 또한 건
강 상태를 평가할 때, 심박수, 혈압, 혈당, 혈중 지질 수치, 호
흡 기능 등 내부 지표를 측정하는 것도 좋은 방법이다. 이런
지표들은 보통 의료 전문가의 도움을 받아 확인한다. 혈액 검
사는 옷 사이즈보다 개인의 신진대사 건강에 관해 훨씬 많은
정보를 제공한다.

의사나 전문가의 도움 없이도 건강 상태를 확인할 수 있는
유용하고 효과적인 방법들이 있다. 단, 건강은 주관적인 상태
이므로 개인마다 다르게 느낄 수 있다는 점을 염두에 두어야
한다. 장애, 만성 질환, 특정 질병 등은 개인의 신체 경험과
건강을 누릴 수 있는 정도에 큰 영향을 미친다. 이는 상대적

인 개념으로 본인이 완전히 통제하기 어려운 부분이기도 하다. 사람마다 건강을 느끼는 방식은 다양해서 모든 사람에게 동일하게 적용되는 '건강' 기준을 정하는 것은 불가능하다.

체중이나 몸매에 집중하지 않고, 자신의 건강 상태를 솔직하게 평가해 보자. 몸이 일상생활에서 어떻게 느껴지는가? 아이들과 놀 때, 길을 걸을 때, 엘리베이터 대신 계단을 이용할 때, 등산할 때 몸이 어떻게 느껴지는가? 몸이 원하는 대로 잘 따라 주는가? 일상적으로 하고 싶은 활동이나 업무를 무리 없이 수행할 수 있는가? 심혈관 건강 이상이나 근력 부족으로 힘들거나 고통스럽다고 느껴지지는 않는가? 평소 에너지 수준에 만족하는가 또는 예상보다 쉽게 피곤함이나 나른함을 느끼는가? 전반적으로 건강하다고 느끼는가 아니면 영양 상태가 부족하거나, 소화 기능이 떨어지거나, 신진대사가 원활하지 않거나, 심혈관 건강에 이상이 느껴지는 등 신체 내부의 불균형이 느껴지는가?

체중과 체질량지수(BMI)

많은 사람이 건강 상태를 가늠하는 척도로 체중을 꼽는다. 하지만 체중이 건강과 정말로 상관있는가? 대부분의 사람은 병원에서 체중과 키를 측정하거나, 초등학교 성적표에 BMI 가 기재되어 '건강' 범위에 있는지를 확인했던 경험이 있다. 건강에 큰 문제가 없더라도, 많은 의사가 BMI 기준의 '정상' 체중 범위에 들어가도록 체중 감량을 권장하곤 한다.

한 여성은 의사가 체중을 지나치게 강조해서 당황했던 기억이 있고, 그 후로도 오래도록 그 경험이 마음에 남았다며 이렇게 말했다. "체중이나 신체 이미지를 크게 신경 쓴 적은 없었어요. 그러다 첫 임신 후 체중이 자연스럽게 늘었어요. 임신 중에는 체중 증가가 당연한 일이잖아요? 그런데 의사가 진료 때마다 매번 한 달 전이나 2주 전보다 체중이 얼마나 늘었는지 지적하는 거예요. '와! 이번 달은 4.5킬로그램이나 늘었네요. 체중 관리에 좀 더 신경 써야겠어요.' 같은 말을 계속 들었죠. 하지만 모든 검사 결과 저와 아기는 건강했어요."

이 여성은 자신에게 부종을 유발한 심각한 질환을 발견하지 못한 그 의사에게 불만을 느꼈고, 이후 새로운 의사를 찾았지만, 임신 중 체중에 대한 집착을 떨쳐내기 어려웠다며, 이렇게 말했다. "의사가 임신 중 체중 증가에 지나치게 집착한 탓에, 나도 모르게 체중에 신경 쓰게 되었어요. 지금 셋째를 임신 중인데, 내 몸에서 일어나는 이 놀라운 일을 더 축하하고 기뻐해야 하는데도, 스스로 할 필요도 없는 생각들을 계속하는 나 자신이 싫어요. 우리 모두 서로 다른 체형을 가지고 있다는 걸 존중해야 하는데, 때때로 다른 사람의 몸을 부러워하는 나 자신이 속상해요."

체중과 건강을 연관 짓는 일의 문제와 BMI를 건강 체중의 기준으로 삼는 것이 비효율적인 방식이라는 점이 꾸준하게 문제로 제기되어 왔다. 최근 몇 년간 이와 관련한 연구 또한 상당히 진행되었다. 미국 질병통제예방센터CDC에서 권장하는 표준 BMI 차트의 문제 몇 가지를 간단히 살펴보자. 첫째, 성별을 고려하지 않는다. 남녀는 건강한 체지방률과 체중 분포가 크게 다르지만, 반영되지 않는다. 둘째, 백인 기준으로 만들어졌다. 세계보건기구WHO조차 "BMI, 체지방률, 체지방 분포 간의 연관성이 모집단마다 다르다"라는 방대한 증거를 인정한다. 셋째, 나이를 고려하지 않는다. 나이가 들면서 자연스럽고 건강한 방식으로 늘어나는 체중을 반영하지 못한다. 넷째, 체격이나 근육량을 반영하지 않는다. 이에 따라 체지방률을 심각하게 잘못 계산할 수 있다. 다섯째, BMI는 애초에 개인 진단용으로 개발되지 않았다. BMI를 처음 고안한 프랑스 과학자 아돌프 케틀레Adolphe Quetelet는 개인이 아닌 일반 대중의 대규모 진단 연구를 수행하려고 이를 개발했다. CDC는 웹사이트에 개인용 BMI 계산기를 제공하면서 이렇게 명시한다. "BMI는 과체중과 비만의 집단 평가에 사용할 수 있다. 키와 몸무게만으로 계산되므로 임상의와 일반인이 저렴하고 간편하게 사용할 수 있는 선별 도구일 뿐, 진단 도구는 아니다."

이렇게 반대 증거가 많은데도 연방 보건 기관과 수많은 의료 전문가가 개인 건강 평가에 BMI를 여전히 사용하는 이유는 뭘까? CDC가 밝힌 것처럼 "임상의와 일반 대중이 저렴하고 쉽게 사용할 수 있기 때문"이다. BMI는 잘못된 정보를 줄 수 있고, 건강을 정확히 평가하지 못할 수 있지만, 저렴하고 간편하다는 이유로 계속 사용된다. 충격적이다.

개인이 직접 BMI를 계산하고 의사들이 그 수치를 토대로 건강 범위에 속하는지를 판단하는 방식은 90년대부터 대중의 주목을 받는 '비만 위기'에 별다른 영향을 주지 못했다. 그동안 체중 감량은 건강을 개선하기 위한 최우선 목표이자 처방이었다. 다이어트 산업이 막대한 수익을 올리고 있음에도, 체중 감량에 성공한 사람들 대다수는 감량 방법에 상관없이 2~5년 이내에 체중이 다시 원상태로 돌아갔다.

2007년과 2013년에 미네소타 대학교 건강과식습관연구소Health and Eating Lab 소장인 트레이시 만Traci Mann 교수는 동료 연구자들인 자넷 토미야마Janet Tomiyama와 브릿 알스트롬Britt Ahlstrom과 함께 모든 다이어트 연구를 검토했다. 연구에는 참가자들을 대상으로 벌인 2년 이상의 추적 관찰도 포함되었다. 트레이시 만은 2018년 미국 심리학협회American Psychology Association에 제출한 연구 요약에서 이렇게 설명했다. "결과는 명확했다. 다이어트 그룹은 처음 9~12개월 동안 체중을 감량했지만, 2~5년 후에는 감량한 체중 중 평균 1킬로그램을 제외한 나머지 체중이 전부 다시 증가했다. 다이어트하지 않은 대조군은 같은 기간 동안 체중이 증가했지만, 평균 0.5킬로그램에 불과했다. 다이어트 그룹은 그들의 노력에 비해 성과가 미미했지만, 다이어트하지 않은 그룹은 노력하지 않았음에도 특별한 해를 입지는 않았다. 요약하자면, 체중이 다시 늘어나는 것은 다이어트 후 흔히 나타나는 장기적인 반응이며, 예외적인 경우가 아니다.”

이윤을 추구하는 다이어트 산업의 수많은 메시지와는 달리, 유의미한 정도로 감량한 체중을 장기간 유지하는 것은 불가능에 가깝다. 수단과 방법을 가리지 않고 체중을 감량하려는 노력은 그 과정에서 오히려 해가 될 수 있다. 또한 식이 제한과 폭식의 악순환, 이상 섭식, 강박적인 과도한 운동, 규제되지 않고 안전성이 의심되는 보충제 사용, 처방 약 또는 불법 약물의 남용으로 이어지기도 한다.

한 여성이 비인격적이고 엄격한 건강 기준으로 고통받았던 자신의 경험을 우리와 공유했다. “저는 한때 폭식증을 앓았어요. 17년 동안 이 병과 싸웠고, 심지어 임신 중에도 폭식했어요. 오랫동안 저는 저 자신을 혐오했어요. 체중에만 집착해 제 가치를 보지 못했죠. 당신의 BMI 연구가 제게서 엄청난 짐을 덜어주었어요. 이제는 BMI 지수에 얽매이지 않고, 나 자신을 받아들일 수 있게 되었어요. 이 수치들을 신경 쓰지 않아도 된다고 생각하니 해방감이 드네요. 마치 오랜 시간

빨대로 숨을 쉬다 이제야 깊게 숨을 들이마시는 느낌입니다."

가장 두려운 사실은 어린 소녀들이 다이어트를 자주 하면 평생 음식 문제로 어려움을 겪을 가능성이 크다는 것이다. 아이들에게 다이어트를 시키면 부모의 기대와는 완전히 다른 결과가 나타날 수 있다. 14~15세 청소년을 대상으로 한 대규모 연구에 따르면 다이어트는 섭식장애 발병의 가장 중요한 예측 변수였다. 적당히 다이어트한 청소년은 다이어트하지 않은 청소년보다 섭식장애를 겪을 가능성이 5배 더 높았고, 극단적으로 음식을 제한한 청소년은 18배 더 높았다. 다이어트는 남녀 청소년 모두에서 폭식증 발병률 증가와도 관련이 있었다.

미국 신경성 식욕부진증 및 관련 장애협회National Association of Anorexia Nervosa and Associated Disorders에 따르면, 미국에서 나이와 성별에 관계없이 3천만 명 이상이 섭식장애로 고통받는다. 섭식장애는 모든 정신 질환 중 사망률이 가장 높은 질환으로, 시간당 한 명꼴로 사망하고 있다. 보고되지 않은 사례까지 포함하면 실제 유병률은 이보다 훨씬 높을 것으로 추정된다. 1999~2006년에 섭식장애로 입원한 12세 미만 어린이 수는 119퍼센트 증가했으며, 그중 89퍼센트가 여아였다. 섭식장애는 유전이나 성격 유형과 같은 내적 요인뿐만 아니라, 대상화하는 미디어 소비, 정신적 외상, 체중 감량을 위한 다이어트 같은 외적 요인과도 밀접한 관련이 있다.

사람들이 이상섭식과 체중 조정이나 감량을 위한 다이어트의 부정적인 영향을 이해하도록 돕는 일이 어려운 이유 중 하나는 '어떤 수단을 써서라도 날씬해지는 것이 건강에 좋다'는 통념 때문이다. 대부분의 사람은 이상적인 체중이 건강의 핵심 요소라고 믿고, 동시에 매력과 자신감에도 큰 영향을 준다고 생각한다. 따라서 체중을 조절하거나 감량하는 제일 나은 방법은 열량 섭취를 제한하는 것으로 생각한다. 이러한 이유로 어릴 때부터 음식을 제한하고, 열량을 계산하고, 몸무게를 재고, 음식 일기를 쓰며 음식에 집착하는 법을 배우는 것이 건강에 좋다고 생각한다. 하지만 앞서 살펴본 연구 결과들은 이와는 반대라는 것을 보여준다.

건강에 관심이 많고 분별력 있는 사람이더라도 다이어트의 악순환에 빠지는 현상은 충분히 이해가 간다. 체중 감량이 건강과 행복의 열쇠라는 생각이 우리 사회에 너무 깊이 뿌리박혀 있어서, 이 생각이 얼마나 이윤과 밀접하게 연관되어 있고 조작된 허상인지 알아차리기 어렵기 때문이다. 소설가 제시카 놀Jessica Knoll은 『뉴욕 타임스New York Times』 기고문에서 이렇게 썼다. "나는 혐오하도록 세뇌된 몸과 두려워하도록 배운 음식 사이의 이 유독한 관계를 '웰니스'라고 불렀다. 웰니스 문화가 무엇인지 제대로 인식하기 전의 일이었다. 웰니스 문화는 에너지 증가, 염증 감소, 암 발생 위험 감소, 피부와 장, 불임의 치유 등 사이비 과학적 주장으로 똑똑한 여성들을 유혹하는, 일종의 사기다. 하지만 그 핵심은 결국 체중 감량이다. 이 문화는 열량이 높고 맛있는 음식을 악마화하면서 '마른 것이 건강하고, 건강한 것이 마른 것'이라는 악성 오류를 끝없이 재생산한다."

이윤 추구가 목적인 다이어트 산업이 날씬함과 체중 감량을 '웰니스'로 뭉뚱그려 포장하며 초래한 혼란은 웨이트워처스가 'WW'로 브랜드명을 변경하고 '모든 사람에게 효과적인 웰니스Wellness That Works for Every Body'라는 슬로건을 내걸 때 그 우스꽝스러움의 정점에 달했다. 그들의 유명한 단체 체중 측정은 이제 '웰니스 체크인'이라는 이름으로 바뀌었다. 영리한 마케팅이다. '다이어트'와 '체중 감량'이라는 단어는 시대에 뒤처진 것처럼 보일지 모르지만, 여전히 사람들의 인식에서 건강의 가장 중요한 요소로 자리 잡고 있다. 이러한 외모 중심의 이상이 그럴싸하게 포장될지라도, 그 환상을 꿰뚫어 보고, 외부인의 시선에 휘둘리는 대신, 우리 자신의 관점에서 자신을 평가하고 건강을 바라보는 법을 배워야 한다. **아름다움을 건강에 더 이로운 방식으로 재정의해야 하듯, 건강도 아름다움과는 상관없이 재정의되어야 한다.**

씬스포(Thinspo)와 핏스포(Fitspo)

대부분의 사람에게 체중 감량은 어려운 일이고, 감량한 체중을 유지하기는 더 힘들다. 그러나 이러한 현실이 날씬해져야 한다는 압박감을 덜어주지는 않는다. 오히려 그 압박감은 더 커졌다. 그래서 서로를 격려하고 영감을 주거나, 목표로 삼고 싶은 이상적인 신체 이미지를 찾아 공유하기도 한다. 이러한 현상이 극단적으로 표출된 것이 '씬스피레이션날씬함(thin)과 영감(inspiration)의 합성어—옮긴이' 또는 '씬스포씬스피레이션의 축약형—옮긴이'이다. 이는 수천 명—심지어 수백만 명—의 소녀와 여성이 극도로 마른 여성의 사진을 수집하고 공유하면서 온라인 세계에서 섭식장애를 유지하기 위한 영감을 얻는 문화이다. 익명의 인터넷 사용자들은 날씬해지기 위해서는 어떤 위험도 감수한다. 이들은 서로에게서 '영감' 받아 자신을 죽음으로 몰아넣는다. 실제로 매년 수천 명의 소녀와 여성이 체중 감량에 집착해 목숨을 잃는다.

현재 대부분의 소셜 미디어 플랫폼은 씬스포 관련 콘텐츠나 해시태그를 금지하지만, 이 문제는 시시각각 변하는 전쟁터와도 같다. 섭식장애 징후에 대한 인식을 높이기 위해 전개한 수년간의 캠페인 덕분에, 많은 사람이 납작한 배, '허벅지 사이 틈발을 붙인 상태에서 허벅지 사이에 생기는 공간—옮긴이', 쇠약해진 소녀의 돌출된 엉덩이뼈 이미지를 보고 그 위험성을 인식할 수 있게 되었다. 날씬함에 집착하게 만드는 압박은 체력 단련 산업에도 만연하다. 하지만 같은 납작한 배와 '허벅지 사이 틈'이라도 운동 슬로건과 운동복이 가미되면 아무도 이상하게 여기지 않는다. 작가 샬럿 앤더슨Charlotte Anderson은 자신의 블로그 '위대한 체력 단련 실험The Great Fitness Experiment'에서 이렇게 지적했다. "핏스포건강(fitness)과 영감(inspiration)의 합성어—옮긴이는 스포츠 브라를 입은 씬스포일 뿐이다."

씬스포 홍보가 사람들을 위험에 빠뜨린다는 사실을 인정한다면, 건강이라는 명목으로 비슷한 신체 이상에 집착하는 것이 과연 현명한 행동인지도 고민해 봐야 한다. 우선, 많은 피트니스 영감일명 #핏스포 메시지가 시청자에게 동기 부여나 영감을 준다는 명목으로 대상화를 이용하는 방식을 주의 깊게 살펴보자. 대상화된 피트니스 이미지는 미적 요소에 집중하며, 제한된 범위의 신체 유형만을 보여주기 때문에 쉽게 알아차릴 수 있다. 이러한 메시지를 완전히 피하기는 어렵지만, 그 특징을 인식하고 외모에 집착하게 만드는 전략을 간파하면 그 영향력은 줄어든다.

거의 모든 소셜 미디어와 광고 수익으로 운영되는 미디어 플랫폼에는 시기에 맞춰 체중 감량을 권유하는 광고가 등장한다. '새해, 새로운 나', '여름 몸매 만들기', 이별 후 '복수 몸매', 결혼식과 같은 중요한 날을 위한 '타이트한 드레스 핏', 출산 후 '몸매 되찾기' 등, **언제나 살을 빼기에 완벽한 때라는**

메시지로 넘쳐난다. 물론, 움직이고 활동하도록 동기를 부여하는 슬로건과 이미지는 긍정적인 효과를 줄 수 있지만, 많은 핏스포 메시지는 사람들을 건강보다는 외모에 집착하게 만드는 제한적이고 대상화하는 이상을 드러낸다. 특히, '피트니스'를 특정 신체 이상과 동일시하여 오해를 불러일으킨다. 즉, 건강하고 탄탄한 몸은 꼭 날씬하면서도 볼륨 있는 몸이어야 한다고 착각하게 만든다. 그러나 이에 대한 전문가의 조언은 다르다. 마라톤 결승선에 서거나 올림픽 경기를 지켜보면, 세계 정상급 운동선수부터 일상에서 운동을 즐기는 사람들까지 다양한 사람들의 몸을 확인할 수 있다.

교묘하게 대상화된 핏스포 메시지는 거의 항상 비쩍 마른 젊은 여성을 보여준다. 태닝한 후 기름을 발라 반짝이는 피부에 작은 스판덱스 조각만 걸치고 도발적인 자세를 취한 모습이다. 이들의 몸은 종종 수술이나 디지털 보정을 거쳐 비현실적으로 매끄러운 피부와, '적절한' 부위에만 섬세하게 남겨진 지방 외에는 거의 지방이 없는 모습으로 연출된다. 영상에는 CGI, 밝은 조명, 필터 등을 사용해 셀룰라이트, 거미 정맥, 매몰모(털이 피부 안쪽으로 파고들어 자라는 현상—옮긴이), 체모, 고르지 않은 피부 색조 등의 흔적이 전혀 없다. 지난 10년간 핀터레스트에서 인기를 끈 이미지에는 다음과 같은 슬로건들이 포함되어 있다.

- 지금은 힘들어도 참으면 나중에 배 집어넣느라 애
  쓸 필요 없다.
- 헬스장에서 땀 흘릴래, 해변에서 몸 가릴래?
- 선천적으로 마른 여자는 행운아, 노력해서 마른 여
  자는 진정한 강자.
- 날씬한 여자는 옷으로, 건강한 여자는 알몸으로 대
  결한다.

이 슬로건들은 예전의 '아무리 맛있는 음식도 날씬한 몸만큼 좋지는 않다'는 썬스포 슬로건에서 한 단계 발전한 것처럼 보일 수 있지만, 여전히 맥락은 같다. 결국 '무슨 수를 쓰든 이렇게 몸매를 만들어라. 그러면 올여름에 행복하고, 자신감 있고, 매력적이고, 외출할 자격이 있을 것'이라는 메시지로 요약된다.

우리는 오늘날의 건강한 신체 이상에 익숙하지만, 이러한 이상은 시간이 지남에 따라 계속 변해왔으며, 앞으로도 사람들의 건강이 아닌 기업의 이익에 따라 끊임없이 조정되리라는 점을 기억해야 한다. 둥글고 풍만한 엉덩이와 잘록한 허리, 허벅지 사이에 생기는 공간 악명 높은 '허벅지 사이 틈'은 유명 인플루언서들이 유행시키기 전까지는 피트니스 트렌드가 아니었다. 보디빌딩 대회에 참가하지 않는 한, 일반인들이 헬스장 거울 앞에 서서 허리와 엉덩이 비율을 과장하기 위해 몸을 비틀고 꼬고, 그걸로 부족해 앱으로 그 비율을 확대하거나 축소해 온라인에 게시하는 일은 없었다. 이는 피트니스 능력과는 무관한, 성적 매력에 관한 것이다. 이 트렌드는 영원히 지속되지 않으며, 다음에 등장할 이상형도 마찬가지일 것이다.

소셜 미디어는 이 모든 문제를 확대해 더 복잡하게 만들었다. 예전부터 건강한 신체 이상은 다양하게 존재해 왔지만, 그런 이미지들은 직접 찾아봐야 하는 플랫폼에 한정되었고, 지금처럼 눈만 돌리면 보이는 수준은 아니었다. 소셜 미디어가 등장하기 전에도 해설식 광고, 잡지, 운동 비디오, TV 프로그램 등에서 이상적인 몸을 볼 수 있었다. 그러나 이 또한 지금처럼 극단적이거나 일관된 모습은 아니었다. 이제는 뉴스 피드에서조차 심각한 영양실조나 탈수, 수술 또는 디지털 보정으로 과장된 희귀한 체형을 반복적으로 접하게 된다. 수백만 명의 팔로워를 거느린 피트니스·뷰티 인플루언서들, 맞춤형 광고, 탤런트, 영화배우, 유튜브 셀럽들이 모두 동일한 이상을 제시하며 성공 비법을 공유한다. 설령 당신이 이들을 팔로우하지 않더라도, 당신의 친구나 동료, 가족은 팔로우하고 있을 가능성이 높다.

우리는 하루 종일 자신의 외모를 감시하고 매력을 연출하는 것에 익숙하다. 미디어나 현실 속 다른 여성들도 같은 모습이다 보니, 그와 다른 모습을 보는 순간 강렬한 충격을 받는다. 미디어에 나타난 여성 운동선수의 모습은 대상화의 대표적 사례로, 운동 능력보다는 성적 매력에, 역동적인 모습보다는 수동적인 모습에 초점이 맞추어져 있다. 심리학자 엘리자베스 다니엘스Elizabeth Daniels는 여성 운동선수를 대상화하는 미디어 보도가 여성 시청자에게 미치는 영향을 조사했다. 그녀는 네 가지 이미지 범주를 선정해, 13~22세의 참가자 약 600명에게 네 가지 범주 중 하나에 해당하는 이미지를 보여준 후, 자기대상화를 평가하는 설문지를 작성하게 했다. 제시된 이미지는 성적 매력이 강조된 운동선수, 운동 능력이 강조된 운동선수, 성적 매력이 강조된 모델, 성적 매력이 강조되지 않은 모델로 분류되었다. 성적 매력을 강조한 수동적 자세의 이미지를 본 참가자들은 운동 능력을 강조한 이미지를 본 참가자들보다 자신을 더 성애화·대상화해 진술했으며, 아름다움이나 외모의 관점에서 자신을 더 많이 묘사했고, 자기 외모와 자신의 감정을 더 부정적으로 표현했다.

반면, 역동적인 운동선수들의 이미지를 본 참가들은 자기대상화의 정도가 훨씬 낮았다. 특히, 운동 능력이 강조된 이미지를 본 소녀와 여성들은 자기 몸을 대상이 아닌 도구로 인식하며, 신체적 힘을 묘사하는 신체 중심적인 표현을 더 많이 사용했다. 이 연구는 #핏스포를 포함해 여성을 대상화하는 미디어 표현이 미치는 영향력을 고찰했다. 또한 대상화에서 벗어나며, 운동 능력에 초점을 맞춘 이미지는 시청자에게 긍정적인 신체 자아 개념을 형성하는 데 강력한 영향력을 행사한다는 것을 보여준다. 다니엘스는 긍정적이고 강력한 이미지를 봤을 때, 참가자들이 자기대상화를 겪지 않았으며, 오히려 일부 참가자의 자기대상화가 완화되었다는 사실을 밝혀냈다.

이전보다 더

이상적인 몸을 추구하는 과정은 미디어에서 항상 미화된다. '몸매 변신' 과정은—홍보 방식에 따라 어떤 방식이든—힘들어 보이긴 해도 실제로는 그렇지 않은 것처럼 포장되어 있다. 전문가들이 알려주는 변신 성공 비결과 당신이 따라 할 수 있는 99.99달러를 5번 결제하거나, 그들이 제시하는 완벽한 요법을 따르는 식의 방법에 헌신과 희생, 노력, 동기만 적절히 조합하면 이상적인 몸에 도달할 수 있을 것처럼 보인다. 왜 엄청난 비용을 감수하면서까지 시도해 볼만한 가치가 있다고 생각하게 되는 걸까? 이러한 이상을 추구하지 않으면 마치 게으르고 '자신을 방치하고 있다.'는 메시지가 끊임없이 주입되기 때문이다.

몸을 변화시키기로 하면, 사람들은 보통 가장 먼저 병원에 가서 혈액 검사나 건강 검진부터 받을 것으로 생각하지만 그렇지 않다. 대신, 체중계에 올라가 몸무게를 재고, 줄자로 몸 구석구석을 재고, 다이어트를 시작하기 전의 모습을 사진으로 남긴다. 속옷이나 수영복, 또는 운동복 차림의 '변신 전' 사진을 찍는다. 이러한 사진은 폴더 깊숙이 숨겨두기도 하고, '현재 상태를 기록하고, 체력 단련 여정의 시작을 알리기 위해!'라는 설명과 함께 온라인에 게시하기도 한다.

이 사진들에는 종종 다음과 같은 캡션이 달린다. "이 지경까지 오게 된 것이 부끄럽고 믿기지 않지만, 이제는 삶을 바꾸고 예전 몸매를 반드시 되찾을 겁니다." 익숙하지 않은가? 아마 그럴 것이다. 이 사진을 올린 사람이 당신이라 해도, 뭐 어떤가? 그러나 우리는 이 널리 퍼진 관행을 새로운 시각으로 바라볼 필요가 있다. '변신 전후'를 넘어, 단순히 외부에서 몸을 보고 평가하는 것을 넘어, 우리의 건강을 더 깊이 이해할 수 있어야 한다.

변신 사진은 보는 재미가 쏠쏠하다. 이런 사진들은 잠시나마 체력을 증진하자는 동기를 부여하기도 한다. 그러나 많은 사람에게 '체력 향상'은 사실상 '내 몸을 더 매력적으로 보이게 만드는 것'을 의미할 뿐이다. 멋진 '변신 후' 사진과 함께 최신, 최고라고 광고되는 다이어트나 운동 프로그램은 사람들로 하여금 외모 변화를 최우선으로 삼는 운동과 식습관으로 유도하는 핏스포가 된다. 무해하게 느껴질 수도 있지만, 몸에 대해 긍정적인 감정을 갖고 체력을 향상하려는 진지한 노력에는 도움이 되지 않는다.

변신 전후 사진으로 피트니스를 정의하고 이를 광고하는

문화는 판매자와 기업에는 유리할지 몰라도, 대다수 사람에게 신체 이미지나 실제 건강, 피트니스 목표를 이루는 데는 그다지 도움이 되지 않는다. 이러한 변신 사진이 사람들의 주의를 분산시키고 건강한 행동을 방해하는 주된 이유 중 하나는, 눈에 보이는 결과만이 건강의 결실을 보여주는 유일한 척도라는 잘못된 인식을 강화하기 때문이다. 즉, 화면 속 '변신 후' 사진과 같은 눈에 띄는 변화가 없다면, 건강과 피트니스에 실패한 것처럼 느끼게 된다.

개인이나 기업이 온라인에 올린 변신 전후 사진 같은 '영감을 주는' 이미지를 스크롤 하거나 자신의 변신 사진을 볼 때 어떤 기분이 드는지 주의 깊게 살펴보자. 전 미국 대통령 시어도어 루스벨트Theodore Roosevelt의 말처럼 "비교는 기쁨을 훔치는 도둑"이라는 냉혹한 진실과 마주할 것이다. 다른 사람과 자신의 외모를 비교하다 보면 부족함을 느끼기 십상이다. 현재의 몸과 10년 전 몸을 비교해도 기쁨을 느끼기 어렵다. 아마 10년 전도 '변신 전' 몸이라고 생각했을 것이다. 과거의 사진이나 영상을 보며 그 시절의 모습처럼 보이면 좋겠다고 생각한 적이 있는가? 그때도 자신에게 그다지 긍정적인 감정을 느끼지 않았다는 걸 기억하는가? 그 당시에는 자기 몸이 마음에 들지 않았지만, 지금 그 몸이라면 기쁠 것으로 생각할지 모른다. 현재의 몸과 비교하며 그때 자신을 더 사랑해야 했다는 생각이 들어 후회에 사로잡힐지 모른다.

그 반대도 마찬가지이다. 지금보다 몸무게가 더 많이 나가거나 근육량이 적었던 과거 모습과 현재 내 모습을 비교해도 진정한 기쁨이나 행복감을 느끼기 어렵다. '나 자신을 어떻게 그렇게 방치했을까?'라고 자책하거나, 더 나은 모습을 만들려고 개선해야 할 점을 목록화하거나, 다른 사람의 변신 전후 사진과 비교하며 부족함을 느낄 수도 있다. 만약 당신의 '변신 후'가 누군가의 우울하고 불행한 '변신 전'과 닮았다면 어떨까? 상처받는 것은 당연한 일이다. 악의 없이 올린 '변신 전' 이미지, 자기 관리와 삶의 변화를 다짐하는 캡션조차 자신과 비교해 덜 매력적이거나 이상적이지 않은 몸을 가진 사람들에게는 상처가 될 수 있다. 누구도 변신 사진으로 다른 사람을 비하하려는 의도는 없다. 그러나 사이즈와 체형에 따라 몸을 평가하고 순위를 매기며 대상화하는 세계에서는 어쩔 수 없이 마주치는 현실이기도 하다. 당신의 '변신 전'은 누군가의 '변신 후'가 될 수 있고, 당신의 '변신 후' 또한 누군가의 '변신 전'이 될 수 있다. 이런 이미지를 온라인에 공유하면 의도치 않게 다른 사람과 미래의 자신에게 상처를 줄지도 모른다.

변신 사진의 출발점과 도착점이 크게 다를 수 있다는 사실은 우리가 꿈꾸는 이상적인 몸으로 가는 지도가 오류투성이라는 것을 보여 준다. 때때로 우리가 시도하는 다이어트, 식단 계획, 운동 프로그램, 슈퍼 푸드, 기적의 제품들이 체중, 사이즈, 근육긴장도muscle tone, 셀룰라이트, 건강을 방해하는 요소들에 아무런 변화를 주지 않을 때가 있다. 목표 자체가 신기루일 수도 있다. 목표는 손이 닿을 듯 가까워 보인다. 지도에는 바로 지평선 너머에서 반짝이는 것처럼 보인다. 하지만 아무리 노력해도 도달할 수 없다. 만약 외모에 변화를 주었음에도 기대했던 기쁨이나 자신감, 수용, 사랑, 성취감을 느끼지 못한다면, 환상에 불과하다. 그 지도는 결함으로 가득차 있고, 경로는 신뢰할 수 없으며, 도달하려는 이상과 궤도는 당신의 삶이 아닌 다른 누군가의 삶을 풍요롭게 만들려는 목적으로 설정되었을 수 있다.

변신 전후 사진은 외모를 기준으로 건강과 행복, 매력, 자신감 등 인생의 많은 요소를 측정할 수 있다는 생각을 강화하기 쉽다. 그러나 자신과 건강에서 더 많은 것을 보게 되면, 외모와 건강이나 행복이 반드시 상관관계가 있지는 않다는 것을 깨닫게 된다. 우리 몸과 삶은 그런 식으로 작동하지 않는다.

많은 사람이 마라톤과 철인 3종 경기를 완주하고, 수 킬로미터를 수영하거나 건강댄스를 추고, 균형 잡힌 식습관을 유지하며, 혈압과 콜레스테롤, 혈당, 안정 시 심박수resting heart rates, 심혈관 건강까지 완벽하게 관리해도, 피트니스 잡지나 '변신 후' 사진에서 흔히 접할 수 있는 몸매로 쉽사리 바뀌지는 않는다. 이와는 정반대로, 외모 집착으로 이상섭식, 과도한 운동, 스테로이드와 위험한 다이어트 약물 사용, 성형 수술 등 건강을 해치는 극단적인 방법을 선택하는 때도 있다.

변신 사진은 쉽게 조작할 수 있다는 사실을 알아야 한다. 인스타그램에서 '#30초 변신#30secondtransformation'을 검색해 보면, 30초 간격으로 '변신 전후' 사진을 찍어 체중 감량과 근육긴장도가 개선된 것처럼 보이는 자세를 취하는 것이 얼마나 쉬운지 알 수 있다. 필터와 사진 편집 앱을 사용하여 누구나 비현실적인 '변신 후' 사진을 만들 수 있다. 사실 여부와 상관없이 이런 사진들은 큰 관심을 끈다.

'변신 후' 사진 뒤에 감추어진 실상은 이러한 사진들이 항상 신체 자신감이나 자존감, 정신 건강, 행복의 증진을 의미하지는 않는다는 것이다. 물론 사진을 올리는 일부 사람들은 '변신 후'에 더 행복감을 느끼고 몸에 대한 자신감이 높아질 수 있다. 그러나 많은 사람은 '변신 후'라고 해서 '변신 전'보다 더 행복하지도, 몸에 대한 긍정적인 감정을 느끼지도 못한다. 특히 제한, 결핍, 감시, 음식과 운동 강박에 사로잡혀 있다면 더 그러하다.

체중 감량이나 외모 '개선'이 항상 삶의 개선으로 이어지지 않는 것은 모두 어느 정도 알고 있다. 하지만 쉬운 성공 공식이 있을 수 있다는 생각은 여전히 매력적이다. 특정 전략을 구사해 매력적인 외모를 갖추면 원하는 삶을 살 수 있다는 믿음은 안도감을 준다. 목표나 목적지가 멀리 있어도 절제력과 동기가 있고 목표와 결과의 예측과 통제가 가능하다면, 그곳에 도달할 수 있다고 생각하면 위안이 된다. '이 방법만 따르

면 원하는 몸을 얻고, 원하는 삶을 살 수 있다.'는 식의 지도
를 우리는 자주 접한다. 우리는 이 지도를 연애 관계, 사회적
수용, 자존감, 신체 건강을 확보할 수 있는 다양한 버전 중 하나의
방법으로 믿지만, 현실에서는 적용하기 어려운 게 사실이다.

우리는 모두 이상적인 몸을 가졌다고 해서 행복하고 만족
스럽고 지속적인 관계—로맨틱한 관계든 아니든—가 보장되
는 것은 아니라는 것을 알고 있다. 또한 올바른 생활 방식을
따르고 완벽한 외모를 가진 사람들이라도 만성 질환, 질병,
장애, 죽음이 비껴가지 않는다는 것도 알고 있다. 가장 행복
한 순간이 '최고의 모습'일 때만도 아니고, 가장 힘든 순간이
'최악의 모습'일 때만도 아니다. '변신 전' 사진은 우울과 자제
력 부족을, '변신 후' 사진은 완벽한 절제와 자기애, 행복, 수
용, 끝없는 자신감을 상징한다고 믿고 싶지만, 근거 없는 믿
음이다. 수익 창출을 노리고 희망을 부추기는, 비뚤어진 통념
일 뿐이다.

린지 이야기: 나는 열여덟 살 여름 내내 매력적인 '변신 후'
몸매를 만들기 위해 온갖 방법을 동원해 체중을 감량하고 나
서야 중요한 교훈을 얻었다. 사람들과 어울리지도 않고, 수
킬로미터씩 걷고, 영양가 없는 음식을 소량씩 먹으면서, 친구
들과 새 남자 친구가 학교에 돌아오는 가을이 되면 자신감 넘
치고 행복하며 매력적인 모습으로 변신할 수 있을 것이라는
희망으로 날마다 버텼다. 렉시도 마찬가지였다. 대학 기숙사

에서 같은 방을 썼지만, 우리는 긴장과 경쟁 속에서 거의 말도 하지 않았다. 그 우울했던 여름, 나는 중학교 시절 이후 최저 몸무게를 기록했다. 가을 학기가 시작되기 전 주말에 부모님 집에 가서 옛날 옷들을 입어 보았다.

2004년 8월 17일 일기에는 이렇게 쓰여 있었다. "어젯밤에 고등학교 3학년 크리스마스 때 입었던 바지를 입어봤는데, 너무 커서 믿기지 않을 정도였다. 합창 연습 때 그 바지를 입고 기분이 좋았던 기억이 아직도 생생하다. 그때 그 바지를 입고 그렇게 기분이 좋았다는 게 지금은 상상이 안 된다. 살 빠졌다고 셀 수 없을 만큼 많은 칭찬을 받았지만, 여전히 나에 대해 별로 좋은 기분이 들지 않는다. 언젠가는 이런 생각이 바뀌면 좋겠다."

그 일기를 쓰기 2년 전, 친구들과 합창 연습을 하며 귀여운 옷—신축성 있는 적갈색 칠부 소매 폴로 셔츠와 짙은 부츠컷 청바지—을 입었다는 생각에 기분이 좋았던 기억이 아직도 또렷하다. 그 당시 내 몸무게는 그 일기를 쓰던 2004년보다 약 18킬로그램 더 나갔다. 그런데도, 그때의 '믿기지 않을 만큼 큰' 청바지를 입었을 때가, 거의 이상적인 체중에 가까웠으나 굶주리고 지친 '변신 후'의 몸보다 더 좋았던 것 같다. 나는 처음부터 실패할 수밖에 없는 상황에 놓여 있었고, 그 사실이 아프게 다가왔다.

체중 변화가 행복이나 건강과 꼭 일치하지는 않는다는 사실을 보여주는 수많은 경험 중 하나인 그 경험은 나 자신이 '변신 전후 사진'의 흔한 주장과는 반대라는 사실을 일깨워준다. 당신도 마찬가지다. **사진 속 모습에 대한 호불호를 떠나 당신은 '변신 전'이나 '변신 후'로 정의될 수 없다.** 체중과 근육의 증감은 그저 체중과 근육의 변동일 뿐이다. 체중과 근육이 당신의 건강, 행복 또는 성취감을 온전히 설명할 수도, 보여줄 수도 없다.

현재의 나를 타인의 시선 또는 과거의 나와 비교하는 방식으로 자신과 건강을 바라보는 것을 멈추면, 몸이 경험하고 성취할 수 있는 것과 실제로 몸으로 느끼는 감정에 더 집중할 수 있다. '변신 후' 사진에 변화가 확연히 드러나 보이지 않더라도, 피트니스나 건강의 목표를 달성하고 그 과정에서 아드레날린과 엔도르핀이 주는 쾌감을 느끼는 것은 충분히 가능하다. 자신을 대상화하는 사고와 행동은 우리의 희생, 성장, 강인함의 가치를 눈에 보이는 결과만으로 제한함으로써 그 가치를 희석하고 훼손한다. 건강을 위한 선택이 삶에 주는 의미와 실제로 느껴지는 감각에 집중하면, 단순한 몸 사진으로 그 노력과 헌신을 증명하려는 것은 실제로 거둔 성취를 깎아내리는 것이라는 점을 깨닫게 된다. 자신을 '변신 전'이나 '변신 후'라는 축소된 시각으로 바라보는 대신, 그 두 지점 사이, 즉 과정에 있다고 생각해 보자. 지금 당장 자신을 찍는 사진

은 끊임없이 진화하고 배워가는 '과정'의 한순간을 포착한 것
일 뿐이다.

잘못된 목표가 불러온 실패

건강을 이상적인 아름다움으로 정의하는 한 우리는 실패할
수밖에 없다. 안타깝게도 수익 중심의 피트니스 산업은 '건강
해 보이는 것'과 '실제로 건강한 것'을 동일시함으로써 오히려
사람들을 건강에서 멀어지게 만든다. 그 결과, 목표를 이루
기 위해서라면 해로운 수단이라도 감행한다. 어떤 대가를 치
르더라도 상관없다는 태도다. 아니면 좌절감에 빠져 비활동
적으로 되거나 폭식에 빠질 수도 있다. 많은 소녀와 여성들의
사례는 이 두 가지 모두 얼마나 해로운지 여실히 드러낸다.

연구에 참여한 한 젊은 여성은 '비키니피트니스' 또는 '피지
크 대회' 무대에 섰던 경험을 공유했다. "저는 어릴 때부터 외
모에 별로 자신이 없었어요. 가장 힘들었던 때는 작년 6월, 비
키니피트니스 대회에 처음으로 출전했을 때였어요. 그 어느
때보다 건강하고 날씬했지만, 여전히 제 몸이 맘에 들지 않
았어요! 심사위원들과 다른 참가자들이 제 몸을 다른 여자들
의 몸매와 비교하고 있다는 걸 알았기 때문이에요. 그들 대부

분이 저보다 몸이 더 좋아 보였어요. 그게 정말 싫었죠. 열심히 노력해 많은 것을 성취했지만, 더 이상 자존감이 높아지지 않았어요! 성공을 위해 그 어느 때보다 열심히 노력했음에도 패배감만 들었죠. 대회 다음 날 성공하지 못했다는 생각에 마음이 무너져서 폭식했고 폭식은 그다음 날도, 또 그다음 날도 계속됐어요."

이 대회들은 심혈관 건강, 지구력, 근력, 신진대사 건강이나 다른 신체적 건강 지표를 평가하지 않고, 단지 비판적인 심사위원과 흥분한 관중이 평가하는 표준화된 이상적 외모만을 보여준다. 날씬함을 강조하는 이러한 대회의 준비 과정과 무대 뒤에서 벌어지는 일들은 건강에 도움이 되지 않을뿐더러 극단적이기까지 하다. 어떤 합법적인 의사도 건강관리 방법으로 심각한 탈수, 영양실조, 완하제와 각성제 남용, 응급 수준의 탈진을 권장하지 않지만 우승을 차지하기 위해 대회에서 종종 사용되는 방법들이다.

시각적 매력은 건강을 평가하는 데 최선의 기준이 될 수 없다. 아무리 식단을 조절하고 운동을 해도 목표한 외모에 도달하지 못할 수 있다. 몸이 원하는 대로 변화하지 않기 때문이다. 설령 목표한 외모를 달성하더라도 그 상태를 유지하기는 불가능에 가깝다. 막대한 노력과 희생이 요구되기 때문이다. 이러한 실패감은 큰 장벽이 된다. 이미 시도했다가 실패한 경험이 있다면 계속 시도하기가 더 어려워진다. 특히 여성이 이 피트니스 장벽에 더 많이 부딪힌다. 한 피트니스 연구에 따르면 여성들은 운동 계획을 철저히 지켰더라도 체중이 줄지 않으면 목표 달성에 실패했다고 느끼는 비율이 압도적으로 높았다. 반면, 연구 기간 체중이 실제로 증가한 남성 중 상당수는 여전히 자신이 성공했다고 생각했다. 연구진은 "여성이 체중 변화가 없어서 성공하지 못했다고 느끼게 될 때, 공격적이고 몸에 해로운 체중 감량 방법을 시도하게 되며, 이로써 부정적인 신체 이미지와 체중 집착이 더 악화할 수 있다."라고 경고했다.

여성은 운동의 목표와 보상을 체중 감량이나 납작한 배, 둥근 엉덩이, 탄탄한 다리와 같은 특정 외모 개선으로 보는 경향이 있다. 따라서 기대만큼 변화가 보이지 않으면 실패했다고 생각하고 운동을 완전히 포기하거나 '운동 폭식증exercise bulimia'이라 불리는 과도한 운동을 선택할 가능성이 커진다.

이러한 경향은 연구 참가자들이 자신의 건강과 피트니스 목표를 정의하고 건강과 체력을 판단하는 방식에 반영되었다. 다수의 응답자가 운동이나 건강을 위한 긍정적인 선택을 했는데도 외모와 관련하여 만족할 만한 결과를 얻지 못했을 때 낙담하고 수치심을 느낀다고 응답했다. 한 참가자는 웨이트워처스에 가입하고 'P90X12개의 부위로 근육을 나눠 90일간 짜인 일정대로 따라 하는 운동—옮긴이', '인새니티운동Insanity workouts. 체력 향상과 체중 감량을 목표로 하는 고강도 트레이닝 프로그램—옮긴이', 요가, 저항성운동resistance training, 근력 및 근지구력을 발달시키기 위해 신체, 기구 등의 무게를 활용해 근육의 이완과 수축을 반복하는 운동—옮긴이, 조깅을 했다고 설명했다. 그녀는 3개월 동안 하루도 빠지지 않고 운동했다. 건강과 피트니스를 달성할 수 있다고 생각하느냐는 질문에 그녀는 이렇게 답했다. "물론입니다. 그저 굳은 의지와 노력이 필요할 뿐이죠. 원하는 결과가 바로 나타나지 않을 때는 실망하기도 했지만, 건강과 피트니스는 평생에 걸친 싸움이라고 생각해요." '원하는 결과가 바로 나타나지 않을 때'라는 말은 그녀가 건강과 피트니스를 추구하는 이유와 연관 지어 생각해 보면 주목할 만한 구절이다. 그녀는 이렇게 말했다. "거울을 보면 고쳐야 할 점이 너무 많아요. 거울을 보고 만족했던 적이 없어요."

연구에 참여한 또 다른 여성은 운동에서 뚜렷한 성과를 보지 못한 것에 대해 비슷한 실망감을 표현했다. 그녀는 건강과 피트니스를 달성하는 것이 가능하다고 생각했다며 "1년 전에는 건강식을 먹고 매일 운동했어요. 체중은 감량할 수 있었지만, 진행 속도가 너무 느려서 결국 포기했죠…. 제가 비만이라는 건 알고 있어요. 정말 심각하죠. 운동을 시작해야겠다고 생각하지만 결과를 보는 게 얼마나 힘든지 생각하게 되고, 그럼 좌절감을 느끼고 포기하게 돼요."라고 말했다.

이 여성들은 건강해지기 위해 모든 노력을 기울였지만, 그들의 몸이나 체중계또는 거울, 줄자, 셀카에는 기대했던 신체적 변화가 드러나지 않았다. 날씬한 것이 더 좋고, 뚱뚱한 것은 불쾌하고, 배고픔은 필수이며, 제한이 곧 자제력이라고 생각하도록 프로그래밍이 된 것은 비단 그들만의 문제가 아니다. 이러한 규칙을 어기거나, 다른 사람과 비교해서 부족함을 느끼거나, 자신이 필요하다고 생각하는 수준의 체중 감량이나 날씬함을 유지하지 못할 때는 좌절해서 대안을 찾게 된다. 그중하나가 폭식이나 과식이다. 굶주림의 위협에 대항하는 자기보호 기제로 우리 몸은 계속 먹도록 우리를 부추긴다. 자연스러운 본능이지만, 많은 사람은 자기 몸과 자제력 부족에 대한수치심 때문에 평생 절식과 폭식의 악순환에 빠지게 된다.

자신을 숨기는 방식으로 대처하는 사람들도 있다. 피트니스 요법을 중단하고 활동량을 줄이거나 사회적 상황, 신체 활동, 또는 자신이 노출될 수 있는 상황을 아예 피하는 것이다. 음식을 제한하여 에너지가 부족하거나 '운동할 준비가 되어있지 않다'라거나 불안정하다는 자의식으로 모든 신체 활동을 회피할 수 있다. 우울증에 빠지거나 음식과 몸에 대해 끊임없이 불안해하며 살 수도 있다. 또 다른 극단적인 경우로, 타고난 체형보다 더 작은 몸을 유지하려고 하루 5시간씩 운동할 수도 있다. 더 큰 목표나 더 나은 삶을 위한 활동, 건강 증진 활동을 하는 대신, 많은 시간을 열량, 탄수화물, 매크로를 계산하고 식사 계획을 세우는 데 소모할 수도 있다.

이상적인 몸이 삶의 질을 향상한다고 과장된 약속을 할 때,

유전적 한계나 포토샵, 공개되지 않은 외과적 수술의 거짓 약속으로 이상적인 몸에 도달하기 어려울 때, 우리는 실패한다. 또한, 이상적인 몸을 유지하기 어렵거나, 외모를 변화시키는 과정에서 건강이 악화할 때도, 우리는 실패한다. 셀룰라이트가 사라지지 않거나, 허리 군살이 줄어들지 않거나, 복근이나 허벅지가 탄탄해지지 않을 때, 실망하여 신체 활동을 중단하거나 균형 잡힌 식단을 포기한다. 이러한 도달할 수 없는 신체 이미지 환상은 즐거운 운동과 균형 잡힌 식사와 같은 건강한 행동을 저해하는 피트니스의 주요 걸림돌이다.

한 여성은 이렇게 말했다. "저는 항상 과체중 범주에 속해 있었어요. 그래서 실패한 사람처럼 느껴졌죠. 매일 운동하고 하루에 겨우 1,000칼로리만 먹으며 거의 굶다시피 해도 BMI로 따지면 여전히 과체중이었어요. 그 평가가 과연 내 건강을 정확하게 반영하는지는 생각해 본 적이 없어요. 이제는 BMI가 정확한 평가가 아니라는 걸 알죠. 그 사실을 알게 된 것이 큰 위안이에요. 기억하는 한, 나는 항상 '비만'으로 여겨져 왔으니까요. 이제는 다른 시각으로 나 자신을 바라볼 수 있을 것 같아요."

뚱뚱함이나 날씬함을 넘어서 건강을 바라보는 법을 배우면, 자신을 단순히 외모로 판단하는 대신 더 의미 있는 존재로 볼 수 있게 된다. 외모로 자신을 판단하고 평가하는 것은 자신을 대상화하는 것이다. 외모로 자신의 건강과 피트니스를 판단하고 평가하는 것도 마찬가지이다. 스스로에게 몹쓸 짓을 하는 셈이다.

자신과 건강을 사이즈나 체중이 아닌 '다른 기준'으로 보는 법을 배우는 것은 '고통받는 사람들을 위로'할 수 있지만, 반대로 유머 작가 핀리 피터 던 Finley Peter Dunne의 저널리즘에 관한 오래된 인용을 빌리자면, "편안한 사람들을 괴롭힐" 수도 있다. 자연스럽게 또는 최소한의 노력으로 '건강해 보이는' 몸을 가진 사람들이 경우에는 '편안한 사람들'은 이상적인 아름다움에서 건강과 피트니스 지표로 초점이 옮겨지는 것에 괴로워할 수도 있다. 한 여성은 이렇게 말했다. "사실 기분이 나빴어요. 저는 비활동적이라도 자연스럽게 마른 편인데…. 아마도 그 말이 어느 정도 사실이라 더 기분이 나빴던 것 같아요. 저는 훨씬 활동적일 필요가 있으니까요."

또 다른 여성은 "저는 뚱뚱하지도 않고 배도 안 나와서 수영복을 입을 때 자신감이 있었기 때문에 실제보다 건강하다고 착각했어요. 하지만 실제로는 지구력이 거의 없고, 원하는 만큼 건강해지려면 평일에 운동을 더 많이 해야 하는데, 그러지 않고 있어서 겉모습만큼 건강하지 않아요."라고 말했다.

자신의 건강과 체력에 대해 혼란스러운 감정을 느껴도 괜찮다. 날씬함이라는 이상에서 벗어나라는 제안에 저항감이나 방어감정을 느낀다면, 그 불편함을 받아들이며 자신이 느끼는 감정을 곰곰이 생각해 보자. 성장하면서 형성된 몸에 대한 뿌리 깊은 믿음과 기대를 바꿀 때 불편함이나 좌절, 저항감을 느끼는 것은 자연스러운 일이다. 만약 새로운 관점이 그동안 몸이나 건강에 대해 생각해 왔던 방식과 충돌한다면, 인지 부조화를 겪을 수 있다. 특히 그 새로운 관점이 진실처럼 느껴지거나 기존의 시각보다 더 많은 성찰과 노력을 요구한다면 더 그럴 수 있다. 이 과정에서 당신의 신체 이미지가 흔들리고, 안전지대에서 밀려나는 것 같은 위협을 느낄 수도 있다. 대응 방법은 당신이 선택할 수 있다. 이 혼란을 자기 성찰과 자기 연민의 기회로 삼아 보자.

당신의 몸 크기나 형태가 어떻든, BMI와 체중은 당신의 가치를 정의하지 않으며 건강을 판단하는 기준 또한 아니다.

더 주도적으로 행동하기

우리는 새로운 패러다임을 받아들여야 한다. 체중으로 사람들을 낙인찍기보다는 각자의 내재적 가치를 고양하기 위한 행동을 장려해야 한다. 건강하고 탄탄한 몸은 다양한 체형과 사이즈로 존재한다. 더 건강한 몸으로 가는 길은 누구에게나 열려 있다는 사실을 인정해야 한다.

글렌 A. 개서Glenn A. Gaesser 박사

그렇다면 이 깨달음을 어떻게 실천으로 옮길 수 있을까? 먼저 건강과 체력에 관한 잘못된 인식과 왜곡을 바로잡아야 한다. 이를 위해서는 건강과 체력의 본래 의미를 되찾아야 한다. 특정한 외모를 갖는다고 해서 건강이 향상되거나 유지되는 것이 아닌데도, 날씬함과 건강이 불가분의 관계라는 잘못된 믿음이 널리 퍼져 있다. 이 거짓을 바로잡으면, 자신에게 도움이 되고 실질적인 방식으로 건강을 정의하고 측정할 자유를 얻게 된다.

평생 외부의 시선으로 몸과 건강을 바라봤다면 내적 시각으로 자신을 이해하기 위해 관점을 근본적으로 전환해야 할 필요가 있다. 이러한 전환은 자기감 전반에 대한 인식을 개선하고 세상과 소통하는 방식에도 필요하지만, 특히 자신의 건강과 체력을 이해하는 데 중요하다. 몸을 내면의 시각으로 바라보고 관리할 때 건강과 체력을 이해하는 방식에 필요한 패러다임의 전환을 경험할 수 있다. 이 변화를 요약하면 '내 몸은 장식이 아니라 도구'이다. 이 문구는 몸에 대한 관점을 외형에서 기능과 느낌으로 외부의 시선에서 내면의 인식으로 전환한다. **우리 몸은 직접 사용하고 경험하면서 그 이로움을 누릴 수 있는 도구이다. 감탄을 받기 위한 장식품이 아니다.**

처음에는 체중 목표와 이상적인 아름다움을 포기하는 것이 건강이나 몸을 포기하는 것처럼 느껴질 수 있다. 그러나 미적 이상을 내려놓으면 건강과 체력을 새롭고 더 효과적이며, 더 강인한 사람이 되는 방식으로 이해하고 경험할 기회가 열린다. 외모보다 행동에 집중하고, 수동적 관찰 대상이 아닌 능동적 주체로서 자신의 건강을 더 깊이 이해하고 개선하며 몸과 다시 연결될 수 있다. 몸무게나 외모에 얽매이지 말고, 어떻게 느끼고 싶고, 어떤 경험을 하고 싶은지 결정하자.

체중 감량보다 건강 증진

관점을 전환해 몸을 장식이 아닌 도구로 보는 것은 단순히 나쁜 건강 상태를 정당화하고자 하는 시도가 아니라, 연구에 바탕을 둔 건강증진법이다. 이 방법으로 자의적이고 달성하기 어려운 체중 목표나 외모에 집착하지 않고 성취와 통제를 할 수 있는 행동과 결과에 집중한다. 애리조나 주립대 운동과학 연구원 글렌 A. 개서Glenn A. Gaesser 박사는 연구 결과를 대학 간행물에 이렇게 요약했다. "체중 감량에 집중해 온 건강관리 방식은 완전히 실패했다. 지난 40여 년간 미국인들은 다이어트에 치중한 체중 감량을 20억 회 이상 시도했다. 그러나 같은 기간 비만 유병률은 오히려 세 배 증가했다. 다이어트는 효과가 없었을 뿐만 아니라, 오히려 비만 증가에 일조했을 가능성도 있다."

2010년 출간된 책『왜, 살은 다시 찌는가?*Health at Every Size: The Surprising Truth About Your Weight*』에서 저자 린다 베이컨Linda Bacon 박사는 이렇게 말한다. "체중 문제를 해결할 유일한 방법은 체중을 문제 삼지 않고, 자신과 타인을 사이즈로 판단하지 않는 것이다. **체중은 매력, 도덕성, 건강을 측정하는 척도가 아니다.** 진짜 적은 '체중 낙인'이다. 비만에 대한 낙인과 두려움이야말로 건강과 웰니스의 진짜 위협에서 우리의 주의를 분산시키고, 피해를 초래하는 주범이다." '내 몸이 원하는 건강한 체중HAES' 운동은 '사회 정의를 촉진하며, 포용적이고 상호 존중적인 공동체를 조성하고, 모든 사이즈의 사람이 자신을 돌보는 방법을 찾도록 지원하는 것'을 목표로 한다. **HAES** 접근법은 개인의 행동보다 사회적, 경제적 요인이 건강에 더 큰 영향을 미친다는 점을 강조한다. 이는 미적 기준에 초점을 맞춘 건강의 정의가 깊이 뿌리내린 문화에서 급진적인 개념으로 간주했다. 구글에서 'HAES'를 검색해 보면 이 운동에 수년간 쏟아진 반발과 논란을 확인할 수 있다. 의료 시스템에서 '과체중' 또는 '비만'으로 분류된 사람들도 현재 체중을 유지하면서 대사적으로나 심혈관적으로 건강할 수 있다는 주장에는 많은 비판이 제기되어 왔다. 또한 체중 외의 다른 건강 지표에 집중하는 것이 올바른 접근인지에 대한 논의도 활발히 진행되고 있다.

비만 혐오 사회fatphobic society에서 사람들의 사고방식은 서서히 변화하고 있다. 연구에 따르면, 규칙적인 운동, 담배와 같은 유해 물질 피하기, 균형 잡힌 식단 등 건강한 행동이 몸 사이즈보다 건강에 더 중요한 요인이라는 사회적 합의가 이루어지고 있다. 특히 사회적 조건이 가장 큰 영향을 미친다는 점에 많은 사람이 동의하고 있다. 연구 결과는 신체 활동 수준이 BMI나 체중보다 건강과 체력을 더 잘 보여주는 지표이며, 이보다 더 중요한 결정 요인은 '거주 지역'이라는 점을 보여준다. 연구자들은 사회적 요인개인의 성장 배경, 직업과 소득, 부와 자원의 지역사회 분배 등이 개인 건강에 미치는 영향을 강조하며, 이를 '건강의 근본 요인'으로 인식할 것을 권장하고 있다. 건강 논의는 생활 방식 전환으로 해결할 수 없는 건강 격차의 더 큰 원인을 간과한 채, 건강을 달성하는 책임을 개인에게만 전가하는 경향이 있다.

개인의 행동을 분석한 여러 연구 결과에 따르면, 심폐 건강이 체중이나 BMI보다 질병과 사망 위험을 더 잘 예측한다. 심지어 '비만'으로 분류된 사람도 마찬가지다. 2007년에 발표된 한 연구는 과체중이면서 활동적인 사람이 마르고 비활동적인 사람보다 더 건강할 수 있다는 사실을 밝혀냈다.

연구원 스티븐 블레어Steven Blair는 2010년 3월 『가디언The Guardian』과의 인터뷰에서 이렇게 밝혔다. "과체중이지만 건강한 사람들의 사망률을 살펴보면 지방의 해로운 영향을 받지 않은 것을 알 수 있다." 또한 그는 2007년에 수행한 공동 연구에서 노인 2,600명의 체력과 체중을 측정한 후 만성 질환과 사망률을 추적 검사한 결과를 이렇게 설명했다. "비만이면서 마라톤하는 수준이 아닌 적당히 건강한 사람은 이후 10년 동안 사망률이 정상 체중이면서 비활동적인 사람들의 절반에 불과했다. 이는 매우 큰 차이이다."

이 연구 결과는 대부분의 사람이 가지고 있는 건강에 대한 고정관념을 뒤집으며, 누가 건강하고 건강하지 않은지에 대한 모든 선입견에 도전한다. 체중과 외모를 기준으로 자신과 타인을 평가하는 대다수의 판단은 근거 없고 잘못된 것이다.

체중보다 피트니스에 초점을 맞추면 당뇨병, 각종 암, 고혈압, 기타 사망 원인 등 수많은 질병과 장애의 위험이 줄어드는 것으로 판명되었다. 체중만으로 판단하지 않고 개인의 전반적인 건강을 살피는 의사들은 이 사실을 잘 알고 있다. 제 2형 당뇨병, 심혈관 질환, 고혈압과 같은 심각한 건강 문제가 있는 사람들도 적절한 운동 프로그램을 시작하면 건강 문제는 사라지거나 크게 개선되었다. 이 결과는 '과체중' 또는 '비만'으로 분류된 환자에도 적용된다.

이 연구 결과의 중요한 시사점은 BMI나 체중에 의존하기보다 건강에 영향을 미치지만, 통제 범위를 벗어나는 구조적 요인들을 비판적으로 검토하고 인식한 뒤, 통제할 수 있는 건강한 생활 습관에 집중하는 것이 더 효과적인 전략이라는 것이다. 체중에 상관없이 약 12,000명을 대상으로 한 장기 연구 결과, 건강하고 오래 살기 위한 네 가지 중요한 생활 습관은 매일 5인분 이상의 과일 또는 채소 섭취, 금연, 절주, 월 12회 이상 운동으로 밝혀졌다. 이러한 습관은 BMI와 관계없이 사망률을 현저하게 감소시켰다. 즉, '정상 체중' 또는 '비만'으로 분류될지라도 이러한 네 가지 건강 습관을 실천한 사람들은 장수한 것으로 나타났다.

음식과 직관

금연과 절주는 간단하고 누구나 동의하는 건강한 습관이다. 하지만 다른 식품군을 제한하는 대신 과일과 채소 섭취가 권장되는 일은 의아해할 수 있다. 다이어트에 집착하는 문화 속에서 많은 건강 코치가 칼로리와 탄수화물, 설탕 섭취를 줄이기 위해 탄수화물이 많은 간식 대신 채소를, 디저트 대신 과일을 먹으라고 조언한다. 이런 접근은 무엇을 더할 것인가보다 무엇을 뺄 것인가에 중점을 둔다. 그러나 이러한 제한적 사고방식은 장기적으로 효과가 없을 뿐만 아니라 때로 역효과를 낳기도 한다. 많은 사람이 제한된 음식에 대한 박탈감으로 결국 참지 못하고 폭식하거나, 심지어 과일과 채소를 처벌이나 불만족과 연관 짓는다.

앞서 다이어트에 관한 심리학적 연구로 언급된 트레이시 만 교수는 자신의 연구에서 건강한 식습관을 장려할 때 '다이 어트' 대신 '비식이요법' 접근법을 사용한다고 밝혔다. 채소 를 단순히 열량 제한을 위한 수단으로 사용하기보다는, 채소 자체의 매력을 높여 더 즐겁게 섭취할 수 있도록 초점을 맞춘 방식이다. 미국 심리학회APA 보고서에서 그녀는 이렇게 설명 했다. "가장 효과적인 전략은 덜 건강하지만, 더 선호하는 음 식과 채소의 경쟁을 최소화하는 것이다." 만 교수는 채소를 다른 음식과 함께 제공하기보다는 식사의 첫 번째 코스로 제 공하는 전략을 사용했다. 이렇게 하면 다른 음식과 채소가 함 께 제공될 때 주목받지 못하는 상황을 피할 수 있다는 것이 다. "이 전략은 실험실에서 영상을 시청하는 성인들에게 사용 해서 성공을 거두었다. 초등학생들에게 점심 식사 전에 채소 를 제공했을 때도 채소 섭취량이 눈에 띄게 증가했다."

건강 습관을 쉽게 개선하도록 돕는 것은 좋은 전략이다. 그 렇다고 해서 많은 사람이 '좋은' 음식과 '나쁜' 음식을 내면화 해서 생기는 수치심과 낙인을 없애지는 못한다. 체중 감량만 을 목표로 하는 일부 제한식은 건강이나 영양을 무시한 채 과 일이나 당근, 감자처럼 천연 당분이 들어있는 식품조차 금지 한다. 우리는 과학적으로 검증되지 않은 사이비 다이어트 정 보에 과다 노출되어 이제 음식이 지뢰밭처럼 느껴지게 되었 다. '먹어야 할 음식'과 '먹지 말아야 할 음식'의 기준이 시기

마다, '전문가'마다 다르게 제시되면서, 끝없는 절식과 폭식의 악순환에 빠져든다. 그 결과 신진대사, 호르몬, 건강, 일상 생활까지 영향을 받게 되었다.

이 문제를 해결하기 위해, 영양사들은 수십 년 동안 음식과 더 건강한 관계를 맺는 방안을 마련했다. 이 분야의 선구자이며 공인 영양사인 에블린 트리볼*Evelyn Tribole*과 엘리스 레쉬*Elyse Resch*는 『다이어트 말고 직관적 식사*Intuitive Eating: An Anti-Diet Revolutionary Approach*』의 저자이다. 이 책은 독자들이 '음식과 평화롭게 공존하고, 만성적인 다이어트에서 벗어나, 먹는 즐거움을 재발견할 수 있도록 돕는 것'을 목표로 한다. 저자가 제시하는 방법은 어렸을 때 자연스럽게 따랐던 배고픔과 포만감이라는 내부 신호와 다시 연결되도록 돕는다. 즉, 배고프면 먹고 배부르면 멈춘다. 외부에서 처방된 다이어트 방식이 아닌 자기 몸을 신뢰하고 따를 수 있도록 돕는 것이다.

공인 영양사이자 『안티 다이어트*Anti-Diet: Reclaim Your Time, Money, Well-Being, and Happiness Through Intuitive Eating*』의 저자 크리스티 해리슨*Christy Harrison*은 우리 사회의 다이어트 집착*일명 다이어트 문화*을 '인생 도둑'이라고 부르며 이렇게 썼다. "다이어트는 당신의 최대 이익에 반한다. 자신과 전쟁을 일으키고 더 중요한 전투에 필요한 에너지를 빼앗는다. 다이어트는 자신을 의심하게 함으로써 본능을 따르지 못하게 하며, '오늘의 다이어트'를 지키지 못했다고 자신을 실패자로 느끼도록 가스라이팅한다. 영양과 즐거움이 필요하다는 자연스러운 요구조차도 '대담한' 것처럼 느끼게 한다. 누구에게나 필요한 것인데도 말이다. 이는 학대지만 '인생 도둑'은 이런 자기 학대를 반복하도록 만드는 전문가이다."

다이어트 롤러코스터에서 벗어나 자신의 몸을 신뢰하려면 음식과 신체 이미지에 더 신중하고 주의 깊게 접근해야 한다. 앞서 언급한 두 권의 책은 직관적인 식습관을 익히는 데 유용하다. **이윤을 목적으로 한 식단 대신 자기 감각과 직관을 통제의 중심으로 삼는 것은 음식과의 관계를 더 균형 있게 만들고, 자기 몸과 다시 연결될 수 있는 효과적인 방법이다.** 체중 조절을 위한 운동과 제한식이 건강한 생활양식의 기준이 되어버린 사람들은 기존의 사고방식을 버리고 새로운 관점을 배우는 데 많은 의식적 노력과 자기연민이 필요하다.

아이들이 음식과 다이어트 이야기를 어떻게 받아들이는지 주의 깊게 살피는 것도 중요하다. 자녀를 대상화의 바다에 끌어들이지 않으려면, 먼저 부모 자신이 잘못된 신념과 습관을 바로잡아야 한다. 다이어트 책을 버리고 체중에 집중하는 계정과 인플루언서를 언팔하자. 욕실 체중계를 버리고 생일 케이크도 다른 사람들과 함께 즐기자. 음식을 '좋은 음식' 또는 '나쁜 음식'처럼 도덕적으로 평가하지 말고, 느낌, 맛, 색깔과 몸과 정신이 성장하는 데 도움이 되는 비타민과 영양소에 관해 이야기해 보자.

자녀가 음식을 제한하거나 다이어트에 관심을 보인다면 어떻게 해야 할까? 세상에는 개인에게, 특히 소녀와 여성에게 몸무게를 줄여 자리를 적게 차지해야 한다고 설득하는 사람과 기업으로 넘쳐나지만, 이는 악의적인 거짓말에 불과하다는 사실을 알려줘야 한다. 이 거짓말은 사람들이 세상에서 선한 영향력을 끼치며 의미 있는 일을 하며 사는 대신, 몸에 대한 걱정에 돈과 시간을 낭비하도록 몰아간다. 문제는 이 방식이 자주 먹힌다는 것이다. 우리 몸은 에너지와 즐거움을 포함해 여러 이유로 음식이 필요하며, 먹을 때 느끼는 감각에 주의를 기울이면 몸을 더 잘 돌볼 수 있고, 체형과 상관없이 스스로에게 좋은 선택을 할 수 있다는 것을 자녀에게 설명해 주자. 또한 엄격한 다이어트는 몸에 혼란을 초래해 해를 끼칠 수 있고, 오히려 몸이 굶주린다고 착각하게 되어 필요 이상의 에너지를 저장하려 한다는 점을 알려 줘야 한다.

개인 맞춤형 건강 관리

우리 사회에서는 안타깝게도 어른과 아이 모두를 위한 총체적이며 아름다움에 치우치지 않는 건강관을 개발하거나 유지하는 것이 어렵다. 만연한 대상화와 전통적인 관행 때문일 수 있다. 아이들은 BMI가 적힌 성적표를 학교에서 받아온다. 체중 측정은 대부분의 병원 진료에서 일상적이고 당연한 절차이다. 체중과 BMI는 환자에게 보고되고 진료 중에 논의된다. 이따금 이런 수치에서 벗어나고자 하는 욕구가 자연스럽게 발생하기도 한다. 충분히 이해되는 상황이다. 수치를 아예 모르면 체중에 집착하지 않는 것이 훨씬 쉬워지기 때문이다. 많은 사람이 간과하는 점은 병원의 체중 측정이 대부분 필수 절차가 아니라는 사실이다. 체중 측정을 원하지 않으면 간단히 거부 요청만 하면 된다. 만약 의료진이 체중 측정이 특정 진료와 연관되어 있고 의학적으로 필요한 사항이라고 주장한다면, 체중계에 올라가면서 수치가 보이지 않도록 등을 돌리면 된다. 의학적으로 필요하지 않으면 언급과 논의 자체를 하지 말아 달라고 요청할 수 있다. 이는 진료실에서 자신의 권리를 옹호하기 위한 중요한 첫걸음이 될 수 있다. 너무 많은 사람이 진료실에서 건강 문제가 체중으로만 환원되어 낙인찍히거나 위축되는 경험을 하기 때문이다.

렉시 이야기: 둘째를 임신했을 때 매월 또는 격월로 진행되는 산전 검사에서 체중을 측정하지 않기로 했다. 이유는 다음의 세 가지 때문이다. 첫째, 개인 의료 기록지 상단에 표시되는 체중과 BMI는 우리 문화가 부여하는 의미로 가득하고, 나는 그 수치에 얽매이지 않으려고 열심히 노력해 왔기 때문이다. 둘째, 혈압이나 혈당 같은 지표가 건강을 더 정확하게 반

영하기 때문이다. 셋째, 체중 측정과 그에 따른 판단으로 병원 방문을 두려워하는 사람들을 옹호하고 싶기 때문이다. 의료진에게 체중을 측정하지 않겠다고 정중히 요청한 뒤 그 이유를 상세하게 설명하는 것은 '나는 몸에 우선한 한 인간이며 내 건강은 체중으로 정의될 수 없고, 정의 되어서도 안 된다.'는 점을 상기시키는 방법이었다.

내가 체중을 측정하지 않겠다고 요청하고 이유를 설명하자 대학 병원의 조산사는 흔쾌히 그 요청을 받아들였다. 그녀는 임산부의 체중이 줄어드는 것이 아니라 늘어나고 있는지 확인하기 위해 체중을 측정한다고 설명했다. 우리는 분기별로 한 번만 체중을 측정하되 필요하지 않다면 측정하지 않기로 합의했다. 모든 의료진이 이렇게 협조적이지 않을 수 있고, 모두가 이런 요청을 할 수 있는 처지도 아닐 수 있다. 그러나 용기 내서 시도하는 사람이 많을수록 상황은 더 나아질 것이다. 나는 임신 기간 동안 단 한 번 체중을 측정했고, 산후 검진에서도 체중을 측정하지 않았다.

의료진과 나는 체중계에 오르지 않고도 임신 중 정기적으로 진행되는 다른 검사들—혈액과 소변, 혈압 검사, 체온 측정 등—로 건강 상태를 충분히 확인할 수 있었다. 또한, 임신 기간 동안 체중 측정을 거부한 경험 때문에 이후에도 자신 있게 같은 선택을 할 수 있었다. 피부과 정기 진료와 같이 기존에 체중을 측정하던 진료도 이제는 더 이상 체중을 측정하지 않는다. 검진에서 체중을 재지 않고, 그 덕분에 칭찬이나 불편한 시선을 받지 않아도 된다는 사실을 알게 되니 안도감이 밀려왔고, 몸의 변화에 대한 불안감도 크게 줄었다.

'변신 전' 사진이나 체중계가 보여주는 것보다 자신의 건강 상태를 더 정확하게 파악할 방법을 찾고 있다면, 의사나 신뢰할 수 있는 다른 의료 전문가와 상담해 보자. 체중, 사이즈, 외모 중심의 목표에서 벗어나려 한다는 점을 솔직하게 이야기하고, 혈압, 안정 시 심박수, 혈당, 콜레스테롤, 질병 위험 요인, 생활 습관, 전반적인 웰니스 등에 대한 피드백을 요청하자. 의료진은 이상적인 건강 지표가 무엇인지, 이를 달성하기 위해 어떤 점을 조정할 수 있는지 안내해 줄 것이다. 만약 의료진이 도움을 줄 수 없거나 체중 논의를 배제할 수 없다고 한다면, 새로운 의료진을 찾아보는 것도 하나의 방법이다.

자신의 건강과 피트니스에 대한 이해를 되찾기 위해 노력할 때, 건강과 피트니스는 개인적이며 상대적이라는 점을 명심하자. 한 사람에게 건강하고 적합한 방법이라고 해서 다른 사람에게도 똑같이 효과적이리라는 보장은 없다. 건강과 피트니스는 여러 이유로 완전히 통제할 수 있는 영역이 아니다. 예를 들어, 질병과 사회경제적 장벽, 질 좋은 의료 서비스와 영양가 있는 음식에 대한 제한된 접근농산물 가격이 얼마나 비싼지 생각해 보라!, 제한된 신체 능력, 운동 시간 부족 등을 들 수 있다. 또한 건강과 피트니스는 '건강하다' 또는 '건강하지 않다'로 단순히 구분된 종착지가 아닌, 역동적 연속체이다.

어떤 사람들은 건강과 피트니스를 과도하게 우려한 나머지 질병, 통증, 심지어 죽음까지 피하고 싶어 한다. 그러나 이 모든 것은 우리의 통제 영역 밖에 있다. 건강과 '웰니스' 산업은 질병에 대한 두려움을 이용해 이윤을 취하지만, 병에 걸리지 않거나 신체 기능을 온전히 누릴 수 있는 확실한 방법은 없다. 몸을 장식이 아닌 도구로 이해하고 감사하려고 최선을 다해도, 그 도구가 원하는 대로 작동할 것이라는 보장은 없다.

도구는 완벽하지 않다. 때로 우리를 힘들게 하고, 고통을 주며, 부담처럼 느껴질 수 있지만, 여전히 도구일 뿐 장식은 아니다. 이 진실은 만성 질환, 부상, 장애, 신체적 제약 등 모든 상황에 적용된다. 폐로 숨을 쉴 수 있는가? 심장이 잘 뛰고 있는가? 보고, 냄새 맡고, 듣고, 만질 수 있는가? 생각과 감정을 표현할 수 있는가? 글을 쓰거나, 예술이나 음악을 창작하거나, 취미와 재능을 즐길 수 있는가? 이 모든 행동은 장식이 아닌 도구로 기능하는 몸이 있기에 가능하다. 도구가 특정 모습이어야 하고 특정 기능을 수행해야 한다는 고정관념이나 이상에 갇히지 말자.

외모, 건강 상태, 체력 수준, 능력에 상관없이 몸이 있다는 사실은 누구나 어떤 형태로든 신체적 힘에 접근할 수 있다는 것을 의미한다. 그러나 외적인 모습에만 집중하면 이러한 내재한 힘을 쉽게 무시하거나 잊어버리게 된다. 내재한 힘에 접근하는 방식은 각자 다르다. 몸을 사용하는 방식과 경험 또한 개인마다 다르다. 모든 사람이 건강과 피트니스를 증진할 수 있거나 신체 활동을 즐길 수 있는 것은 아니지만, 신체 기능에 감사한 마음을 갖는 것만으로도 인생에 많은 도움이 된다. 설령 몸의 기능이 제한적일지라도 단순히 외적인 모습에 집착하는 것보다 훨씬 값진 일이다.

신체를 도구로 활용하기

새로운 건강 목표를 설정하는 것은 이제 외모에서 시선을 돌리는 것을 의미한다. 이 도구적 관점을 실천에 옮기려면 두 가지가 필요하다. 첫째, 건강과 피트니스에 대한 대상화된 시각을 버린다. 둘째, 자기 삶에서 실천가능하고 지속가능한 방식으로 건강과 피트니스를 정의하는 방법을 배운다. 다행히 첫 번째 단계가 성공하면 두 번째 목표를 달성할 가능성도 크게 높아진다. 박사 과정과 온라인 신체 이미지 회복력 프로그램에서 여성들에게 건강과 피트니스의 의미를 스스로 정의해보라고 요청했을 때, 약 40퍼센트의 참가자는 여전히 외모 중심의 답변을 내놓았다. 건강과 피트니스를 달성할 수 있다는 자기효능감에 관해 물었을 때, 약 25퍼센트는 자신의 능력에 대해 심각하게 의구심을 표했다. 이는 놀랍지 않은 결과이다. 왜냐하면 건강과 피트니스가 비현실적인 외모 기준으로 정의되는 한, 대부분의 여성은 도달하기 어려운 목표라고 생각하기 때문이다. 이상적인 모습과 거리가 멀다고 느끼는 여성일수록 건강해질 수 있는 능력이 낮다고 느꼈고, 여러 번의 체중 감량 실패 경험으로 무력감이 큰 것으로 나타났다.

참가자들은 그 후 몇 주 동안 온라인 강좌를 활용해 이 장에서 공유한 내용이 포함된 건강 정보 '개입'을 학습했다. 이 강좌에서는 체중이나 BMI와 같은 단순한 수치가 개인의 건강과 피트니스를 정확히 반영하지 못한다는 점을 설명하고, BMI나 체중, 사이즈, 다른 외부 지표보다 신체 활동이 건강과 피트니스를 더 잘 나타내는 지표라는 연구 결과를 소개했다. 참가자들은 주변 사례를 돌아보며, 겉으로는 '건강해 보이는' 사람이 실제로는 건강이나 피트니스 상태가 좋다는 것을 나타내는 생활 습관이나 건강 기록이 없을 수도 있고, 반대로 전통적인 '건강체' 기준에 부합하지 않더라도 뛰어난 체력과 건강을 유지할 수 있다는 것을 인식하게 되었다.

자신의 건강에 대한 정의에서 더 많은 것을 볼 수 있게 되자 처음에는 건강을 능력 밖의 문제로만 느꼈던 참가자 대부분이 건강과 피트니스를 달성할 수 있다는 자기효능감이 크게 향상되었다. 즉, 건강과 피트니스에 대한 사고방식을 외모가 아닌 자신의 느낌과 행동에 초점을 맞추게 되면서 건강과 피트니스 관리에 더 큰 자신감과 통제력을 되찾게 되었다. 일부 참가자는 체중이나 외모 집착을 내려놓자, 피트니스에 대한 과거의 절망감을 떨쳐버리고 이미 건강하고 활기찬 상태일 수 있다는 점을 깨닫게 되었다.

한 여성은 이렇게 말했다. "강좌에서 배운 내용 때문에 마음이 한결 편안해졌어요. 항상 활동적인 편인데, 날씬하지 않더라도 건강할 수 있다는 점이 좋았어요." 또 다른 여성은 "친구와 5킬로미터 달리기 대회를 준비하기 시작했는데, 체중이 줄어드는 것보다 얼마나 오래 달릴 수 있는지 확인하는 일이 훨씬 만족스러워요. 정말 기대돼요!"라고 말했다.

체중이나 외모에 의존하지 않고 건강을 유지하거나 개선하려는 이유를 공유한 참가자들도 있었다. "부모님 두 분 모두 40대부터 건강에 문제가 생겼는데, 저는 그렇게 되고 싶지 않아요. 부모님은 운동도 거의 안 하고 식습관도 좋지 않았는데, 저는 그보다 더 건강한 삶을 원해요. 아이들에게 제가 누리지 못한 기회를 주고 싶어요. 강하고 활기차고 건강한 부모가 되기 위해 몸과 마음을 더 단련할 생각이에요."

또 다른 참가자는 이렇게 말했다. "결국, 건강하다는 건 내가 원하는 방식으로 몸을 자유롭게 사용할 수 있다는 의미라고 생각해요. 예를 들어 어떤 활동에 참여하거나, 문제를 해결하거나, 가고 싶은 곳에 가거나, 하고 싶은 일을 하는 데 건강 때문에 제약받지 않기를 바라는 거죠."

자신이 어떻게 느끼는지, 무엇을 할 수 있는지에 집중하는 것이 단순히 체지방을 줄이는 것보다 훨씬 큰 변화를 불러올 수 있다. 올바른 마음가짐과 기대를 가지고 접근하면 신체 활동은 신체 이미지를 개선할 수 있는 강력한 도구가 될 수 있다. 신체 활동으로 몸의 힘과 소중함을 직접 경험하고 자신과 다시 연결될 수 있다. 이 새로운 마음가짐은 자기 몸과 목표를 내면적이고 주체적인 시각에서 바라보는 것에서부터 출발한다. 몸을 이러한 방식으로 활용할 때 얻을 수 있는 큰 이점 중 하나는 자기 몸을 능동적이고 강한 존재로 경험하면서 자기대상화에 빠질 가능성이 줄어든다는 것이다. 몸을 움직이며 자신을 느끼는 데는 노력과 에너지가 필요하지만 그럼으로써 신체 감시와 자기대상화 경향을 줄일 수 있을 뿐 아니라, 체력과 힘, 속도, 능력을 키우며 완전히 새로운 방식으로 삶을 경험할 수 있다.

이러한 사고방식의 전환은 애초에 활동을 가로막았던 장벽을 허무는 데도 도움이 될 수 있다. "건강한 행동이나 활동을 하지 못했던 이유는 무엇인가?"라는 질문에 한 여성은 이렇게 대답했다. "신체수치심 때문이었어요. 못생기고 뚱뚱한 사람으로 보일까 봐 사교 모임이나 단체 운동을 피했죠. 자의식이 강해 헬스장에 가는 것도 꺼렸어요." 그녀의 대답은 3장에서 인용된 여성들처럼 자기대상화와 신체 감시 때문에 삶이 제약받았던 경험을 반영한다.

연구자들은 '비만'으로 분류된 사람들이 운동하는 데 큰 장벽 중 하나는 신체 이미지에 대한 인식이라는 사실을 발견했다. 특히 여성에게 '운동하기에 너무 뚱뚱하다는 느낌'이 가장 흔한 걸림돌 중 하나로 나타났다. 2002년 신체 활동과 체중 감량 설문조사 데이터를 기반으로 한 연구에 따르면, 실제 체중과 관계없이 신체 사이즈 만족도가 규칙적인 신체 활동에 상당한 영향을 미쳤다. 즉, 자기 몸 사이즈를 긍정적으로 느끼는 사람은—사이즈와 상관없이—부정적으로 느끼는 사람보다 규칙적으로 신체 활동을 할 가능성이 더 높았다.

어떤 형태든 운동이나 즐거운 신체 활동에 참여하는 것은 신체 이미지를 개선하는 실질적인 방법이다. 외모나 체중 대신 자신이 하는 일과 느끼는 것에 초점을 맞추도록 시각을 전환하는 데 도움이 되기 때문이다. 안전지대에서 벗어나는 것이 쉽지 않고 새로운 형태의 신체 활동을 시작하거나 비활동적인 생활에서 활동적인 생활로 전환하는 것이 신체 이미지에 혼란을 줄 수 있지만, 엄청난 변화를 경험할 수 있다. 수많은 여성이 스포츠와 운동으로 피트니스뿐만 아니라 자기 인식이 개선되었고, 자기대상화를 피하는 데도 도움을 받았다고 이야기한다. 특히, 10대나 대학 시절에 스포츠를 즐겼던 여성들은 그 당시의 경험을 자랑스러운 추억으로 간직하고 있다.

연구에 참여한 한 여성은 "중학교 때 운동에 빠져 지냈어요. 운동은 제가 좋아하고 잘하는 일이었어요. 소프트볼에서는 포수로, 배구에서는 단신 세터로 활약했어요. 제 신체 능력이 자랑스러웠고, 마음만 먹으면 무엇이든 할 수 있다고 믿었어요. 저는 운동을 정말 좋아해요. 운동이 주는 그 느낌, 강함, 활기참, 자신감이 좋아요. 특정 속도나 거리를 달성했을 때 느끼는 성취감은 말로 다 표현할 수 없는 기쁨이죠."라고 말했다.

여성들이 외모로만 건강을 측정하던 방식을 버리고, 행동 중심의 피트니스 목표를 설정하거나 스포츠에 참여하면 활력을 느끼고 자기 신체 능력에 대한 자신감이 쌓인다.

연구에 참여한 한 여성은 이렇게 말했다. "자전거를 타기 시작했는데 몸이 반응하는 모습에 정말 흥분돼요. 지난주에 독감에 걸렸는데도 3주 만에 주행 거리가 4배로 늘었어요." 또 다른 여성은 "규칙적으로 운동할 때 더 행복하고, 점점 나아지는 것 같아 기분이 좋아요. 예전보다 더 빨리 달릴 수 있고, 처음 시작했을 때보다 줌바가 더 쉬워졌어요."라고 말했다. 체중계 숫자나 청바지 입음새에만 집착하다 보면, 이런 작은 성취들은 놓치기 쉽다.

한 여성은 체중 감량을 처음 시도했을 때 수치심에 빠졌던 경험을 공유했다. "아기를 낳은 후 굶기 시작했어요." 대다수 여성의 이야기는 이 지점에서 끝난다. 그러나 그녀의 이야기는 달랐다. 굶주림의 고통이 그녀의 신체 이미지 혼란을 일깨우는 계기가 되었기 때문이다. 그녀는 "저는 도움이 필요하다는 것을 깨달았어요. 〔당신의 블로그〕를 비롯해 신체 이미지 관련 자료를 읽기 시작했어요. 그리고 10킬로미터 마라톤을 목표로 세웠어요. 지금은 마라톤 훈련을 감당할 수 있을 만큼 건강해지는 데 집중하고 있어요. 원하는 몸무게보다 많이 나간다는 사실을 받아들이기는 여전히 힘들지만, 지금은 건강과 근력에만 집중하고 있어요. 좋아하는 달리기를 할 수 있을 만큼 충분히 강해지려면 몸무게를 더 늘려야 하거든요. 체중계의 숫자나 옷 사이즈보다 세상에 이바지할 수 있는 것에 집중하는 것이 중요하다는 것을 깨달았어요. 세상에 공헌할 수 있는 가치 있는 일들이 많으니까요!"라고 덧붙였다.

몸을 도구가 아닌 장식으로 바라보는 피트니스 목표에서 벗어나려 할 때 피해야 할 함정은 무엇인가? 건강을 대상화된 시각으로 바라보고 있다면 두 가지 시각의 차이를 구별하기 어려울 수 있다. 스스로에게 물어보자. 내 목표가 체지방을 측정하는 것인가, 체력을 측정하는 것인가? 체지방 측정이 목표라면 목표는 시각적이고 물리적으로 측정할 수 있는 체중, 사이즈, 근육 표현, 근긴장도, BMI 수치가 될 것이다. 반면, 체력 측정이 목표라면, 목표는 눈에 보이지 않더라도 느끼고 싶은 감정, 경험하고 싶은 활동, 또는 바라는 검사 결과에 따라 설정될 것이다. 예를 들어 숨을 헐떡이지 않고 계단 ×개 오르기, 매주 일정 거리 걷기 또는 달리기, ×일까지 ×

킬로그램으로 ×회 반복하기, 매일 ×분 동안 특정 범위의 심
박수 유지하기, 혈압이나 콜레스테롤 낮추기, 혈당 조절하기
등이다.

사고방식을 전환할 때 염두에 두어야 할 사항이 있다. 운동
이나 피트니스 프로그램이 체중, 사이즈, 체형, 셀룰라이트,
신체 비율에 미칠 영향을 미리 가정하지 않는 것이다. 활동으
로 몸이 특정한 방식으로 변할 것이라는 희망을 버리기 어려
울 수 있다. 하지만 이상적인 몸에 대한 집착을 버리고 실현
할 수 있고 자신감을 고양하는 목표를 추구하면 미래에 더 큰
보상을 얻을 수 있다.

운동이 외부에 미치는 영향에 집중하는 대신, 내부에 집중
하면서 어떤 느낌이 드는지 실험해 보자. 좋아하는 운동을 찾
아 의식적으로, 주의 깊게 수행하며 좋아하는 점과 싫어하는
점을 점검해 보자. 어떤 근육이 사용되는가? 호흡은 어떤가?
그 과정에서 어떤 기분이 드는가? 외모로 주의가 분산되면 지
금 하는 일이나 경험으로 다시 주의를 되돌리자. 팔을 움직
일 때 어떻게 보일지 걱정하기보다, 움직일 때의 느낌에 집중
해 보자. 피부에 닿는 공기는 어떤 느낌인가? 이 순간, 느끼는
것, 하고 있는 것과 관련해 감사할 점은 무엇인가? 이 동작을
하면서 기분이나 에너지 수준에 어떤 변화가 느껴지는가?

또한, 몸에서 벗어나 외부로 주의를 돌릴 시간을 가져보자.
즐거운 신체 활동은 온전히 몰입할 기회를 제공하여 외모보

다는 당면한 과제에 집중할 수 있게 한다. 젖은 청바지처럼 무거운 자기대상화로 지치고 심란한 여성들이 잠시라도 그 부담에서 벗어날 수 있다면 큰 변화가 일어날 수 있다. 과도한 자의식에서 벗어나 안도감을 느낀 적이 언제인가?

『페이스 밸류: 아름다움이 여성의 삶을 형성하는 숨겨진 방식*Face Value: The Hidden Ways Beauty Shapes Women's Lives*』의 저자인 어텀 휫필드 마드라노는 여성 운동선수들이 자기대상화에서 벗어나 몰입 상태에 빠져 있는 모습을 이렇게 설명한다.

무언가 간절히 원할 때는 자의식이 개입할 여지가 없다. 외모, 자세, 헤어스타일, 화장, 예뻐 보이는지 성적 매력이 있는지—이 모든 요소가 머릿속에서 합쳐져 만들어내는 낮고 지속적인 소음을 당연한 상태로 받아들이게 된다. 그러나 열망하는 것이 생길 때 그 소음은 사라진다. 열망이 전면에 나서면 당신은 뒷자리로 물러날 수 있다. … 모든 여성의 삶에서 외모가 전면에 등장하지 않는 순간이 분명히 있다. 하지만 그 순간, 자신이 어떻게 보일지 전혀 신경 쓰지 않는다는 명백한 증거—시각적이고 반박할 수 없는 증거—를 보기란 드물다. 그러나 여성 운동선수를 관찰하

면 어떻게 보일지 전혀 신경 쓰지 않는다는 것을
알 수 있다.

도구적 활동과
장식적 활동 중에 선택하기

자기 몸을 장식이 아닌 도구로 사용하는 여성들을 보면, 몸
에 대한 의식을 내려놓고 자유롭게 움직여도 좋다는 자극을
받는다. 그러나 여성의 대상화가 일반화된 세상에서는 스포
츠와 활동이 모두 동일한 조건에서 이루어지지는 않는다. 활
동이나 스포츠에서 여성의 신체가 도구로 사용되는지 또는
장식으로 여겨지는지, 아니면 둘 다에 해당하는지 점검해 보
자. 일반적으로 선수의 성과가 공 넣기, 홈런 치기, 득점하기,
높이뛰기, 멀리 달리기 등 순전히 선수의 실력으로만 평가되
는 스포츠는 외모를 강조하지 않는다. 선수의 외적 매력을 평
가하는 채점 시스템도 없고, 외모가 이상적이지 않다고 해서
점수가 차감되지도 않는다. 농구, 축구, 소프트볼, 미식축구,
테니스, 수영, 육상, 라크로스, 조정, 수구 등이 이 범주에 속
한다.

반면 일부 스포츠와 활동은 미적 측면에 가치를 둔다. 예를

들어 치어리딩, 댄스, 아이스 스케이팅, 체조 등이다. 이런 운동들은 체력 향상에 도움이 되지만, 신체 이미지에 부정적인 영향을 미치고 자기대상화를 조장할 수 있다. 이상적인 아름다움에 맞춰 날씬해야 하고 과도한 화장을 해야 한다는 압박을 높이기 때문이다. 그렇다고 해서 이러한 활동들이 나쁘거나 무조건 피해야 한다는 의미는 아니다. 이런 활동에 참여하고 있거나 관심이 있다면, 부정적인 영향을 인지하고 이를 완화하기 위해 신중하고 적극적으로 대처할 필요가 있다. 이 점은 여성이 평가되고 판단되는 방식을 관찰해도 알 수 있지만 소녀와 여성이 자신의 실제 경험담을 공유한 이야기에서도 확인된다.

한 여성은 자신의 경험을 이렇게 공유했다. "어릴 때 댄스와 치어리딩을 했어요. 이 두 스포츠는 신체 이미지가 심각하게 왜곡될 수 있어요. 8학년 때 새로운 치어리딩 클럽에 들어갔는데, 엄마가 다른 여자아이들처럼 보이려면 변화를 줘야 한다고 얘기했던 기억이 나요. 저는 제 몸과 다른 사람들의 몸을 늘 의식하며 살았어요. 어렸을 때 무용과 치어리딩을 했던 경험 때문인지, 미디어 때문인지는 잘 모르겠어요."

미적 요소가 강조되는 스포츠 활동에는 자기대상화가 내재해 있다. 몸이 어떻게 보이는지, 특정하고 항상 마른 이상에 얼마나 부합하는지 끊임없이 의식하는 것은 참여와 성공에도 반영된다. 일부 코치, 심판, 부모, 교사는 이러한 압박을 강화하기도 하지만, 다행히 이를 완화하려는 사람들도 있다.

작가이자 무용수, 강사인 어맨다 트러스티Amanda Trusty는 『허핑턴 포스트Huffington Post』 기고 글에서 24년간 발레 훈련을 받으며 들었던 지시들에 관해 이야기했다. 배를 집어넣고 엉덩이를 조이는 등 외모를 완벽하게 유지하는 데 집중하라는 명령이었다. "이제야 제 모든 불안감이 어디서 시작되었는지 알게 되었어요. 시작은 7살 때 발레 바에서 첫 자세를 잡을 때였죠. 20년이 지난 어느 날 문득 저도 7살짜리 학생들에게 똑같은 지시를 하고 있다는 사실을 깨달았어요. 앞으로는 이런 지시를 하지 않을 생각이에요. 그 말들이 제 어린 시절에 얼마나 깊은 영향을 미쳤는지 알면서, 어떻게 제 학생들에게 배를 집어넣고 엉덩이를 조이라고 말할 수 있겠어요?"

그녀는 그 후 몇 주 동안 소녀들에게 하는 지시를 신체 사이즈에 낙인을 찍거나 날씬함을 강조하지 않는 방식으로 새롭게 재구성했다. '플리에를 할 때 엉덩이를 안으로 집어넣고 튀어나오지 않게 하라.'는 흔한 지시 대신 '꽁지깃을 바깥으로 내밀지 말고, 아래로 내리라.'라는 요청으로 바꿨다. 그녀는 소녀들에게 꼬리뼈에 '아름다운 꽁지깃'이 연결되어 있다고 상상해 보라고 말한다. 엉덩이를 숨기거나 조이라는 지시 대신, 꽁지깃을 아래에 있는 물웅덩이에 살짝 담그는 상상을 해보라고 한다. "꽁지깃 개념은 엉덩이 크기를 의식하지 않고도 플리에 동작을 완벽하게 구현할 수 있게 해 줘요."

트러스티의 혁신적인 접근법은 소녀와 젊은 여성에게 미치는 언어의 영향을 인지해야 할 책임이 있는 부모, 코치, 지도자에게 훌륭한 본보기이다. 특정 스포츠나 활동의 규범과 전통이 어떠하든 간에, 소녀에게 하는 지시와 조언이 과거 우리 삶에 부정적인 영향을 미쳤던 대상화 메시지를 강화하고 있는 것은 아닌지 신중하게 살펴봐야 한다.

몸을 의식하게 되는 운동복이 자신에게 어떤 영향을 미치는지도 주의 깊게 살펴보자. 연구원 이방카 프리차드Ivanka Prichard와 마리카 티게만Marika Tiggemann은 피트니스 센터에서 몸에 꼭 붙는 운동복을 입은 여성이 헐렁한 티셔츠나 스웨트팬츠, 조거팬츠를 입은 여성보다 외모에 더 신경 쓰고, 습관적으로 몸을 점검한다는 사실을 발견했다. 연구원 피터 스트렐란Peter Strelan과 그의 동료들도 피트니스 센터의 거울과 같은 주변 환경이 여성의 자기대상화를 촉진한다고 밝혔다. 노출이 적은 유니폼과 운동복은 자의식 감소와 성과 향상에 도움이 될 수 있다. 같은 스포츠에서 남녀 선수들의 유니폼이 크게 달라서는 안 되기 때문에 더 평등한 조건에서 경쟁할 수 있다. 달리기하거나 헬스장에서 운동할 때 여성과 남성의 운동복에 대한 압박과 기대가 크게 달라서는 안 된다.

운동하기에 '너무 뚱뚱하다'고 느끼거나 운동복을 입었을 때 스스로 위축되어 신체 활동을 주저한 적이 있는가? 외모에 신경 쓰지 않도록 노력해 보자. 거울 앞에서 운동하는 것을 피하거나, 자세를 확인할 때만 거울을 사용하고 그 후에는 시선을 돌리면 된다. 또는 거울 속 자신의 눈을 마주하며 몸을 장식이 아닌 도구로 사용하는 경험을 의식적으로 확인한다. 다양한 운동복을 시도해 보자. 파스텔 색조의 몸에 꼭 끼는 운동복은 인스타그램에 올릴만한 귀여운 옷일 수 있지만, 옷 때문에 외모에 관한 생각을 떨치기 어렵다면 좀 더 헐렁하거나 몸을 감쌀 수 있는 옷을 입는 것이 좋다. 가능하면 강사나 코치에게 외모에 신경 쓰지 않고 운동에만 집중할 수 있도록 더 편안한 복장이나 유니폼을 입고 싶다고 말하자. 프로 농구 선수들은 기본 유니폼 아래 압박바지, 스판덱스, 티셔츠를 항상 입는다. 최상의 컨디션을 유지하고 최고의 기량을 발휘하는 데 필요한 것은 무엇이든 시도해 보자.

더 건강한 변화 전과 변화 후

대상화가 건강에 미친 영향을 되돌리기는 쉽지 않지만, 충분히 가능하다. 평생 몸을 장식적인 가치로 판단해 왔다 하더라도, 이제는 몸을 도구로 바라보는 시각으로 전환할 수 있다. 우리는 이 사실을 경험과 연구로 확인했다. 이 과정을 건강과 피트니스 개선을 위한 '전후' 변화라고 생각하자. 다음은 연구 참가자들이 3주 동안 더 많이 보고 느끼는 법을 배우기 전과 후의 마음가짐을 밝힌 실제 사례 세 가지이다.

변화 전: "제 몸이 마음에 들지 않아요. 아침에 몸에 만족하며 깨어난 날이 언제인지 모르겠어요. 늘 살을 뺄 수 있는지 또는 빼야 할지를 생각해요. 살이 찔 것 같은 음식을 먹으면 엄청난 죄책감에 사로잡혀요. 건강한 몸에 감사하지만 더 날씬하면 좋겠다는 생각이 들어요."

변화 후: "제 몸에 감사해요. 아픈 사람도 많은데, 팔다리도 멀쩡하고, 장기도 모두 정상적으로 기능하고, 매일 통증 없이 건강하게 지내니까요."

변화 전: "자의식이 강해요. 원하는 모습과 실제 모습이 다르고 셀룰라이트, 흉터, 정맥 등 감추려는 부분이 많아요. 항상 '저 여자처럼 외모가 바뀌면 좋겠다.'라고 생각해요."

변화 후: "제 몸은 아직 완성형이 아니라고 생각해요. 불완전하지만 긍정적으로 받아들이려고 노력해요. 우리 몸은 정말 놀라운 능력을 지니고 있어요. 어떻게 활용하느냐에 따라 많은 것을 해낼 수 있죠. 그 점에 집중하면 몸에 훨씬 만족할 수 있어요. 특히 제왕절개 수술을 받고 5개월 만에 20킬로미터 장애물 코스를 완주할 수 있었다는 점에서 내 몸이 정말 대단하다고 생각해요!"

변화 전: "제 몸은 외모와 기능 모두에서 실망스러울 때가 많아요. 아프고 피곤할 때가 많고, 특히 옷을 벗었을 때 예쁘

지 않아요. '머핀 탑머핀의 생김새와 비슷하다는 이유로 꽉 끼는 바지 위에 삐져나오는 뱃살을 가리키는 말—옮긴이', 납작한 가슴, 다리의 셀룰라이트가 불만이에요. 다른 사람들의 이미지나 못나 보이는 사진을 보지 않으려 애쓰면서, 지금의 몸에 최대한 만족하려고 노력해요."

변화 후: "지금은 몸에 훨씬 만족해요. 가족과 함께 즐겁고 활동적인 일을 할 수 있는 에너지와 힘이 내 몸에 있다는 걸 알게 되었어요. 솔직히 어떤 사이즈가 돼도 멋져 보이지는 않을 거로 생각하기 때문에 외모로 만족도를 측정하지 않으려고 해요. 나는 강인하고 튼튼해서 어떤 일이든 해낼 수 있을 것 같은 느낌이 들어요."

자신의 건강을 더 잘 이해하기 위해서는 몸을 경험하는 방식에 영향을 미치는 요소들을 폭넓게 살펴보아야 한다. 가족과 지역사회의 건강 결과에 영향을 미치는 제도적 불평등과 건강을 대상화하도록 배워온 개인적 방식 모두 여기에 포함된다. 그동안 수치와 이상적인 외모에만 집중하도록 훈련받았다면, 이제는 자신의 건강을 더 많이 볼 수 있어야 한다. 그럼으로써 내 몸은 감상하고, 고치고, 평가해야 할 장식이 아니라 나만의 이용과 경험을 위한 도구가 된다. 관점을 전환하고 외부가 아닌 내부에서 몸을 경험한다면 자신의 신체적 힘을 더 잘 활용할 수 있을 것이다.

6장

회복탄력성,
되찾은 나

- 당신의 몸을 더 긍정적으로 느끼기 위해 당신은 어떤 자원을 활용했는가?
- 스스로 신체 이미지를 개선하기 위해 시도했거나 들어본 자기계발 방법들은 무엇인가?
- 그 가운데 효과가 있었던 전략과 그렇지 않은 전략은 무엇인가?

내면의 힘 키우기

> 여성이 자기 자신을 잃으면 세상도 길을 잃는다. 지금 우리에게 필요한 것은 더 이상 이타적인 여성이 아닌 세상의 기대를 벗어나 오로지 자기 자신으로 충만한 여성이다. 자기 자신으로 가득 찬 여성은 할 말을 하고 필요한 행동을 할 만큼 자신을 인지하고 신뢰한다. 그리고 불필요한 나머지는 태워버린다.

글레넌 도일Glennon Doyle,
『언테임드: 나는 길들지 않겠다Untamed』

대상화의 바다에서 신체 이미지는 파도에 휩쓸리고, 조류에 끌려가며, 젖은 옷에 짓눌리고, 잘못된 지도를 따라가다 길을 잃는다. 이 혼란 속에서 우리는 어떻게 살아남을 수 있을까? 더 나은 신체 이미지 해결책을 찾기 위해 무엇을 할 수 있을까? 부정적인 신체 이미지는 복잡한 문제이며, 해결책 또한 간단하지 않다. 지난 수십 년간 인기를 끌었던 전략들도 이런 혼란과 절망의 늪에서 우리를 끌어내지 못하고 오히려 여성의 몸에 대한 대상화를 강화했다. 신체 이미지를 개선하려는 노력이 외모에 대한 긍정적인 감정에만 초점을 맞추는 한, 외모 중심적인 대상화의 틀에 갇힐 수밖에 없다.

대중매체에서 신체 긍정 운동과 신체 다양성이 인기를 끌고 우리 사회가 여러 형태의 이상적인 몸을 폭넓게 수용하는 방향으로 나아가고 있음을 보여주고 있지만, 소녀와 여성이 자기 몸을 느끼는 방식은 여전히 제자리걸음이다. '아름다움'의 개념을 확장해 긍정적인 신체 이미지를 촉진하려는 노력이 시작된 지 15년 가까이 흘렀다. 그러나 소녀와 여성은 여전히 신체수치심의 부담에 짓눌리고 고통받는 것으로 보인다.. 프랑스 통신사 아에프페Agence France-Presse가 정신분석학자 수지 오르바흐Susie Orbach에게 40여 년 전 그녀의 베스트셀러『비만은 페미니즘 문제Fat Is a Feminist Issue』를 저술했을 당시와 2018년 여성의 신체 이미지 문제의 차이를 질문하자, 그녀는 "상상했던 것보다 훨씬 심각해졌다."고 답변하며 이렇게 덧붙였다. "모든 종류의 산업이 비만 불안을 조성해 이를 이용하고 있습니다. 사람들이 대화 중에 먹거나 피하는 음식, 요가 루틴 등에 대해 쏟아내는 말을 들어보면 우리 사회의 고통 수준을 알 수 있습니다."

대중적인 전략들이 문제를 해결하지 못한 근본적인 이유는 바로 우리 문화가 신체 이미지를 이해하는 방식 때문이다. 우리는 신체 이미지를 외부에서 온전히 시각적으로 이해하고 인식할 수 있는 모습으로 생각하는 데 익숙하다. **그러나 신체 이미지는 단순히 외모나 외모에 대한 감정이 아니다. 신체 이미지는 인생을 살아가고, 경험하고, 그 속에서 성장하는 몸에 대한 감정이다.** 신체 이미지는 오로지 내면에서만 인식되고 이해될 수 있다. 이는 '자기 몸을 어떻게 느끼는가?'라는 질문과 '자기 몸이 보이는 방식을 어떻게 생각하는가?'라는 질문의 차이다. 과거의 자기 계발 노력이 미흡했던 방식과 이유를 이해하기 위해, 지난 수십 년간 유행했던 신체 이미지 개선 메시지를 분석해 보자. 신체 이미지 개선을 위한 자기 계발 전략을 더 깊이 이해하게 되면, 자신을 더 효과적으로 돕는 방법을 배울 수 있다.

신체 이미지를 둘러싼 산업

'당신은 스스로 생각하는 것보다 더 아름답습니다.'

유니레버 산하의 바디 제품 브랜드인 도브는 2004년부터 다양한 체형의 여성들이 속옷을 입고 등장하는 '리얼뷰티Real Beauty' 광고 캠페인으로 입소문을 탔다. 2013년에는 '리얼뷰티 스케치Real Beauty Sketches' 캠페인이 또 한 번 화제가 되었다. 이 영상에서 도브는 화가에게 여성들을 두 방식으로 그리게 했다. 하나는 타인들이 그 여성을 묘사한 모습전통적으로 아름다운 모습대로, 다른 하나는 여성 본인이 자기를 묘사한 모습덜 아름답다고 느끼는 모습대로 스케치했다. 영상은 '당신은 당신이 생각하는 것보다 더 아름답습니다'라는 문구로 마무리되었다. 2014년 선댄스영화제에 공개된 도브의 차기 캠페인은 셀카를 찍고 자신의 아름다움을 인식함으로써 '한 번에 한 장씩 아름다움을 재정의하자'고 여성들을 독려했다. 이 메시지의 문제점은 이 책의 앞부분148쪽에서 논의한 바 있다.

도브만이 신체수치심을 겨냥한 전략을 사용하는 기업은 아니다. '당신은 당신이 생각하는 것보다 더 아름답습니다.'라는 메시지는 '당신은 지금 이대로 아름답습니다.' 또는 '당신이 생각하는 결점은 당신을 더 아름답게 합니다.'와 같은 메시지와 다를 바 없다. 물론, 우리는 비현실적인 이상과 비교하며 평생 자신을 열등하게 느껴 온 소녀와 여성이 스스로를 아름답다고 느끼기를 바란다. 이러한 접근은 일차원적인 미의 기준과 어떤 몸과 얼굴이 사랑받을 가치가 있는지 수십 년간 일관되게 설파해 온 메시지에 대한 타당한 반응이다. 그러나 '우리가 아닌 어떤 무언가'가 아닌 '우리가 바로 그것'이라고 홍보하더라도, 끊임없이 아름다움에 초점을 맞추는 것은 소녀와 여성에게 아름다움은 여전히 문화적으로 중요하다고 각인시키는 것이다.

자세히 들여다보면 아름다움과 건강, 더 나은 신체 이미지를 달성하려는 지도들은 놀라울 정도로 서로 비슷하다. 목적지에 도달하기 위한 과정과 전략은 다를 수 있지만, 궁극적인 목적지는 동일하다. 바로 '아름답다고 느끼는 것'이다. 자기 계발과 신체 자신감을 키우는 여정을 시작했다고 해도, 이 여정 또한 주류를 차지하는 이상적인 아름다움만큼이나 도달하기 어려울 수 있다. 끊임없이 변화하는 아름다움의 기준, 길을 잃게 만드는 수치심의 파도, 능력과 유전적 차이, 수많은 다른 요인들 때문에 대부분의 사람은 이상적인 아름다움의 확장된 기준조차 맞추기 어렵고, 자기 외모에 대해 지속적으로 만족감을 느끼기 어렵다.

우리는 여성들이 고통받는 이유가 단순히 아름다움이 정의되는 방식 때문만이 아니라, 아름다움으로 정의되기 때문이라고 믿는다. 우리의 가치는 타인에게 보이는 신체적 매력으로 매겨지고, 자신이 보는 신체적 매력을 자기 신체 이미지로 규정하면서, 자신과 타인에게 아름답게 보이고, 아름답다고 느껴야 한다는 부담을 안고 살아간다. 문제의 근원은 유행에 따라 바뀌는 이상적인 아름다움이 아니라, 대상화 그 자체이다.

소녀와 여성들이 자신의 외모에 대한 감정을 개선하는 데 집중하는 신체 이미지 개선 캠페인과 노력은 결국 그들을 대상화의 바다에서 허우적거리게 할 뿐이다. 이들은 시시각각 변하는 문화의 흐름에 휩쓸리면서 언제라도 바람이 빠지고, 뒤집히고, 부서지고, 가라앉을 수 있는 안전지대라는 구명보트에 매달린다. 이러한 전략들은 일시적 안도감을 주는 한편, '우리는 아름답다.'는 메시지로 신체수치심을 억누르면서 신체 이미지가 개선되고 있다는 환상만을 줄 뿐이다.

'당신은 당신이 생각하는 것보다 더 아름답습니다.'라는 메시지는 문화적 변화를 창출하기에는 부족한 전략이었지만, 상업적으로 큰 성공을 거두었다. 도브의 '리얼뷰티 스케치' 광고 두 편은 유튜브에 공개되고 몇 주 만에 3,500만 회 이상의 조회수를 기록했다. '리얼 뷰티' 캠페인을 시작한 후에는 매출이 25억 달러에서 40억 달러로 급증했다. 도브는 광고에 '진짜 여성들'(도브 측 표현이다.)을 포함해 메시지를 전달하여 아름다움의 이상이 확장되기를 갈망하는 여성들의 마음을 사로잡았다.

이러한 신체 이미지 개선 전략은 여전히 아름다움을 가치의 핵심으로 유지하기 때문에 기업은 여성의 불안과 외모 집착을 이용해 이익을 거둘 수 있다. '진짜가 아름답다'면서도, 여성의 '진짜' 미용 문제를 해결한다고 약속하는 제품들로 수백만 달러의 수익을 올렸다. 예를 들어 셀룰라이트를 최소화하는 '피부 탄력' 크림, '더 부드럽고 아름다운' 겨드랑이를 위해 피부 톤을 고르게 해 주는 '겨드랑이 메이크오버' 데오드란트와 같은 제품들이 있다. 이들은 행동주의 언어와 이미지를 차용해 기존 미용 제품을 성공적으로 마케팅했다. 이것이 바로 상품화된 신체긍정주의의 실체다. 악의적이라고 말할 수는 없지만 이익은 확실하게 거두었다. 이 점은 뒤에서 좀 더 자세히 다루겠다.

'모든 몸은 아름답다'

최근 몇 년 동안 온라인에서 #신체긍정 #bodypositivity 또는 #bopo 운동은 '좋은' 몸에 대한 기존의 관념에 도전하며 '모든 몸이 아름답다'는 메시지를 전하며 많은 사람을 격려하고 있다. 신체긍정주의는 자기 몸을 소중히 여기고, 다양한 몸을 존중하는 데 중점을 둔다. 이는 역사적으로 몇 가지 신체 형태만을 아름답다고 여겨온 세상에서 매우 중요한 가치이다.

신체긍정주의는 비만수용운동에서 시작된 활동의 한 분파

로, 많은 여성의 몸이 주류 미디어에서 배제되거나 삭제되었으며, 비정상적이고 수치스러운 것으로 묘사되어 왔다는 사실에서 비롯되었다. 여성이 자신을 아름답고 수용 가능한 존재로 여기고, 다른 사람들 역시 자신을 그렇게 보기를 바라는 것은 지극히 자연스러운 일이다. 이들은 자신과 비슷하게 눈에 띄지 않는 신체적 특징을 가진 사람들이 자신이 필요할 때 보지 못했던 몸을 볼 수 있기를 바란다. 그래서 가장 유명한 #신체긍정주의 스타들은 주류 미디어에서 소외되거나 부끄럽고 열등하게 여겨졌던 체형을 포함한 비키니 셀카나 란제리 사진을 공유하고 기념한다. 이러한 방법으로 주류 미디어에서 긍정적이고 행복한 방식으로 다루지 않는 다양한 여성들을 표현함으로써 미디어에서 그들의 힘을 되찾고 있다.

신체긍정주의 운동은 비현실적이거나 지속불가능한 이상을 추구하는 관행에 안전한 대안을 제시한다. 자신감을 얻기 위해 불가능한 목표에 도달하려고 애쓰는 대신, 이미 도달한 자신의 모습을 상상함으로써 원하는 효과를 얻을 수 있다고 말한다. 신체긍정주의는 깊은 신체수치심을 안고 대상화의 바다에서 가까스로 호흡하며 분투하고 있는 많은 사람에게 그 곳을 벗어날 구명튜브가 되어준다. 우리 문화가 찬양해 마지않는 편협한 이상에 부합하지 않는 몸을 위로하고 존중하는 메시지는 커다란 해방감을 안겨준다. 자기 몸에 부정적인 감정을 느낄 때, 나와 비슷한 모습의 누군가가 자신의 사이즈나 외모를 부끄러워하지 않고 자기 몸을 당당하게 포용하는 모습을 처음 본다면, 인정받는 느낌이 든다. 사람들은 온라인에서 자기 몸이 긍정적으로 받아들여지고 자신의 체형에 대한 인식이 정상화되는 모습을 보며 위안을 얻는다.

다양한 여성의 신체 이미지를 공유하고 인정함으로써 신체 이미지를 개선하는 이 전략은 인기 있고 많은 사람에게 꼭 필요한 구명튜브와 같은 역할을 한다. 그러나 그 효과에는 한계가 있다. 신체긍정주의를 구명튜브에 비유하는 이유는 신체 수치심의 부정적 영향에서 일시적이나마 벗어날 수 있게 해 주지만, 아무리 유용해도 구명튜브에 영원히 매달리려는 사람은 없기 때문이다. 물론, 이러한 메시지는 몸을 있는 그대로 사랑하고 받아들이라고 다시 한 번 일깨워 준다. 그러나 여전히 우리는 대상화의 바다에 떠 있는 상태이다. '아름답다'거나 '받아들여질 수 있다'고 여겨지는 몸의 기준이 확장된다고 해도, 그 초점은 여전히 외모에 맞춰져 있다. 이 방식은 사람들이 자신의 가치를 외모를 기준으로 평가하게 하고, 자기 외모가 마음에 든다 해도 자기대상화의 부담에서 벗어나지 못하게 한다.

수치심으로 우리를 압도하는 신체 이미지 혼란의 파도에 휩쓸리면 신체 긍정의 구명튜브도 놓칠 수 있다. 아름다움이 우선시되고, 주변 사람들과 산업이 '아름다움'을 제한적인 방식으로 정의하는 환경에서는 자기 몸에 대한 긍정적인 태도를 유지하기가 어려울 때가 많다. 아름다움에 대한 상충하는 메시지가 쏟아지는 가운데 자신의 아름다움을 어쩔 수 없이 잃게 되면 어떻게 될까? 신체긍정주의 커뮤니티에서조차 내 몸이 다른 사람들과 너무 달라 진정한 위로나 안정감을 찾지 못하면 어떻게 될까?

가장 인기 있고 주류 문화에서 찬양받는 #신체긍정주의 활동가들이 허벅지가 조금 더 크거나 배가 약간 더 둥글다는 점 외에는 여전히 주류 아름다움의 이상을 반영한다면, 과연 어떤 일이 벌어질까? 전통적으로 아름답다고 여겨지는 완벽한 피부의 백인 여성이나, 플러스사이즈 범위의 하단에 속하는 모래시계 체형의 건강한 여성들은 신체긍정주의 운동에서 쉽게 위안과 연대를 찾을 수 있을 것이다. 반면, 유색인종 여성, 장애 여성, 전형적인 여성미에 부합하지 않는 여성, 허용되는 사이즈와 체형을 넘어서는 여성, 고급 브랜드와 스타일링을 누릴 경제적 여유가 없는 사람들은 여전히 자신이 존재감 없고, 무시당하거나 하찮게 취급된다고 느낄 수 있다. 인종, 계급, 능력의 교차점에서 제기되는 문제들은 신체긍정주의 분야에서 주요 관심사로 자리 잡았다. **선의에서 비롯되었을지라도, 사람들과 기업들이 결국 소수에게만 유리하고 나머지는 소외시키는 제한적 이상을 단지 약간 확장된 범위에서 재생산하는 경우가 빈번하다.**

이 구명튜브는 필요할 때 잠시 물 위에 떠 있을 수 있게 해

주지만, 우리에게 절실하게 필요한 지속적이고 근본적인 변화를 불러오지는 못한다. 다양한 여성의 몸을 포용하는 데 신체 이미지 개선 노력을 집중하다 보면 무엇이 진정한 힘을 주는 것인지, 무엇이 우리가 이미 잠겨 있던 대상화의 조건을 단순히 재생산하는 것인지 구분하기 어려울 수 있다. 이런 상황에서 주로 남성 시청자의 성적 흥분을 불러일으키기 위해 여성을 비하하고 축소하며 여성의 몸을 성적으로 대상화하는 정형화된 이미지와 기존의 틀을 깨고 여성 시청자에게 힘을 실어주기 위해 제작된 #신체긍정주의 이미지를 어떻게 구분할 수 있을까?

결점이라고 여겨지는 자기 몸을 포용한다는 의미로, 여성들이 신체 중심적인 사진을 온라인에 공개적으로 게시할 때가 있다. 그 게시물이 여성을 상처 입히고 비하하는 기존의 대상화 이미지를 단순히 모방하는 방식에서 벗어나 여성에게 긍정적인 영향을 주는 진보적인 신체긍정주의로 바뀌는 구분선은 어디일까? 일정 체중이나 사이즈를 초과하면 자동으로 진보적이고 힘을 주는 이미지가 될까? 아니면 본인의 외모가 마음에 들지 않지만, 용기를 내서 사진을 올리면 신체긍정주의가 되는 걸까? 아니면 튼살이나 셀룰라이트가 보이면 되는 걸까? 아니면 이상적인 사이즈에 가깝지만, 몸을 꺾어 의도적으로 배에 주름을 만들면 되는 걸까?

물론 신체긍정주의 게시물의 의도는 성적으로 대상화된 여성의 몸을 타인들이 소비하도록 만들어진 일반적인 대상화 이미지와는 크게 다르다. 하지만 영감을 주는 캡션을 제거하면 결국 여성의 몸이 노출되고, 공유되며, 비교되고, 평가되고, 주목받는다는 점은 동일하다. **몸의 다양성을 인정하고 존중하는 것은 포용적이고 도움이 되지만, 여전히 여성의 외모를 중심에 두고 있다.** 이 접근 방식은 여성들이 외모로 자의적인 평가를 받는 구조에 의존하며, 단지 어떤 몸이 보일 가치가 있고, 소비될 가치가 있는지를 정하는 기준만 다소 확대되었을 뿐이다.

'모든 몸은 비키니 몸이다'

외모 중심적인 신체긍정주의가 인기를 끌면서 여성들이 신체 자신감을 표현하는 방식 또한 새로운 기준이 만들어지며 달라졌다. 이 흐름은 '모든 몸은 비키니 몸이다!'라는 유명한 슬로건으로 요약할 수 있다. 그러나 이 구호는 곧 사진으로 증명해야 하는 또 다른 압박이 되었다. 사진이 없으면 사실이 아니라는 식이다. 이제 비키니 입은 사진을 인스타그램에 올리는 것이 신체 자신감을 드러내는 최고의 기준이 되었다. 물론 누구든 원한다면 비키니를 입을 수 있고, 어떤 몸이든 비키니 몸이 될 수 있다. 하지만 왜 많은 이들이 비키니를 입는 것이 몸을 사랑한다는 뜻이고, 몸을 사랑하면 비키니를 입어야 한다는 생각에 사로잡히게 된 걸까?

많은 사람이 낮은 자존감과 부정적인 신체 이미지로 어려움을 겪는 이유는 외모가 자신의 가치를 정의한다는 신념 때문이다. 외모가 가장 중요시되고, 신체 자신감이 단순히 외모를 받아들이는 것으로 축소될 때, 공개적으로 허용된 복장 중 가장 노출이 많은 비키니가 우리 삶에서 상상을 초월한 권력을 갖게 되는 것은 어찌 보면 당연한 일이다. 우리는 이를 비키니 폭압이라고 부른다. 왜 폭압일까? 어떤 옷도—좋은 의미로든 나쁜 의미로든—그와 같은 권력을 가질 수 없고, 가져서도 안 되기 때문이다. 오랜 세월 동안 비키니는 우리 중 '가장 섹시한' 여성들만 입는 옷으로 추앙되었다. 하지만 최근 몇 년간, 신체긍정주의 운동이 활발해지면서, 여성들은 모든 사이즈의 여성들이 비키니를 입을 수 있을 만큼 편안함을 느낄 수 있도록 비키니에 대한 특권 의식을 무너뜨리기 위해 노력해 왔다.

비키니를 입는 이유는 다양하다. 수영장에서 화장실 가기가 더 수월하다. 몸통이 짧은 원피스 수영복을 입을 때 생기는 사타구니와 어깨의 압박을 피할 수 있다. 훨씬 균일하게 태닝할 수도 있고, 멋져 보일 수도 있다. 또는 '수수한 것이 가장 섹시하다.'라거나 '남자들에게 걸림돌이 되지 마라.' 같은 억압적인 사고방식에서 벗어난 해방감을 느낄 수도 있다.

하지만 비키니를 입고 움직이거나 놀거나 수영할 때 계속 신경 쓰며 조절해야 할 수도 있다. 민감한 피부가 햇빛, 모래, 바닷물, 뜨거운 의자에 과도하게 노출되어 불편할 수 있다. 실용적이지 않고, 불편하고, 끊임없이 외모를 신경 쓰게 될 가능성이 높다. 사실, 마지막 요소는 당신이 비키니를 입었을 때 자신을 멋지다고 생각하든, 별로라고 생각하든, 거의 피할 수 없는 부분일 가능성이 크다.

비키니의 디자인이나 착용 느낌이 좋아서 입을 수도 있고, 자기 몸이 죄악시되거나 다른 사람의 소유물처럼 여겨지는 사고에 반발해 입을 수도 있다. 멋진 선택이다. 우리는 미디어나 수영장, 해변에서 다양한 몸을 보는 것을 좋아한다. 누구나 수영할 자격이 있고, 그 과정에서 편안함을 느낄 수 있어야 한다. 하지만 남성에게 인스타그램에 수영복 사진을 올려 자신감을 증명하라고 요구하는 사람은 없다. 물론 이는 이성애자 남성에게 해당한다. 동성애자 남성은 온오프라인 모두에서 여성과 비슷한 신체 압박을 겪는다. 이러한 압박의 많은 부분은 성별에 상관없이 외모를 바라보고, 평가하고, 소비하는 남성의 성적 시선에서 비롯된다. 학자 미첼 우드Mitchell Wood는 1975년에 로라 멀비Laura Mulvey가 제시한 '남성의 시선male gaze' 개념을 확장해 '동성애자 남성의 시선gay male gaze'을 포함했다. 그는 이렇게 썼다. "대상화의 복잡성을 증폭시키면서, 동성애자 남성은 다른 남성의 대상화 대상이자 실행자이기도 하다."

대상화가 만연한 세상에서 온라인에 자기 몸을 더 많이 드러내는 것이 진정한 해방과 힘의 원천처럼 느껴질 수 있고, 비키니 사진이 자기애와 자신감을 보여 주는 최고의 방법처럼 보일 수 있다. 하지만 우리는 이에 동의하지 않는다. 수영복은 그저 물속에서 입는 옷일 뿐, 명예 훈장이나 용기, 자부심의 증거가 아니다. 수영복은 신체 이미지에 대해 그 어떤 것도 증명하지 않으며 그럴 필요도 없다. 수영복은 그저 수영복일 뿐이다.

상품화된 신체긍정주의

수영복과 뷰티 중심의 긍정적인 신체 이미지 전략들이 주류에서 널리 받아들여진 이유는 효과가 압도적이어서가 아니라 수익성이 높기 때문이다. 풀뿌리 운동에서 시작된, 행동주의 중심의 #신체긍정주의는 유행을 이용해 이익을 추구하려는 기업과 개인에 의해 차용되었다. 우리는 이를 상품화된 신체긍정주의라고 부른다. 이런 수익 중심의 변종은 얼핏 보면 여성들에게 획기적인 변화처럼 보이지만, 실제로는 제품, 서비스, 또는 기업의 단순한 브랜드 변경에 불과하다. 이런 기업들은 계속해서 여성을 주변화하고 대상화하면서, 여성의 불안감을 이용해 이익을 얻는다.

이 현상은 겉보기에는 여성에게 진전처럼 보인다. 하지만 그 진전에는 대가가 따른다. 결국 당신의 몸을 조금도 신경 쓰지 않는 사람들에게 이익으로 돌아가는 경우가 부지기수다. 사실, 그들은 당신이 자신을 형편없다고 생각하기를 바랄지도 모른다. 당신의 결점을 해결해 준다는 명목으로 제품을 팔기 때문이다. 유니레버, 웨이트워처스, 「스포츠 일러스트레이티드 수영복 특집Sports Illustrated swimsuit issue」 미국 잡지 『스포츠 일러스트레이티드(Sports Illustrated)』에서 발행하는 연간 특집호로 이색적인 풍경에서 수영복을 입은 모델이 잡지 커버를 장식하는 게 특징—옮긴이 등 사례는 헤아릴 수 없이 많다. 그렇다. 이게 바로 자본주의다. **소외된 사람들을 위한 진전처럼 보이지만, 실제로는 이들을 대상으로 이윤을 창출한다. 대중과 소비자들은 이러한 조작에 쉽게 넘어간다.**

상품화된 신체긍정주의는 진보와 보수 양측 모두에게서 환호를 끌어낸다. 예를 들어 성차별적이고 여성의 몸을 대상화하는 것으로 악명 높은 「스포츠 일러스트레이티드 수영복 특집」은 일반적인 모델보다 몇 사이즈 더 큰 모델을 기용하거나, 남성 독자와 광고주들이 일반적으로 선호하던 몸매 기준보다 더 근육질의 젊은 올림픽 체조 선수를 등장시킨다. 이 여성들은 바닥에 엎드리거나, 거의 또는 완전 나체로 몸에 페인트칠을 한 채 가슴을 손으로 가리고 입술을 벌리고 내민 상태로 비키니 하의를 끌어 내리며 등을 활처럼 구부린다. 이는 세계에서 가장 인기 있는 스포츠 잡지에서 여성에게 기대되는 전형적인 자세들이다. 그럼에도 이러한 모습이 신체긍정주의라는 이름으로 포장되어 '진전'으로 칭송받고 있다.

분명히 짚고 넘어가야 할 문제가 있다. 이 잡지는 독자에게는 성적 자극을, 여성에게는 #신체목표를 제공함으로써 특집호와 광고주로부터 수백만 달러를 벌어들이는 사업을 하고 있을 뿐이라는 사실이다. 「스포츠 일러스트레이티드 수영복 특집」이나 역사적으로 성차별적인 다른 매체들이 여권 신장을 측정하는 기준이 되어서는 안 된다. 수익을 위해 대상화할 몸의 범위를 확장하는 것은 여성의 실제 권한 강화로 이어지지 않는다. 그러나 매체와 광고주에게 막대한 매출로 이어지는 것만은 분명하다.

우리는 미디어에서 모든 여성이 더 다양하게 표현되는 것을 변함없이 지지할 것이다. 그러나 진정한 진전은 여성이 미디어에 포함되기 위한 전제 조건으로 옷을 벗도록 요구받지 않을 때 이루어진다. 각기 다른 체형, 사이즈, 피부색, 능력의 여성들이 외모, 체중 감량 '여정' 또는 성적 매력에 국한되지 않고 의미 있고 지속가능한 역할과 대표성을 가져야 한다. 우리는 대상화의 기회균등이 아닌, 포용성과 대표성을 원한다.

교묘하게 상업화된 신체긍정주의가 소셜 미디어 전반으로 확산하고 있다. 기업과 인플루언서들이 #신체긍정주의가 공익을 위한 행동주의처럼 보일 뿐 아니라 수익성도 높다는 사실을 알아차렸기 때문이다. 인스타그램에서 가장 많은 '좋아요'를 받은 여성의 사진은 몸을 드러낸 사진이다. 그 몸이 어떤 모습이든 상관없다. '좋아요'와 조회수를 많이 받는 사진은 결국 몸이 드러나는 사진이다.

라이프스타일 블로거가 멋진 배경 앞에서 수영복을 입고 머리를 넘기며 웃는 사진을 올린다. 캡션에는 "허벅지가 마음에 들지 않지만 부끄러워하지 않을래요. 다른 여성들에게 영감을 주는 것이 더 중요하니까요."라고 적혀 있다. 인스타그램 사용자가 속옷 차림으로 카메라를 향해 미소 짓는다. 미의 기준에 도전하는 피부 주름을 드러내기 위해 살짝 몸을 숙인다. 많은 팔로워 수를 자랑하는 초보 엄마가 '몸매를 되찾기 위한' 여정에서 출산 후의 새 몸매를 받아들이는 용기의 표현이라고 주장하면서 평평하지 않은 하지만 거의 평평한! 복근 사진을 올린다. 이들은 이런 게시물들이 '좋아요'와 댓글, 참여를 극대화할 수 있다는 것을 알고 있다. 대부분의 사람은 이러한 게시물을 #인스포#inspo, #목표, 또는 심지어 '힘을 북돋아 주는' 게시물이라고 부른다.

이들의 주장이 과연 사실일까? 수많은 #신체긍정주의 게시물에서 영감을 주는 캡션과 선한 의도를 제거하면 효과적인 마케팅 전략으로 사회 정의 트렌드를 이용해 협찬 제품을 판매하거나 #광고 참여를 늘리기 위한 수단은 아닐까? 아니면 시청자가 비교하고, 훔쳐보고, 두 번 클릭하도록 유도하는, 또 다른 여성의 벗은 몸 사진은 아닐까? 우리가 찬양하는 그리고 공유하고, '좋아요'를 누르고, 리트윗하고, 구매하는 '신체긍정주의' 이미지와 메시지가 여성을 평가절하하고 영향력을 빼앗는 데 사용된 성차별과 대상화와 다를 바 없다면, 혁신적이라고 말할 수는 없을 것이다.

억압적인 이상과 소외된 사람들에게 가해지는 낙인에 맞서기 위해 시작된 페미니스트적이고 정치적인 도구로서의 비만 수용은 이제 제품을 홍보하려는 희석된 형태의 육체정치학으로 변질되었다. 신체긍정주의가 판매 전략이 될 때, 무엇이 판매되고 있는지 주의 깊게 살펴봐야 한다. 소비자는 누구이며, 무엇이 소비되고 있는가? 때때로 #자기몸긍정주의 메시지와 함께 다양한 체형과 사이즈의 여성을 노출시키는 이미지가 포함된 상품들은 모든 체형과 사이즈의 여성에게 속옷과 수영복을 판매하려는 의도로 제작된 틈새 상품들이다. 멋지고 환영할 만한 일이다. 그러나 때로는 판매되는 제품이 다양한 체형과 사이즈의 여성들이 자신의 불안을 해소하도록 유도하고 소비할 가치가 있다는 욕구를 불러일으키려고 의도된 상품일 수 있다. 가끔은 판매되는 제품이 다양한 체형과 사이즈의 여성의 노출된 몸 자체일 때가 있다. 여러 체형의 몸이 평가와 인정, 소비를 위해 진열되는 것이다.

신체긍정주의는 여성을 소비자로, 여성의 몸을 소비 대상으로 만드는 또 하나의 방식으로 변질되었다. 다만 이번에는 더 다양한 몸이 소비 대상에 포함될 뿐이다. 이는 공익을 증진하려는 대의가 아니라 단순히 상품을 판매하기 위한 방편일 뿐이다. 만약 더 많은 상품이 팔리지 않고, 더 많은 조회수와 '좋아요'를 얻지 못했다면, 판매자와 인플루언서들은 새로운 전략을 찾았을 것이다. 하지만 여전히 판매되고 있다는 것은 여성들이 자기 몸도 소비될 가치가 있는지 확인하려고 미디어 속 다른 여성의 몸을 열심히 소비하기 때문이다. 대중들은 자신에게 힘을 주는듯한 이미지와 메시지에 '좋아요'를 누르고 리트윗하고 공유함으로써 이러한 위장 마케팅 캠페인에 적극 참여한다. 그러나 이러한 메시지는 결국 판매자에게 이익을 가져다줄 뿐이다. 판매자가 자신의 #신체긍정주의 메시지를 믿는지 여부는 논외로 치자.

신체긍정주의 운동이 해결하고자 했던 부정적인 신체 이미지는 여전히 그대로 남아 있었다. 우리는 타인에게 매력적으로 보이기 위해 의식적으로 또는 무의식적으로 자기 몸을 감시하고 외모를 조정하려 한다. 자기대상화는 신체긍정주의 인플루언서들의 마음속에서도, 피드를 스크롤 하며 인플루언서들의 모습을 자기 몸과 비교하고 자신이 갖지 못한 몸을 열망하는 수많은 사람들의 마음속에서도 일어난다. 자기대상화는 일종의 감방이다. 이는 우리를 상처 입히고, 축소하고, 산만하게 만들고, 에너지를 소진한다. 늘 그래 왔다. 이제는 #신

체긍정주의라는 허울 아래 상품화되어 몸 중심의 가치 체계
가 힘을 얻는 길이라는 착각을 일으킨다.

'더 예쁘게, 더 행복하게'

"제 몸에 더 만족하고, 여성스럽게 보이고 옷맵시를 살리려
고 시술했어요. 궁극적으로 나를 위해 한 일이에요." 이는 전
국에 방영된 유방 확대술 TV 광고 독백이다. 광고 모델은 부
촌에서도 미인으로 손꼽힐만한 날씬한 백인의 금발 여성이
다. 과거처럼 남성 의사가 출연해 여성이 신체 특정 부위를
확대하거나 축소하면 얼마나 삶이 바뀔지 설명하던 낮 시간
대 광고는 사라졌다. 이제는 '여성에 의한, 여성을 위한' 광고
가 주류를 이룬다. 남성이 부추기는 시술이 아니라, 내가 원
하는 시술이라는 메시지를 전달한다.

여성과 10대 소녀들이 가슴 확대, 지방흡입, 복부성형_{일명}
'뱃살 제거', 코높임술_{일명 '코 성형'} 등의 성형 수술을 받는 사례가
역대 최고를 기록하고 있다. 때로는 노골적으로, 때로는 은근
하게 '더 예쁘게, 더 행복하게' 만들어준다고 약속하는 광고
메시지와 미디어 콘텐츠가 얼마나 효과적인지 보여주는 증거
이다. 수많은 광고가 여성을 대상으로 외모와 행복은 떼려야

뗄 수 없는 관계라고 설파한다. 수술이 진정한 자기 계발이라도 되는 양, 외모가 감정을 결정할 수 있다는 양 주장한다. 이 메시지는 전통적인 긍정적 신체 이미지 슬로건처럼 들리지는 않지만, 본질적으로는 같은 방식으로 작동한다. '나를 위해', '더 행복하게'라는 미명 아래 광고주와 만족한 피시술자가 성형 수술을 여성의 자신감을 높이고 신체 이미지를 개선하는 도구라고 홍보한다.

그러나 가슴 확대 수술을 받아 자기 몸에 더 만족하고 싶다면, 이 수술이 생각만큼 확실한 해결책이 아닐 수도 있다는 점을 알아야 한다. 수년간 연구자들은 가슴 확대 수술과 여성 자살률 증가 간 상관관계를 연구했다. 연구자들은 가슴 확대 수술이 여성의 자살 위험을 높이는지, 아니면 정신 건강 문제가 수술을 받게 될 가능성을 높이는지 이해하기 위해 노력해 왔다. 2016년, 다이애나 주커만Diana Zuckerman, 케이틀린 케네디Caitlin Kennedy, 미슈카 테르플란Mishka Terplan은 가슴 확대와 자살을 공동으로 연구했다. 이들은 52건의 동료 심사를 종합 분석한 후 결과를 발표했다. "과학적 증거에 따르면 가슴 확대 수술은 정신 건강에 위험을 초래할 수 있다. 확대 수술을 받은 여성의 자살률은 모든 연구에서 1퍼센트 미만인 0.24~0.68퍼센트였다. 낮아 보이지만, 수술을 받지 않은 여성의 자살률과 비교했을 때 통계적·임상적으로 유의미하게 높은 비율이다. 매년 약 30만 명의 미국 여성이 가슴 확대 수술을 받는 만큼, 수술과 자살 사이의 연관성을 정확히 파악하고 위험을 줄이기 위한 방안을 모색하는 철저한 연구가 필요하다."

연구진은 가슴 확대 수술 환자를 체계적으로 모니터링하고 장기적으로 추적 관찰할 것을 권고했다. 또한, 수술을 받기 전에 정신 건강 검사를 실시해 우울증이나 자살 위험이 높은 여성을 미리 파악해야 한다고 조언했다. 연구진은 이렇게 지적했다. "높은 자살률은 가슴 확대 수술이 낮은 자존감이나 우울증의 해결책이 될 수 없다는 점을 분명히 보여준다. 그러나 일부 광고는 마치 수술이 이 문제의 해결책인 것처럼 제시한다. 실제로 유럽의 몇몇 공립 병원이나 영국과 호주 군대에서는 심리적·정신적인 이유로 여성 군인들에게 수술을 시행하기도 했다." 성형외과 의사들 역시 이러한 사실을 인정했다. 환자들은 심리 치료의 일환으로, 또는 우울증 완화와 자기만족, 연애 관계 개선 등을 위한 진지한 시도로 수술을 선택하는 경우가 많지만, 정작 수술 후 이러한 기대나 광고에서 한 약속이 실제로 이루어지지 않는 경우가 많다는 걸 현장에서 직접 목격했다.

2018년에 30만 명 이상의 여성과 10대 소녀들이 가슴 확대 수술을 받았다. 이는 1997년보다 3배나 증가한 수치이다. 이러한 가슴 확대 수술의 급증은 신체 이미지 변화의 성공 사례들 때문이 아니라 여성이 자연스러운 가슴을 수치스러워하기 때문이라고 여겨진다. 주류 미디어와 대다수 포르노에 등장하는 가슴과는 달리 자연스러운 가슴은 완벽하게 둥글지도, 탄력이 있지도, 크기가 균일하지도 않으며 임신, 모유 수유, 체중 증감, 질병, 나이에 따라 변한다.

성형 수술을 받은 여성이 "나를 위해 했어요."라고 말할 때, 그 진정한 의미는 무엇일까? 수술 자체를 즐기는 여성이 아니라면, '더 예뻐지기 위해 했다.'는 의미일 것이다. 여성이 나를 위한다는 이유로 성형 수술을 받는다고 말하면 자기대상화의 관점을 반영하는 것이다. 즉 타인의 시선으로 자기 몸을 바라보는 것을 의미한다. 거울 속 자신의 모습을 볼 때, 수영복을 입은 자신의 모습을 볼 때, 또는 다른 사람이 자신을 볼 때 자신의 모습에 더 만족한다고 말한다. 결과적으로 자신이 더 나아 보일 것으로 생각하기 때문에 더 행복해질 것이라고 이야기한다. 유방재건술, 성 확정 수술(gender confirmation), 또는 통증이나 건강 상의 문제를 해결하기 위한 수술은 논외로 한다.

일부 여성들이 성형 수술 후 기분이 나아지는 이유는 다른 사람들과 자기 자신에게서 더 많은 인정과 긍정적인 반응을 받기 때문이다. 만약 특정 가슴이 다른 가슴보다 더 낫다고 문화적 이상이 가르치지 않았다면, 수백만 명의 소녀와 여성이 의학적으로 불필요한 보형물을 가슴에 이식하지 않았을 것이다. '더 나아 보이는 것'과 '더 많은 사람들의 인정을 받는 것'을 제외한다면, 결국 '나를 위한 것'은 수천 달러의 지출, 수술과 회복, 후속 검사에 드는 상당한 시간, 유방과 수술 부위의 감각 상실 가능성, 일반적인 합병증, 암 발생 가능성 증가와 암 발견 가능성 감소, 잘 연구되지 않았지만, 건강상 크게 문제가 되는 '가슴 보형물 질환'과 같은 위험일 뿐이다.

성형 수술 산업은 가슴 확대, 엉덩이 성형, 보톡스 등이 여성의 신체수치심을 이용한 이윤 추구 행위라는 사실을 인정하는 대신 이러한 선택적 수술이 자기 관리·개선, 신체 이미지 문제를 빠르고 효율적으로 처리할 수 있다고 설득한다. 그러나 진정한 자기 관리는 눈에 보이는 외적인 모습뿐만 아니라 온전한 자아를 돌보는 것이다. 자기대상화는 자기 관리가 아니다.

아름다움을 넘어서

여성을 평가할 때 몸을 우선시하는 문화에서는 몸을 이용해 자존감을 찾으려 한다. 몸을 인정받고 싶은 마음에 자신감을 부여하는 것처럼 느껴지지만 실은 가짜에 불과한 조각들을 찾아 헤맨다. 충분히 이해는 된다. 이런 시스템 속에서는 가짜 힘의 조각들이 만족스러운 보상으로 느껴질 수 있으며, 주변을 둘러보면 매력적으로 보이는 여성들이 그 보상을 받는 사례를 어렵지 않게 찾아볼 수 있다. 이 보상을 가짜 힘이라 부르는 이유는 인정이 타인의 변덕과 선호에 따라 달라지기 때문이다. 이상적인 아름다움에 부합하거나 매력적이라고 여겨져서 받는 보상은 일시적으로만 가능하다. 파트너가 마음을 바꾸거나, 여성이 더 나은 선택을 찾거나, 유행이 바뀌거나, 나이가 들거나, 외모가 변하거나, 병에 걸리거나, 부상을 입거나, 임신하거나, 재정적으로 어려움을 겪게 되면 그 보상은 언제든지 사라질 수 있기 때문이다.

외모 평가에서 얻은 힘은 주어진 만큼 쉽게 사라질 수 있으며 덧없고 변덕스럽다. 지속적이고 의미 있는 힘은 다른 사람에게 외모를 인정받았다고 해서 생겨나지 않는다. 물론 인정받는 것은 기분 좋고 만족스러울 수 있다. 그러나 여성을 단순한 대상으로 보는 시각을 넘어서야 더 큰 힘을 획득할 수 있다. 자기 주도권의 의미는 넓지만, 궁극적으로 개인이 스스로 결정하는 능력, 자신감, 자존감을 의미한다. 주체적인 여성은 자신의 가치를 타인이 정의하거나 결정하도록 허용하지 않으며, 자기 자아를 통제한다. 또한 다른 사람이 자기 가치를 평가해 특정한 행동을 요구하더라도 자존감이 흔들리지 않는다. 이윤 추구 문화는 몸에서 진정한 힘이 나온다고 강변하지만, 이는 거짓에 불과하다. 인간성을 희생하면서까지 몸을 중시하는 사회 구조는 결국 모두를 불행하게 만들 뿐이다. 대상화는 여성이라면 당연히 감내해야 하는 자연스러운 부분이 아니다. 이에 맞서 싸우는 유일한 방법은 비판적으로 문제를 제기하는 것이다. 또한 대상화를 심도 있게 고찰하고 규명하는 한편, '권한 부여'나 '자기 계발'이라는 이름으로 미화하는 것이 얼마나 해로운지 인식해야 한다.

인간의 가치보다 몸을 우선시하는 문화에서 자기 신체 이미지와 자존감을 향상하고자 한다면, 먼저 자신이 생각하는 역량 강화와 자기 계발의 개념을 비판적으로 살펴볼 필요가 있다. 우리 각자가 해야 할 일은 선의로 보이지만 근시안적인 해결책과 실질적이고 긍정적인 신체 이미지 해결책의 차이를 배우고 구별하는 것이다. 즉, 몸에 대한 집착을 부추기면서 이상적인 외모나 제품을 판매하는 기업 또는 사람들과 몸에 대한 시각적 인식뿐만 아니라 몸과의 관계 자체를 개선하는 데 도움을 주는 해결책을 구분해 내는 것이다.

이 모든 메시지—'당신은 당신이 생각하는 것보다 더 아름답습니다', '더 예쁘게, 더 행복하게', '모든 몸은 아름답다', '모든 몸은 비키니 몸이다'—의 가장 큰 문제점은 이 메시지들이 사실이더라도, 여전히 우리는 어떤 틀에 갇힌다는 것이다. 우리가 자신이 생각한 것보다 더 아름답고, 이미 비키니 몸이라고 확신한다 해도, 끊임없이 외모를 신경 쓰는 습관은 여전히 삶의 방해 요소이다. 이미 많은 연구에서 밝혀졌듯이, 자기 외모를 좋아하든 싫어하든 자기대상화는 해롭다. 또한 대부분의 여성은 자기 외모에 불만을 느끼거나 좋게 느끼더라도 일시적으로 특정 부분만 만족할 가능성이 높다.

그렇다면 대안은 무엇일까? '아름답다고 느낀다'는 목적지를 향해 계속 나아가는 대신, 최종 목표가 무엇인지 생각해 보아야 한다. 우리는 새로운 목적지를 제안한다. 당신의 신체 이미지 지도에 커다랗고 빨간색으로 X 표시가 되어 있는 곳, 바로 '몸 그 이상'이라는 해변이다. 그곳에서 우리는 긍정적인 신체 이미지는 자기 몸이 예쁘다고 믿는 것이 아니라, 외모와 관계없이 자기 몸이 좋다는 것을 아는 것임을 이해한다. 이 목적지는 실제로 도달할 수 있으며, 그곳에 다다르면 삶에 큰 변화가 일어난다.

 우리는 더 많은 사람이 변화를 경험하기를 바란다. 우리는 2009년에 비영리 단체를 설립하고 온라인과 소셜 미디어에서 활동을 공유하기 시작한 이후, 신체 이미지가 주요 화두로 떠오르고 문화 담론의 일부가 되는 과정에 동참해 왔다. 이 과정에서 우리는 신체긍정주의, 특히 상품화된 신체긍정주의의 한계도 분명하게 인식하게 되었다. 2015년경부터 우리가 긍정적인 신체 이미지를 홍보하기 위해 했던 활동과, 대중적으로 긍정적인 신체 이미지라고 불리는 것 사이의 차이는 분명하다. 많은 사람과 기업이 신체 중심의 콘텐츠를 공유하면서 팔로워 수가 폭발적으로 증가하는 것을 목도하고 있다. 그러나 문제는 이들이 신체긍정주의라는 이름 아래 다이어트 기적 상품이나 신체 결점 교정 솔루션 판매만 집중한다는 점이다. 이러한 양상은 여성의 이미지가 기록되기 시작한 이래로 지금까지 유지되어 온 여성에 대한 시각, 즉 '인간성보다 몸이 우선'이라는 관점과 정확하게 일치한다.

우리는 많은 기업과 개인이 소녀와 여성에게 자기 몸에 대한 실상과 다양성을 볼 수 있도록 이 전략을 채택했다는 것을 알고 있다. 그들은 여성의 몸이 역사적으로 미디어에서 배제되어 왔으며, 현재도 소외되고 있다는 인식에서 출발했다. 실제 벌어지고 있기도 하다. 그러나 우리는 여성이 단순히 몸으로만 인식되는 것 자체도 소외의 한 형태라는 사실을 깊이 이해하기를 원한다.

오래전부터 우리의 연구 결과와 온라인에서 지지받는 메시지 사이의 간극은 선명했다. 하지만 이를 공개적으로 인정하기는 상당히 조심스러웠다. 왜냐하면 신체 이미지에 대한 영감과 자료를 제공하려고 애쓰는 다른 활동가와 인스타그램 사용자들과 깊이 연관되어 있었기 때문이다. 주류 브랜드들이 열렬히 수용하는 신체긍정주의 메시지나 전략을 비판하는 것은 비록 그 의도가 소녀와 여성을 돕기 위한 것이라 해도 쉽지 않은 일이었다. 2016년 1월, 우리는 처음으로 블로그와 인스타그램에 이와 관련된 게시물을 올리며 이를 '신체긍정주의의 충돌하는 두 진영'이라고 표현했다. 게시물에는 이런 문구를 남겼다. "첫 번째 그룹은 여성이 보이는 몸 그 이상의 가치로 인정받도록 싸운다. 두 번째 그룹은 더 많은 여성의 몸이 가치 있게 보이도록 싸운다. 우리는 첫 번째 그룹에 속한다. 당신은 어느 그룹에 속하는가?"

이렇게 작성했다.

이 새로운 글을 인스타그램에 올리기 쉽지 않았어요. 인스타그램은 #신체긍정주의 운동이 활발한 곳이니까요. 하지만, 이 글은 연민의 마음과 오랜 시간 동안 신체 이미지를 연구한 경험에서 나온 결과물이니만큼 우리의 생각을 진지하게 받아들여 주면 좋겠어요. 우리 사회는 몸과 얼굴이 여성의 가치를 결정한다고 가르치면서 그중 극히 일부만이 혜택을 누릴 자격이 있다고 말하죠. 이런 문화 속에서 자기 주도권을 찾으려는 사람들은 상충하는 두 그룹에 갇히게 되었어요. 첫 번째 그룹은 여성의 가치를 신체적 매력으로 평가하는 대상화 시스템에 맞서 싸우며 역량을 강화합니다. 이 그룹에서는 속옷 화보 촬영이나 누드에 가까운 셀카는 허용되지 않습니다. 설령 그 사진 속 몸이 기존 미디어의 이상과는 다르게 보일지라도 말이에요.

두 번째 그룹은 많은 여성의 몸이 지워지거나 비정상적이고 부끄럽게 여겨지는 현실에서 출발합니다. 이들은 자신을 아름답게 보고 싶어 할 뿐만 아니라, 아름답게 보이길 원합니다. 수치심에 맞서기 위해 소외된 몸을 특징으로 하는 나체에 가까운 셀카나 란제리 사진을 공유하고 찬양합니다. 우리는 그 이유를 이해합니다.

우리는 신체수치심과 싸워야 하지만, 동시에 근본적인 원인과도 싸워야 합니다. 바로 우리의 외모가 가장 중요하다는 생각입니다. 특정 체형에 얽힌 수치심을 덜어 주려는 시도는 문제의 증상만을 해결하는 것이지, 원인에 대항하고 있는 것이 아닙니다. 문제는 여성의 몸이 여성 자체보다 더 가치 있게 여겨진다는 사실이지, 특정 여성의 몸만 가치 있게 여겨진다는 사실이 아닙니다. 이 두 그룹은 적이 아니지만, 서로 다른 상대와 싸우고 있습니다. 우리는 첫 번째 그룹에 동참하며, 그 이유를 분명히 밝히고자 합니다. 우리가 맞서 싸워야 할 상대는 여성의 가치를 신체적 매력으로 정의하는 대상화라고 확신합니다. 적은 주류를 차지하는 이상적인 아름다움이 아닙니다. 이상적인 아름다움은 달성하기 어렵고 항상 존재할 테지만, 이를 권력으로 만드는 것은 바로 대상화입니다. 아름다움의 기준을 재정립하는 대신, 아름다움이 가장 중요하다는 생각 자체를 무너뜨리는 것이 더 중요하지 않겠습니까?

긴장 속에 이 글을 게시했지만, 더 이상 피할 수 없는 문제였다. 지금 다시 글을 올린다면 그렇게 분열적인 방식으로 접근하지는 않았을 것이다. 이 문제는 이분법적인 상황이 아니다. 신체 이미지 회복은 점진적인 과정이다. 이는 많은 사람에게 몸긍정주의로 시작해서 아름다움과 섹시함에 대한 정의를 확장하는 것일 수 있다. 우리는 '나도 아름답고 당신도 아름답다.'는 식의 단순한 메시지에서 벗어나지 못하는 데 답답함을 느꼈다. 사람들이 두 번째 그룹의 접근 방식과 우리의 접근 방식, 즉 여전히 외모로만 평가되고 사물처럼 여겨지고 취급되는 것의 지속적인 피해를 인정하는 사고방식의 차이를 알아주길 바랐다. 지지도 많이 받았지만, 혼란과 분노도 거셌다. 한때 우리를 지지했던 유명한 신체긍정주의 활동가가 우리를 차단했고, 몇몇은 팔로우를 취소했으며, 또 다른 이들은 우리가 제시한 아이디어를 고민하며 그들의 게시물, 블로그, 페미니스트 웹사이트에서 패러다임 전환을 논의하기 시작했다. 반발이 격렬했지만, 긍정적인 신체 이미지 증진에 관심 있는 수백 명의 사람이 질문과 댓글, 통찰을 공유하며 우리의 메시지에 반응했다. 다른 사람들의 게시물에 때로는 긍정적으로, 때로는 부정적으로 우리의 의견이 등장하는 것을 지켜보았다. 또한 소셜 미디어에서 신체 이미지 개발의 의미를 논의하는 과정에서 시간이 흐를수록 변화의 물결이 일어나는 것을 볼 수 있었다. 감사할 따름이다.

우리가 신체 이미지 운동이 대상화를 강화하는 방식에 문제를 제기한 최초 또는 유일한 사람은 아니지만, 신체 이미지 운동 내부에서 공개적으로 언급한 것은 최초일 것이다. '더 많은 여성의 몸이 가치 있게 여겨지도록 싸우는 것'에 집중할지 아니면 '여성이 몸 그 이상의 가치로 인정받도록 싸우는 것'으로 나아갈지를 고민하며 전진하는 많은 활동가, 인플루언서, 소셜 미디어 사용자에게 감사를 표한다.

신체 이미지 전환

긍정적인 신체 이미지는 시간이 지나면서 '자신의 외모를 사랑하는 것'으로 왜곡되었지만, 우리는 완전히 새로운 이름을 붙이기보다 이 용어의 본래 의미를 더 정확하게 이해하기 위해 노력해 왔다. 이런 맥락에서 '단순히 자기 몸이 보기 좋다고 믿는 것을 넘어, 본질적으로 좋다는 것을 아는 것'이라는 메시지를 전달하고 있다. 2016년 초, 우리의 게시 글이 논란이 된 이후, 활동가들은 단순히 외모에 국한하지 않는 긍정적 신체 이미지를 설명하기 위해 '신체 중립주의body neutrality'라는 용어를 사용하기 시작했다. **신체 중립주의는 신체 이미지의 발전된 형태이다. 이는 자기 몸을 있는 그대로 받아들이고 존**

중하며 외모보다는 자신의 느낌과 행동을 중시한다. 신체 중립주의는 신체긍정주의에서 얻은 긍정적인 효과를 바탕으로 하지만, 자기대상화에서 벗어나 쉴 수 있는 여유를 제공한다는 면에서 더 유용하다.

일부 사람들은 신체긍정주의를 실천하면서 제한적이고 일시적인 위안만을 얻은 뒤 신체 중립주의로 나아간다. 대상화에 빠지면 '결점은 있지만 아름답다.'는 감정을 유지하기가 어렵다. 수많은 매체가 당신을 조롱하고 비하하며 그 '결점'을 고치라고 압박하기 때문이다. 어떤 사람들은 아무리 노력하고 #신체긍정주의 계정을 많이 팔로우해도 자신이 아름답다고 느끼지 못하며, 또 어떤 사람들은 아름다움을 중시하는 것 자체에 반감을 품는다. 이에 따라 외모에 집중하지 않고 몸을 가치 있게 바라보는 신체 중립주의 단계로 나아간다. 이렇게 관점을 전환하면 자기 몸과 삶을 새로운 방식으로 대할 수 있는 자유를 얻게 된다.

자기대상화의 끝없는 부담과 그로 인한 정신적 과제에서 벗어나면 긍정적인 신체 이미지를 갖는 것이 가능해지고, 삶도 더 즐거워진다. 외모 평가에서 벗어나서 자신의 삶을 충실히 살고 몸과의 관계를 이해하는 법을 배우면 해방감을 만끽할 수 있다. 하지만 '아름답게 느끼는 것'을 추구하며 자라온 사람이 지금의 몸을 있는 그대로 받아들이기란 쉽지 않은 일이다. 그 길에서 벗어나는 것이 편법처럼 느껴지거나 자신을 방치하는 것처럼 느껴질 수 있지만, 그렇지 않다. 당신은 제한적이고 오류로 가득 찬 수익 중심의 시각이 아닌 더 크고 훌륭하고 입체적인 삶을 영위할 가능성으로 가득 찬 지도를 바라보는 것이다. 자신의 아름다움이나 매력을 소홀히 하는 것이 아니라 당신의 최선의 이익을 우선시하고 받아들이는 것이다.

이제 당신은 잡힐 듯싶다가 신기루처럼 사라지는 신체 목표를 좇으며 위험한 대상화의 바다에서 떠다닐 필요가 없다. 신체 이미지 회복력을 키워 끊임없이 몰아치는 혼란의 파도를 뚫고 새로운 방향으로 나아가면 불가능하다고 생각했던 목적지에 도달할 수 있다. 이제 비로소 지평선 위로 땅이 보이기 시작한다.

당신은 외모에 대한 감정과 분리될 수 없는 허약한 자신감을 극복하고 있다. 이러한 변화는 타인의 시선이 아닌, 자기 몸으로 살아가는 특권과 연결되어 있다. 이제 더 이상 댓글이나 관심, 참여로 자신감을 얻거나, 관심이 줄어든다고 해서 자신감이 꺾이지 않는다. 자기주도력은 스스로 결정하고 내면에서 우러나오는 것이다. 그 누구도 빼앗을 수 없다. "당신의 몸을 어떻게 느끼는가?"라는 기본적인 질문에 대한 답은 당신을 관찰하는 누군가가 제시하는 것이 아니라, 당신의 내면에서 새롭게 형성된다. 당신의 신체 이미지는 처음으로 온전히 당신만의 것이 된다. 이제 당신은 자신을 우선시하며 자

기대상화하는 시선과 내면적 시선을 통합하고, 자신이 단순
히 타인에게 바라보이는 대상이 아니라 온전한 인간으로서
존재하고 있음을 깨닫는다. 이제 당신과 재회할 시간이다.

몸 그 이상의 존재되기

> 내가 비정상적인 것이 아니었다. 나를 그렇게 믿게 만든 문
> 화가 문제였다. 내 몸은 오히려 기회였다. 몸에는 정치적인
> 의미가 담겨 있다. 존재하기만 해도 세상에 영향을 줄 수 있
> 었기 때문이다. 얼마나 큰 선물인가!
>
> 린디 웨스트Lindy West,
> 『나는 당당한 페미니스트로 살기로 했다Shrill』

재회

대상화의 바다에서 가능한 모든 방법을 동원해 오랫동안
자신감과 수용, 사랑, 만족을 찾으려 노력했지만, 역부족이었
을 것이다. 당신만 그런 것이 아니다. 똑똑하고, 역동적이며,
성공적이고, 진취적이며, 미래지향적이고, 사랑스러운 수많

은 여성이 자신에게 평화를 느낄 이유가 충분하면서도 여전히 자기 몸에 낙담하고 실망한다. 그들은 다른 사람들에게는 체중 감량이나 근육 강화, 저속노화와 성차별적 기준에 집착할 필요가 없다고 말하면서도 스스로는 그 집착을 극복하지 못한다. 긍정적인 신체 이미지를 내면화해 자기 몸과 평화를 이루는 것은 많은 여성에게 자신감과 성취감, 힘, 자아실현으로 나아가는 마지막 경계이자 가장 완강한 장벽이다.

끊임없이 변화하는 뷰티 트렌드와 이상적인 몸과 같은 외부 힘은 당신이 자기 몸과 관계 맺고 생각하는 방식에 지나치게 많은 영향을 미쳤다. 당신은 신체 이미지 혼란의 파도에 휩쓸려 위험과 불편함 속에서 그저 버텨 낼 수밖에 없었다. 몸을 숨기거나 고쳐보려는 시도가 실패하면서, 안전지대가 되어야 할 구명보트는 오히려 더 불편한 장소가 되어버렸다. 지금까지 추구하던 이상적인 신체 목적지가 모두 신기루에 불과하다는 사실을 깨닫고 남들은 쉽게 이루는 것처럼 보이는 목표를 자신만 이루지 못했다는 실망과 자책으로 방향을 잃고 좌절했을 수도 있다. 그러나 이제 당신은 저 멀리 보이는 새로운 목적지, '몸 그 이상의 해변'을 발견하게 되었다.

그곳에 도달하는 유일한 방법은 안전지대인 구명보트를 버리고 나아가는 것이다. 신체 이미지의 혼란스러운 파도에 휘말려 자연스럽게 밀려나거나, 스스로 새로운 파도에 뛰어드는 것이다. 예전과 같은 방식으로 수치심과 불편함에 대처하는 대신, 회복력을 발휘하여 그 혼란의 파도가 당신을 새로운 방향으로 이끌도록 몸을 내맡긴다. 자기대상화라는 젖은 청바지를 벗어 던지고, 수평선 너머로 보이는 희미한 땅을 향해 헤엄쳐 나간다. 저 멀리 해변에서 누군가 당신을 향해 손을 흔들며 반갑게 맞이한다. 해안에 가까워지고 수심이 얕아지면, 그녀는 당신에게 손을 내밀어, 오랫동안 발밑에서 느껴보지 못한 단단한 땅에 발을 디딜 수 있도록 도와준다.

당신은 그녀를 알고 있다. 그녀는 당신의 복합적이며 역동적이고 온전한 자아이다. 정체성이 분열되고, 대상화의 바다에서 자기대상화라는 방식으로 편안함을 찾은 이후에도 변함없이 당신 안에 존재했던 그 자아이다. 그녀는 당신이 사랑하는 과거의 기억과 사진 속 '내면 아이'의 성장한 모습이다. 태어나고, 성장하고, 삶의 모든 순간과 희로애락을 함께 해 온 바로 그 몸이다. 그녀는 긴 여정을 거쳐 더 많은 것을 발견하고 더 큰 자신이 되어 돌아온 당신을, 따뜻하게 감싸안으며 환영한다. 이제 당신은 자기 몸이 소중하다는 것과, 몸은 정체성의 일부일 뿐이라는 것을 깊이 이해한다. 바다에서 자신에 관해 많이 배운 만큼, 이 재회는 더 뜻깊다. 당신은 경험과 고통, 그리고 이에 대한 대응이 당신을 세상에 필요한 더 온전한 사람으로 만들어준다는 진리를 마음에 품고, 집으로 돌아왔다. 당신은 더 이상 보는 자와 보이는 자, 소비하는 자와 소비되는 자, 인간과 관찰되는 인간으로 이분화하지 않는다.

‘몸 그 이상’이 된다는 것은 과거부터 지금까지 변함없는 본연의 나 자신과 온전히 하나가 되는 것이다. 이는 나 자신과의 재회이자, 자기실현이다. 외모와 상관없이 자신을 온전히 받아들이는, 가장 높은 형태의 자기애와 자기연민이다. 당신과 당신의 몸이 과거에 겪어온, 그리고 미래에 겪게 될 일에서 깊은 의미와 목적을 찾고 포용하는 것이다. 이제 더 이상 당신이 경험한 일이나 충족되지 않은 기대 때문에 몸을 탓하지 않을 것이다. 더 이상 몸과 분리되지도 않을 것이다. 당신은 자신의 가장 충실한 동맹으로서, 고통이 찾아오더라도, 기대가 무너지더라도 타인의 인정이나 비판에 흔들리지 않는다. 그 어떤 것도 당신의 몸을 도구에서 장식품으로 바꾸지 않는다는 사실을 받아들인다.

당신이 겪는 고통은 자신과 다시 연결할 기회이다. 고통을 경험하면서 자신이 사라져가는 것을 느끼고, 어떻게 하면 더 유연하고 온전한 자신으로 돌아올 수 있는지 알게 된다. 지금 출발 지점이 어디이든, 신체 이미지를 회복한 후 용감하게 떨쳐 일어나 혁명에 동참할 수 있다. 이 능력과 기술은 대상화의 바다에서 살아남아 어린 시절의 평온했던 자기감과 다시 연결하기 위해 필요한 것이다.

당신이 몸 그 이상의 존재라는 것을 그리고 그 사실을 기억하는 방법을 알게 되면, 자기감, 자기결정권, 삶의 가능성이 확장되는 것을 느낄 수 있을 것이다. 자기 잠재력을 실현하며 성취감을 느끼는 길이 전형적인 틀에 몸을 끼워 넣으려고 애쓰는 것보다 훨씬 크고 의미 있는 여정이라는 것을 깨닫게 될 것이다.

이러한 깨달음은 해방감을 주지만 동시에 압도당하는 느낌이 들기도 한다. 자신감, 행복, 건강, 사랑, 수용을 찾는 과정이 예상보다 훨씬 복잡하고 예측이 어렵기 때문이다. 체중 감량이나 성형 수술 광고 문구와는 달리 외모를 관리한다고 해서 그 어느 것도 보장되는 것은 없다. 인간의 본질적인 특성 때문이다. 그러나 자신의 꿈과 희망을 이상적인 몸과 분리할 때 그 꿈에 도달할 힘은 확장된다. 이상적인 몸에 대한 집착에서 벗어나면 삶에서 균형, 평온, 충만함을 찾는 방식을 통제할 권한을 되찾을 수 있다. 이 과정은 특정한 이상적인 기준에 맞추는 것과는 전혀 관련이 없으며, 당신이 삶을 어떻게 살아가고, 혼란에 어떻게 반응하느냐에 달려 있다.

중요한 발표나 사교 모임을 피하거나, 이를 준비한다는 이유로 숨거나 몸을 고치려 하다 보면 불안을 조절하는 통제력을 잃게 된다. 다른 사람과 체중 변화를 이야기하며 느꼈던 즐거움도 잃게 될 것이다. 최신 다이어트 유행이나 체중 감량 경쟁에 참여해 자신의 진행 상황이나 식단 계획을 다른 사람들과 공유하면서 느끼던 공동체 의식도, 친구나 가족과 함께 허리 군살을 이야기하며 쌓았던 유대감도 사라질 수 있다. 다이어트를 지속하는 원동력이 되어왔던 체중 감량에 대한 인정이나, 자신이 더 매력적이라고 느끼며 얻었던 자기만족감도 더 이상 기대할 수 없을 것이다. 또한 현재의 당신보다 더 날씬하고 완벽해 보이며, 자신감 넘치고, 사랑받을 가치가 있으며, 성공적이고, 행복할 것이라고 믿는 상상 속 미래 자신의 모습도 놓칠 것이다.

그러나 이러한 것들을 잃는 대신 그보다 훨씬 소중한 것들을 얻을 수 있다.

외모 변화 후로 미뤄 왔던 취업, 리더십 기회, 승진, 발표, 커리어 목표가 있는가? 이제 그 목표에 자신감 있게 도전하자. 능력과 자신감이 외모와 무관하다는 것을 알게 되면, 자신에 대해, 조직이나 특정 상황에 어떤 이바지를 할 수 있는지에 대해 확고한 믿음을 가질 수 있다. 결과가 긍정적이든 부정적이든, 더 이상 비난이나 공적을 자기 몸에 돌리지 않고 더 명확하고 따뜻한 시선으로 상황을 바라볼 수 있을 것이다.

재미있어 보이지만 자의식 때문에 시도하지 못했던 야외 활동, 스포츠, 게임, 피트니스 수업이나 신체 활동이 있다면 시도해 보자. 새로운 취미나 습관을 발견할 수 있다. 기분 전환, 지구력과 심혈관 건강 개선, 혈당 조절, 스트레스 해소, 친교를 포함해 당신의 몸이 장식이 아닌 도구로 이해하는 법을 배우게 될 것이다.

아무도 당신에게 매력을 느끼지 않을 것이라는 두려움 때문에 불행하거나 정서적으로 학대적이고 유독한 관계를 떨쳐 버리지 못하고 있지는 않은가? 그 관계에서 벗어나는 길이야말로 자신을 존중하고 인정하는 첫걸음이다. 자존감을 깔아 뭉개고 더 나은 관계나 상황을 누릴 자격이 없다고 당신을 심리적으로 지배하는 파트너를 떠나보내는 것은 당신의 애정 생활을 소중히 여기는 최선의 방법이다. 부담감을 떨쳐버리면 당신을 가장 소중하게 생각하는 사람과 더 건강한 관계를 맺을 수 있는 가능성이 열린다. 이제는 파트너 없이도 이미 온전한 존재라는 이해를 바탕으로 새로운 관계를 시작할 수 있게 될 것이다. 당신은 누군가가 채워줘야만 완성되는 존재가 아니다.

파트너와 관계를 맺을 때 육체적 친밀감을 피했거나, 놓쳤거나, 흉내만 낸 적이 있는가? 또는 거리감이나 자의식을 느끼지는 않았는가? 상대에게 어떻게 보일지 전전긍긍하는 대신 그 순간에 온전히 몰입하면, 파트너와 더 깊은 유대감을 나누고 더 많은 즐거움과 만족을 누릴 수 있다. 자기대상화에서 벗어나는 법을 배우면 완전히 새롭고 개선된 방식으로 친밀감을 나눌 수 있다.

매달 미용 루틴에 지출하는 돈은 얼마인가? 제모, 헤어 스타일링, 염색 유지와 관리부터 일상적인 피부 관리와 메이크업, 매니큐어와 페디큐어, 보톡스와 필러, 의상 등 모든 비용을 계산해 보자. 그 돈은 당신이 힘들게 번 돈이다. 자신을 위해 저축하거나, 자신이나 도움이 필요한 다른 사람을 위해 더 흥미롭고 보람 있는 일에 사용할 수 있다. 추가로 동기가 필요하다면, 주위 남성들이 외모 관리를 위해 매달 지출하는 금액과 비교해 보라. 더 나아가, 당신이 지급하고 있을지도 모르는 '핑크택스pink tax. 여성용 제품은 남성용 제품보다 더 비싸게 책정되는데, 여성용 제품이 특별하게 만들어졌으며 특별함에는 대가가 따른다는 이유이다!'도 생각해 보자.

다른 사람이 나보다 더 멋져 보이거나 관심을 받으면 질투나 경쟁심이 느껴지는가? 그런 감정에서 벗어나거나 최소한 줄일 방법이 있다. 더 큰 자기감과 다시 연결하면 자연스럽게 자신과 타인을 덜 비교하게 되고, 다른 사람의 성공이나 실패에 일희일비하지 않게 될 것이다. 이로써 인간관계는 더 강화되고, 외모를 넘어 사람들의 장점을 보게 되며, 다른 여성들과 연대감을 느끼고, 대상화 문화 속에서 그들이 할 수밖에 없었던 선택과 경험에 더 깊은 연민을 느끼게 될 것이다.

몸, 옷, 화장, 헤어스타일을 점검하고 조정하다 보면 정신적, 신체적 에너지가 고갈되어 산만해지고 집중력이 흐트러지게 마련이다. 자기대상화 습관을 인식하고 거부하면, 다시금 자신의 집중력을 되찾고, 다른 작업이나 활동에 온전히 몰입할 수 있게 되어 이 문제가 감소할 것이다. 무의식적으로 몸을 점검하는 습관에서 벗어나 하고 싶은 일에 온전히 집중할 수 있게 된다.

무례한 언사, 따돌림, 데이트 거절 등과 같이 외모와 관련해 겪은 상처가 있는가? 여전히 그 상처에서 벗어나지 못했을 수도 있다. 하지만 그 아픔이 당신을 무너뜨리지는 못할 것이다. 자신을 단순히 외모로만 보지 않게 되면, 외모와 관련된 불편한 상황들이 더 이상 당신을 깊은 절망으로 빠뜨리거나 숨고 고치려는 악순환으로 몰아넣지 못할 것이다. 당신은 그 고통을 균형 있게 받아들일 수 있다. 당신은 자기 인식을 주도적으로 조절할 수 있다는 사실을 알기 때문이다. 또한, 타인이 당신을 바라보는 방식은 대상화하는 사회적 기준에 영향을 받는다는 것을 이해하게 된다. 당신을 그 기준에 끼워 맞출 필요가 없다. 다른 사람들이 나를 어떻게 생각하는지는 그들이 자신을 어떻게 느끼는지를 더 많이 반영할 수 있다. 이제 다른 사람들의 생각이 과거처럼 당신을 지배하지 못할 것이다. 당신은 더 이상 다른 사람들의 반응을 통제하려고 자신을 비난하거나 자기 몸을 통제하지 않을 것이다. 아름다움이 당신을 정의하지 않으니, 당신을 무너뜨릴 수도 없다.

신체 이미지를 혼란스럽게 하는 사례는 다양하다. 거울에 비친 모습을 보고 실망할 때, 사진에 태그된 자신이 마음에 들지 않을 때, 작년에 입었던 바지가 더 이상 맞지 않을 때, 친척이 내 몸을 놓고 이러쿵저러쿵할 때, 밝은 조명 아래에서 옷을 입어볼 때 느끼는 자의식의 침체 등이다. 아프고 쓰라리다. 순간적으로 몸이 미워지고, 정체성 또한 보는 자와 보이는 자로 나뉘게 된다. 하지만 그 상처와 분열은 다시 나 자신에게 돌아가라는 익숙한 신호이다. 그 신호는 신체 이미지 회복력을 키우는 연습으로 자신을 단련해 다시 일어서도록 유도할 것이다. 신체수치심에 적응하여 안전지대로 돌아가는 대신, 진정한 자신과 성장하고 변화할 수 있는 자기 역량을 믿고 앞으로 나아갈 수 있다. 사람들의 시선에 구애받지 않고 이제 당신은 삶에서 더 많은 것을 기대할 자격이 있고 세상에 더 많은 것을 이바지할 수 있다는 자신감으로 안전지대를 떠날 용기를 얻게 될 것이다.

회복탄력성 연구의 권위자인 브레네 브라운Brené Brown은 저서 『라이징 스트롱Rising Strong』에서 이렇게 썼다. "우리가 할 일은 이야기를 부정하는 것이 아니라 결말에 맞서는 것이다. 꿋꿋하게 일어나 우리의 이야기를 인정하고, 현실에 맞서 싸우며, '그래, 이 일은 결국 일어나 버렸고, 돌이킬 수 없어. 그러나 결말은 내가 선택할 거야.'라고 말할 수 있는 지점에 도달하는 것이다."

당신은 새로운 혼란에 직면할 때마다 신체 이미지 이야기를 새롭게 마무리할 기회를 얻는다. 회복탄력성을 키우고 온전한 자기 정체성과 다시 연결된다고 해서 대상화 문화의 압력에서 완전히 벗어날 수 있는 것은 아니다. 세상과 완전히 단절하는 것은 불가능하며, 설령 가능하더라도 외롭고 고통스러울 것이다.

세상에서 아름다움의 중요성을 일깨우는 모든 요소를 완전히 피할 수 있다고 생각하는 것은 비현실적이다. TV 프로그램이나 영화가 여성을 감상의 대상으로 묘사하더라도 여전히 가볍게 즐기고 싶을 것이다. 대상화 문화에 얼마나 깊숙이 매몰되어 있는지 의식조차 하지 못하는 친구, 가족, 동료들과 시간을 보낼 것이다. 피할 수 없는 일이기도 하다. 우리도 마찬가지이다. 당신과 시각이 다른 사람들과 소통하는 것은 가치 있고 중요한 일이다. 몸 이상의 존재로 살아가는 해방감을 가르치고 모범을 보일 기회이다.

대상화하는 생각과 이미지를 투사하는 사람이나 상황을 모조리 피하고 비판하는 것이 목표가 아니다. 대상화 메시지에 어떻게 반응할지 비판적이고 신중하게 선택하자는 것이다. 몸에 대한 해로운 메시지가 만연하고 깊게 뿌리박힌 곳이더라도, 문화와 공동체에 계속 연결되어 있어야만 당신이 가진 자원과 경험을 공유할 수 있다. 당신의 목표는 자신의 경계를 명확하게 설정하여 대상화가 인식에 스며들어 신체 이미지를 대상화의 바다로 끌어내리는 시점을 인식하는 것이다.

신체 이미지 회복력 기술 세트

당신은 크고 작은 어려움을 겪으면서 인생에서 많은 것을 배웠고, 그로 인해 긍정적이든 부정적이든 변화를 경험해 왔다. 당신이 쌓아온 모든 경험과 지식을 앞으로 다가올 신체 이미지 혼란에 적용해 보자. 축적된 이해와 기술, 섬세한 감각들이 당신을 지탱해 주고, 신체 이미지와 자신을 새롭게 이해하는 방법을 찾는 과정에서 원동력이 되어줄 것이다. 습득한 지혜와 강점을 바탕으로, 신체 이미지 회복력을 높일 새 기술을 의식적이고 체계적으로 연습한다면 진정한 나 자신에게 돌아갈 수 있을 것이다.

혼란에서 더 큰 가치를 발견하라. 대상화가 만연한 문화에 속해 있거나 가까이 머무는 한, 신체 이미지 혼란의 파도는 계속 밀려올 것이다. 단단하고 온전한 자아에서 벗어나 다시 대상화의 물결에 뛰어들고 싶은 유혹도 쉽게 사그라지지 않을 수 있다. 외부의 힘이 당신을 차별하고 억압하며 대상화하려 해도, 분열을 자초할 필요는 없다. 각각의 신체 이미지 혼란은 당신을 물속 깊이 가라앉히거나 무기력하게 몰아갈 수 있지만, 새로운 깨달음을 줄 수도 있다. 혼란의 파도가 밀려올 때, 그 익숙한 불편함을 재빨리 알아차리고 혼란 속에서 더 큰 의미를 찾아보자. 지금 당신의 신체수치심을 자극하는 것은 무엇인가? 무엇을 느끼고 생각하고 있는가? 몸과는 무관한 부정적인 감정이나 경험을 몸 탓으로 돌리고 있지는 않은가? 미묘하고 복잡한 현실을 지나치게 단순화하여 희망과 꿈, 두려움과 불안을 몸에 투사하고 있지는 않은가?

혼란으로 촉발된 수치심과 불편함에 어떻게 대처하고 싶은가? 지금까지 얼마나 깊이 의식적으로 또는 무의식적으로 수치심에 빠져들었거나 불편한 안전지대에 매달렸냐는 그다지 중요하지 않다. 이제 당신은 혼란과 이에 대응하는 방식을 알아차릴 수 있게 되었으니, 몸 그 이상의 존재라는 인식을 바탕으로 새로운 길을 선택할 힘과 자유를 얻게 되었다.

세상에서 더 큰 가치를 발견하라. 먼저, 현재 당신의 신체 이미지에 영향을 준 다양한 메시지를 살펴보라. 세상을 더 깊이 이해하는 데 도움이 되는 능력은 무엇인가? 이제 당신은 몸과 아름다움, 가치를 나타내는 메시지가 주류 미디어, 소셜 미디어, 가족, 친구, 교회, 학교를 포함해 어느 곳에서 비롯되었든 비판적으로 수용할 수 있는 능력을 키우기 시작했을 것이다. 수치심의 파도에 휩싸여 있을지라도, 먼저 그 고질적인 감정이 어디서 비롯되었는지 신중하고 비판적으로 생각한다면 계속 물 위에 떠 있을 수 있을 것이다. 어떤 이상을 자신에게 적용하고 있는가? 외모 수치심이나 기대 때문에 혜택을 보는 사람은 누구인가? 매체를 비판적으로 바라보며 최근 어떤 생각, 메시지, 경험이 당신의 신체 이미지 인식을 왜곡했는지 살펴보자.

더 나은 신체 이미지 환경을 만들려면 무엇을 할 수 있을까? 예시로 외모에 압박을 가하는 요인공적이든 사적이든, 친구든 낯선 사람이든을 차단하거나, 잠시 거리를 두거나, 진지한 대화를 나눌 수 있다. 자신의 정신적·육체적 공간에 긍정적인 요소를 더할 방법을 고민해 보자. 자신과 타인이 외모와 상관없이 가치 있는 존재임을 되새기기 위해 개인적으로 강화하거나, 창조하거나, 이바지할 수 있는 부분은 무엇인가?

내면에서 더 큰 가치를 발견하라. 자신의 내면을 들여다보자. 자기비교로 신체 이미지에 타격을 입었다면, 비교를 멈추고 대신 자기 성찰을 선택할 수 있다. 자신을 어떻게 생각하는지, 왜 그런 생각을 하는지, 다른 시각으로 사물을 볼 수 있는지 진솔하게 점검해 보자. 연대감을 느끼거나, 조언이나 전문적인 도움을 줄 수 있는 사람들을 찾아보자. 자기 연민의 마음으로 자신이 겪고 있는 경험을 인정하고 받아들여 보자. 이 순간, 내면의 '어린 소녀'에게 무슨 말을 해주고 싶은가? 마음속으로 어린 나를 감싸안으며 사랑과 치유의 말을 전해보자. 그 소녀에게 해주고 싶은 말이나, 그 소녀가 누구이며 무엇을 할 수 있으며, 자기 몸과 관련해 그 소녀가 알기를 바라는 점까지 모두 적어보자. 과거에 이미 메시지를 쓴 적이 있다면 다시 읽어보자. 명상, 산책, 성찰, 글쓰기, 기도, 요가, 태극권 등 신체적 자아를 넘어 삶의 더 큰 목적과 의미에 집중할 수 있는 활동으로 진정한 나 자신과 가능성에 다시 연결해 보자.

서로에게서 더 큰 가치를 발견하라. 시야를 넓혀 다른 사람들에게서 더 많은 것을 보기 위해 노력하자. 자기비교로 다른 사람을 보는 시각이 왜곡되었다면, 연민의 시각으로 그들을 바라보자. 다양한 방식으로 압박하는 이 불공정한 대상화 문화 속에 존재하는 공통된 인간성을 인식할 수 있을 것이다. 자신이나 타인의 몸에 대한 평가나 복장 규정으로 상처를 받았다면, 이제 그 연민을 외부로 확장할 때이다. 주변 사람들과 소통하면서 상처를 줄 수 있는 말과 행동은 하지 않았는지 되돌아보고 배려와 사랑을 바탕으로 행동하도록 노력하자. 우리는 서로에게 친절을 베풀고 지지하면서 거친 파도를 함께 헤쳐 나갈 수 있다.

건강에서 더 큰 가치를 발견하라. 오로지 외모만이 자기 가치와 정체성을 판가름한다고 느껴질 때, 몸을 장식이 아닌 도구로 경험함으로써 신체적 힘을 되찾을 수 있다. 미적 이상을 피트니스, 건강과 혼동하게 만드는 잘못된 메시지에 주의하자. 이러한 메시지를 좇아 체중, 몸매, 사이즈, 외모를 바꾸려고 하면, 오히려 건강과 피트니스 목표에서 멀어지고 자기대상화와 좌절에 빠지게 한다. 건강을 평가할 때는 자신의 느낌, 할 수 있는 일, 몸 내부의 신호를 기준으로 삼아야 한다. **외모와 상관없이 몸을 자신의 경험과 유익을 위한 도구로 활용하자.**

자기 계발에서 더 큰 가치를 발견하라. 자기대상화에 뿌리를 둔 자기 계발에 빠져 겉모습에만 집중하고 있지 않은가? 신체 이미지 개선을 위한 조언과 전략이 여전히 '아름답게 느끼기' 만을 목표로 한다면, 기대했던 변화를 얻기 어려울 수 있다. 자신을 대상화하거나 타인의 시선에 의존하는 자기 계발은 궁극적으로 역량을 강화하지도 지속 가능하지도 않다는 점을 기억하자. 당신의 자기결정권을 다른 사람이나 그룹, 또는 산업에 위임해 일시적이고 그릇된 자존감과 자신감을 얻는 신념과 전략은 버려야 한다. 그 누구도 당신의 가치를 결정하거나 박탈할 수 없다. 신체 이미지를 포함해 당신의 자기감을 통제할 힘은 오직 당신에게 있다.

앞서 언급한 각 단계를 반복해서 실천하다 보면, 신체 이미지에 혼란이 올 때마다 회복력을 발휘해 삶을 변화하는 길을 선택할 수 있으며, 점차 나 자신으로 돌아올 수 있다. 이 길을 선택함으로써 성장하고 배우며 나아가는 과정이 때로는 불편하고 고통스러울 수 있다. 하지만 대상화의 바다에 숨어 자신을 고치려 애쓰는 것보다 고통스럽지는 않을 것이다. 모든 혼란에는 자기대상화를 거부하고 자기 몸, 즉 자신의 온전함을 선택할 기회가 내재해 있다.

벗어날 수 있는 특권

우리를 비하하는 시스템에서 완전히 벗어날 수는 없다. 우리가 원하지 않더라도 존재할 것이기 때문이다. 하지만 그 시스템 안에서 가치와 자신감을 찾으려는 끝없는 싸움에서는 벗어날 수 있다. 여성을 물건으로 보는 문화는 우리가 그 규칙을 따르지 않더라도 계속해서 우리를 폄하하고 평가절하할 것이라는 점을 인식하는 것이 중요하다.

이상적인 몸에 대한 믿음은 우리를 보호하지 못했다. 세상에서 인정받기 위해 여성에게 요구되는 굴욕적인 규칙들을 계속 감내한다면, 결국 아무것도 바뀌지 않을 것이다. 새로운 방식으로 존재하려고 싸우기보다 쉬운 길이라는 이유로 남의 시선을 의식하며 장식품으로 살아가기를 선택한다면, 다음 세대도 지금과 똑같이 제한된 시각으로 보고 평생 남의 시선을 의식하며 살아갈 수밖에 없다. 항노화(안티에이징) 시술, 입술 필러, 보톡스, 속눈썹 연장, 지방흡입, 유방 확대 수술, 코 성형, 칼로리/탄수화물/영양소매크로를 강박적으로 계산하기 등 몸과 얼굴을 바꾸도록 강요하는 방법을 계속 믿고 일상화한다면, 다음 세대도 이를 답습할 수밖에 없다. 지금 우리가 하는 일이 곧 정상적이고 수용 가능한 외모의 기준이 되고, 더 나아가 아름다움의 기준이 된다. 이는 개인적 문제를 넘어선 집단적 문제이다. 지금 하는 선택이 미래 세대에게 미칠 파급효과를 염두에 두고 어떤 문화를 창출하고 강화할지 깊이 고민해야 한다.

그 과정이 어색할 수도 있다. 미용 루틴을 바꾸고 제한적인 다이어트와 대상화된 믿음을 버리면서 다른 사람들과의 관계에서 새로운 영역을 탐색해야 할 수도 있다. 그러나 사람들이 변화되기를 원한다면 도전해야 할 과제이다. 지금이야말로 다른 사람의 이상에 맞추지 않고도 자기 모습 그대로를 사랑하며 당당히 살아가는 여성의 모습을 보여줄 때다. 세상은 언젠가 목소리를 내고, 모습을 드러내고, 주도하기를 기다리는 단순히 아름답기만 한 여성의 이미지가 아닌, 바로 지금 행동하는 당신이 필요하다. 5킬로그램이나 20킬로그램 감량 후가 아니라 지금 당장 당신이 모습을 드러내기를 간절히 바라고 있다. 당신이 겪은 고통과 수치심, 이를 극복하면서 얻은 지혜는 당신을 세상에 이바지할 수 있는 사람이 될 수 있도록 도와준다.

당신은 다양한 방법으로 몸 이상의 존재로 살아갈 수 있다. 얼굴과 몸이 명시적 또는 암묵적인 이상에 맞지 않더라도 '고쳐야 한다'는 압박과 유혹에 적극적으로 저항할 수 있다. 해로운 미의 기준과 그 기준에 맞춰야 한다는 압박을 거부할 수 있다. 자신을 드러내고, 목소리를 내며, 참여하고, 주도하고, 원하는 방식으로 이바지하고 봉사할 수 있다. 다른 사람의 기대에 맞추지 않고, 살고 사랑하고 현존하는 자신의 힘을 인식하고 활용할 수 있다. 자의적으로 설정된 미적 이상보다 자신의 정신적, 육체적 웰니스를 우선시할 수 있다. 신체 이미지 회복을 위해 노력하는 많은 사람이 당신을 지지할 것이다. 혁명은 이미 시작되었다.

부모님이나 사랑하는 사람과 몸이나 외모에 대한 언급과 기대 때문에 갈등을 겪고 있다면, 대화를 나눠 보자. 그들이 불편한 말을 할 때 솔직하게 표현하고, 자신과 다른 여성을 몸 이상의 존재로 바라보려는 노력에 그들도 동참하기를 바란다고 말하자. 그들의 사고방식이 문화와 부모님의 영향을 받아 형성되었을 수 있음을 이해하고, 이를 바꾸는 데 도움이 될 만한 책이나 콘텐츠를 추천하자. 그들 역시 평생 대상화하는 시각에 영향을 받아왔을 가능성이 크다는 점과, 여성을 몸 이상의 존재로 존중하는 방향으로 관점을 재정립하는 데는 시간이 필요할 수 있다는 점을 인정하자. 부모님은 당신이 행복하고 사랑받고, 원만한 관계를 유지하며, 당신이 겪었던 신체수치심을 피하길 바란다고 말하겠지만, 이제는 날씬한 여성만이 사랑과 존중을 받으며 수치심 없이 살 수 있다는 생각에 순응하지 않겠다고 말하자. 당신은 모두가 행복과 사랑, 성공을 누릴 수 있음을 스스로에게, 사랑하는 사람들에게, 세상에 입증하면서 대상화의 사슬에서 벗어나 자유롭게 살기 위해 노력하고 있다. 우리는 몸 이상의 존재이기 때문이다.

주변을 둘러보자. 다양한 외모의 사람들이 각자 충만한 삶을 살고 있다. 이들은 당신이 그동안 날씬함이나 젊음, 좁게 정의된 **성적 매력과 연관 지어 생각했던 만족, 사랑, 유대, 성공, 건강을 누리며 살고 있다.** 사랑받고 행복할 자격을 정의하는 그릇된 통념을 깨뜨리는 실제 사례들이 주변에 많다. 당신 주변에도 이상적인 아름다움에 부합하지 않거나 거리가 멀어 보이는 데도 성공적이고 사랑받으며, 존경받고, 강인하고, 자신감 넘치고, 행복하고, 건강하며, 존경할 만한 사람이 있을 것이다. 당신도 그들 중 한 명이 될 수 있다. 시도해 보지 않겠는가?

대상화의 해악을 인식하면서도 벗어나려고 노력하지 않거나 어려운 선택과 희생을 기꺼이 감수하지 않는다면, 당신의 삶, 가족, 공동체, 문화에 의미 있는 변화는 일어나지 않을 것이다. 당신이 이런 왜곡된 가치 체계에 맞서 싸우지 않고, 벗어나려 하지 않는다면, 과연 누가 대신 싸우겠는가? 우리의 딸이나 그다음 세대가 해결해 주길 기다려야 할까? 아니면 멘토링하는 여동생, 조카, 사촌, 학생, 친구, 젊은 여성들이 우리가 자연스러운 노화를 거부하고 변하는 얼굴과 몸을 숨기며, 당기고, 조이고, 윤곽 잡고, 지방흡입, 임플란트, 다이어트, 탈색, 태닝, 레이저 등의 각종 시술을 받는 동안 기다리고 응원해야 할까? 특권을 누리고, 자신감으로 충만하고, 성공적이고, 미래지향적이며, 사랑받는 여성들조차 이러한 압박을 받는 상황에서 나머지 사람들이 다르게 행동하리라고 기대할 수 있겠는가?

몸을 대상화하는 문화에서 조금 벗어난다고 해서 특별히 잃는 것이 있을까? 이상적인 몸을 추구하는 데서 잠시 벗어나는 것이 그렇게 나쁜 일은 아닐 것이다. 지금보다 몸무게가 늘고 출산 후에 가슴 모양이 달라졌다고 해서, 나이가 외모에 드러난다고 해서, 속눈썹 연장이나 제모를 하지 않는다고 해서 삶의 질이 떨어지지는 않을 것이다. 특히 살찌고 주름진 모습을 가감 없이 드러내고 비용과 시간이 많이 드는 염색이나 시술, 스타일링을 하지 않아도 수입이나 직업이 위협받지 않는다면, 무엇보다 당신을 사랑하고 지지하는 파트너나 가족, 친구가 있다면 더 그러하다.

이상적인 아름다움의 기준을 따르지 않아도 아무 문제 없이 충분히 잘 살아갈 수 있고 어쩌면 더 잘 살아갈 수 있는 사람들이 그 기준을 따르지 않을 때, 잃는 것은 무엇이고 그 대신 얻는 것은 무엇일까? 모든 미적 기대에 부응하지 못하는 것에 대한 두려움은 생각만큼 무시무시하지 않을 수 있다. 물론, 어떤 사람들은 다른 사람들보다 사회적 반응이나 어려움을 더 많이 겪을 수 있다. 하지만 지금보다 더 살이 찌거나, 나이 들어 보이거나, 자연스러운 머리색이나 머릿결을 손질하지 않은 채 내버려둔다고 해서 상상했던 것만큼 지옥 같은 상황이 펼쳐지지는 않을 것이다. 그 너머에는 오히려 자유와 힘이 기다리고 있다.

우리는 삶에서 이를 직접 증명해 왔고, 앞으로도 미적 기준의 마지노선이라고 여겨온 한계를 계속 넘을 것이다. 이것이 진정한 자유이다. 상상 속에만 존재하는 이상적인 미래의 나를 현재의 온전한 나로 대체하여 새로운 방식으로 존재하는 것이다.

린지이야기: 청소년기와 20대 초반에 품었던 자기대상화, 즉 만족할 만한 삶을 살려면 특정한 몸매를 가져야 한다는 생

각이 얼마나 잘못되었는지 확인했다. 뉴욕으로 이사하겠다고 마음먹고 10년이 지난 33살이 되어서야, 그동안 생각했던 '완벽한' 조건에 부합하려면 지금의 몸이 아닌 다른 몸이어야만 가능하다는 사실을 깨달았다. 그래야 뉴욕에서 원하는 삶을 살고, 일에서도 연애에서도 친구를 사귀는 일에서도, 심지어 그냥 거리를 걷는 일에서도 더 자신감을 가질 수 있을 거라고 믿었다. 20대 초반에 가졌던 '더 날씬해야 한다'는 생각은 무의식적인 믿음으로 깊이 자리 잡았다. 그때는 원하는 삶을 살 수 있는 조건이 갖춰지기만 기다렸지, 지금 모습으로는 부족하다는 믿음이 문제라는 사실은 깨닫지 못했다. 맨해튼 거리를 걷는 나를 상상할 때마다 더 날씬해진 모습을 떠올렸다. 그 이상적인 모습은 본래의 나와 변하고 싶은 나 사이에 벽을 만들었다. 그 때문에 뉴욕으로 이사 가는 날은 점점 더 먼 미래로 미뤄졌다. 상상 속 이상적인 모습이 터무니없는 환상이라는 것을 깨닫기 전까지는 심지어 그 생각을 의심조차 하지 않았다. 불편하고 도전도 보상도 없는 안전지대에 묶어두는 또 다른 방해물이었던 셈이다.

2019년 초, 예상치 못한 스트레스와 삶에 대한 불만이 몇 달 동안 이어지자, 나는 회복력의 힘을 믿고 실천하기로 했다. 신체 이미지 혼란에 대처하는 나만의 기술과 전략을 삶 전반에 밀어닥친 혼란에도 적용했다. 먼저, 불편과 좌절을 회피하기보다는 정면 돌파하는 쪽을 택했다. 본업인 직장 업무와 비영리 단체에서 렉시와 함께 오랜 기간 지속해 온 활동, 인간관계들을 세심하게 살펴보았다. 나 자신과 타인에 대한 믿음 중 어떤 생각이 나의 행복을 해치고 있는지 살펴보고, 몇 가지 변화를 주었다. 마음의 평화를 되찾고 성찰 시간을 확보하기 위해 비영리 단체의 소셜 미디어 관리를 중단하고, 매일 가이드 명상과 긍정의 말을 들으며 균형을 찾고 나 자신과 다시 연결하려고 노력했다. 치료를 시작하고서야 전에는 몰랐던, 남을 지나치게 배려하려는 성향과 완벽주의적인 태도가 나 자신의 행복을 해치고 있다는 사실을 깨닫게 되었다.

4월에 치료사가 내게 한 가지 질문을 던졌다. 타인의 감정이나 시선보다 나 자신을 우선시하며 산다면 무엇을 바꾸고 싶은지 물었다. 독신이고 아이가 없다면 결정이 더 쉬울 것이다. 그 즉시 "항상 뉴욕으로 이사하고 싶었어요."라는 말이 터져 나오며 까닭 모를 눈물이 흘러내렸다. 내가 "왜 눈물이 나는지 모르겠어요."라고 말하자, 치료사는 "이사를 진지하게 고려해 보는 게 좋겠어요"라고 말했다. 몇 가지 실질적인 고민에 부딪히자, 이틀 후에 다시 불안과 좌절이 엄습했다. 상황을 바꿀 방법을 고민하다 결국 뉴욕으로 이사하기로 결심했다. 이사 생각만으로도 스트레스가 사라졌다.

하지만 감사하게도 모든 일이 순조롭게 진행되었다. 결정을 내린 지 6주 후, 나는 맨해튼의 작은 아파트로 이사하고 꿈에 그리던 상근직까지 얻게 되었다. 내 인생 최고의 결정이었다. 가장 체중이 많이 나가던 시점이었지만, 변화, 놀라움, 설렘, 스트레스, 낭만, 도전, 기쁨이 넘치는 나날들을 보냈다. 뉴욕에서 살기를 꿈꿨을 때 상상하던 내 모습과는 상당히 다르지만, 나는 지금도 매일 행복하게 맨해튼 거리를 걷고 있다. 나는 최악의 두려움에 정면으로 맞서 승리했고, 내 안의 비판적인 목소리가 틀렸다는 것을 증명했다. **나는 몸 그 이상의 존재이며, 내가 되고 싶은 사람이 되기 위해 20대에 품었던 왜곡된 이상을 따라갈 필요는 없었다.**

많은 사람이 임의의 기준점을 정하고 그 기준을 충족해야만 원하던 새로운 경험이나 일을 누릴 자격이 있다고 생각한다. 자신 있게 수영복을 입을 수 있게 되면 해변으로 꿈꾸던 휴가를 가겠다고 하거나, 입고 싶던 옷이 맞거나 언니의 외모를 따라잡을 정도가 되면 미뤘던 가족사진을 찍겠다고 한다. 이러저러한 모습이 되면 선거에 출마하거나 승진 심사에 지원하거나 봉사 프로젝트에 참여하겠다고 말한다. 이런 가상의 '목표'를 고수하거나 무의식적으로 받아들이는 것은 우리 자신과 몸, 온전한 삶 사이에 괴리감만 키울 뿐이다. 우리는 '현재'의 몸은 일시적이고 불완전하다고 생각하며, '미래'에 완성될 몸이 진정한 나라고 착각한다.

실재하지도 않는 미래의 자신을 끌어안고 있다면, 정체성의 균열을 봉합하거나 자신과 다시 온전히 하나 되기 어렵다. 여태까지 잘못된 신념을 붙잡고 살았다는 것을 자인해야 한다. 오랫동안 품어 온 이상적인 몸이라는 환상을 깨부수어야 한다. 당신이 진정으로 하고 싶은 일, 눈물이 날 정도로 간절한 일을 시도해 보자. 외모 관리에 들이는 시간과 몸을 바꾸려는 노력을 줄이고, 그 상태로도 충분히 잘 살아갈 수 있다는 것을 직접 확인해 보자. 이상적인 아름다움을 추구하는 끝없는 여정에서 벗어날 수 있다는 것을 자신과 주위 사람들에게 보여주자. 더 나아가 그들에게도 시도할 수 있도록 용기를 북돋워 주자. 이는 저항의 행위이자 해방과 회복, 가장 온전한 자신과 재회하는 길이다.

모두가 차별과 대상화를 거부하고 맞설 수 있는 것은 아니라는 점을 기억하자. 당신의 특권이나 다른 사람들보다 더 우위에 설 수 있는 이점을 강화하거나 약화하고 있는 삶의 요소는 무엇인가? 안정적인 수입, 안전한 주거, 사랑하는 배우자, 건강한 신체, 인종·민족적 차별을 겪지 않을 자유, 불편 없이 비행기나 공연장을 이용할 수 있고 몸에 맞는 옷을 쉽게 구입할 수 있는 능력을 갖추고 있는가? 신체 이미지와 대상화로 압박을 겪지만, 다른 형태의 특권을 누리고 있다면, 겸손해져야 한다. 특정 몸과 얼굴이 더 가치 있게 평가되는 문화 속에서 자신만의 이점을 인식하고, 무심코 해로운 이상과 상처를 주는 메시지를 강화했던 행동을 반성하고 변화할 필요가 있다.

모든 사람이 아름다움에 대한 기대를 거부할 수 있거나, 대상화하는 상황과 사람에게서 벗어날 수 있는 것은 아니다. 예를 들어, 자연스러운 머릿결이나 스타일에 대한 편견에 사로잡힌 고용주가 불공정한 외모 기준을 직장에 적용한다고 치자. 이를 거부할 경우, 직장을 잃을 수 있는 상황이라면, 그 순간에 목소리를 내기 어려울 수 있다. 괴롭힘을 고발하거나 성차별적인 외모 기준이나 복장 규정을 거부하는 것이 자신의 안전, 수입, 기회를 위태롭게 한다면, 변화를 요구하기 어렵다. 또한, 자신을 대상화하는 파트너와 관계를 청산하는 경우, 노숙자가 되거나 자녀 양육권을 박탈당할 상황이 되거나 폭력의 위험에 노출될 가능성이 있다면, 외부 도움 없이는 모욕적인 관계에서 벗어나기 힘들 수 있다. 따라서 당당하게 목소리를 낼 수 있는 위치에 있는 사람들은 설령 불편이나 불이익이 따르더라도 그렇지 못한 여성들을 위해 나서야 할 책임이 있다.

만약 당신이 특정한 신체적 이상을 충족하고 유지하도록 요구하는 사람과 관계를 맺고 있다면, 그 관계를 유지하는 것의 장단점을 신중하게 따져봐야 한다. 당신이 짊어진 무게를 허심탄회하게 털어놓고 함께 들어달라고 도움을 요청하자. 대상화의 해악과 대상화가 당신의 몸과 자신에 대한 인식에 어떤 영향을 미쳤는지 솔직하게 이야기하자. 대상화라고 느껴지는 행동이나 말로 상처를 받고 있다는 사실을 알려야 한다. 당신은 그런 식으로 비인간적인 대우를 받을 이유가 없다. 이해와 공감을 요청하고 상대가 이를 거부하면 그 관계가 당신에게 진정 이로운지 따져 보아야 한다. 당신과 주변 사람들에게 외모를 언급하지 말아 달라고 해야 한다. 그들이 선택하는 미디어가 여성에 대한 해로운 성적 이상을 반영할 뿐만 아니라, 가정과 일상에 해로운 영향을 끼칠 수 있다는 점을 생각해 보도록 권유하자. 그들의 해로운 발언과 행동이 당신의 삶에 미치는 부정적인 영향을 알려야 한다. 필요하다면, 온전한 자아를 회복하려는 당신의 여정을 지지하지 않거나 당신의 관점을 존중하지 않는 사람들과 거리를 두어야 할 필요도 있다. 건강한 연인 관계는 외모를 넘어 사랑과 존중, 매력에 바탕을 두어야 한다. 당신을 몸 이상으로 소중히 여기는 파트너와의 관계는 정신적·정서적 행복에 중요한 요소이다. 당신을 비하하고 자아를 분열시키려는 사람과 함께할 필요는 없다. 당신은 이미 온전한 존재이다. 당신이 온전해지도록 격려하고 지지하는 사람들로 당신 주위를 채워라.

현실은 우리가 이러한 이상에 동참하더라도 대상화의 문화 속에서 살아가는 한 누구나 그 대가를 지급하게 된다는 것이다. 아름다움으로 자신의 가치를 인정받으려는 끝없는 싸움에서 벗어난다고 해서 대상화 문화의 모든 해악에서 벗어날 수 있는 것은 아니다. 그러나 최소한 자기대상화가 삶에 미치는 영향을 최소화하고 온전한 자신으로 살아갈 수 있다. 쉽지 않더라도 충분히 가치 있는 투쟁이다.

몸과 아름다움에 대한 해로운 관념에 맞서 싸울 자유가 더 많다 하더라도, 그 과정이 평탄하지만은 않다. 그러나 확실히 수월해진다. 분명한 점은 이러한 이점이 신체 이미지 문제나 대상화에서 비롯된 고통과 수치심을 완전히 없애지는 못한다는 점이다. 경험에 따르면, 문화적으로 이상적인 몸에 가장 가까운 여성들이 신체 이미지 문제를 가장 많이 경험한다. 전형적으로 가장 아름답다고 여겨지는 여성들이 오히려 자신의 '결점'에 집착할 때가 많다는 사실은 역설처럼 보인다. 어려서부터 아름다움으로 칭찬받고, 보상받고, 그 가치를 인정받으며 자란 여성들은 외모가 자신의 가치와 힘을 결정한다고 배우게 되며, 이를 유지해야만 가치를 지킬 수 있다고 느낀다. 아름다움이나 날씬한 몸은 그들의 정체성의 일부이자 힘의 원천이 되어버린다. 그러나 이런 이상은 비현실적이다. 우리 몸은 노화하고 변화하기 때문에 아름다움이라는 자산은 영구적이지 않고 언제든 사라질 수 있다. 아름다움은 거저 주어진 만큼 쉽게 잃을 수 있다.

이상적인 몸을 추구하는 것을 포기하거나 사회가 요구하는 외모 관리에서 벗어나는 것이 두려운가? 정말로 두려워하는 것이 무엇인지 스스로에게 물어보자. 파트너나 미래의 데이트 상대에게 거절당할까 두려운가? 그럴 수 있다. 그러나 외모가 아무리 완벽해도 상대방에게 거절당할 수 있다. 심지어 아름다운 배우나 모델들도 차이거나 배신을 당하곤 한다. 건강한 관계는 사랑과 존중, 겉모습을 넘어서는 매력 위에 세워진다. 만약 파트너가 처음 만났을 때와 다르다고 해서 당신을 부끄러워하거나 압박한다면, 당신을 한 인간으로서 존중하지 않는 것이다. 인간은 나이 먹고 변화하고 적응해 나간다. 변화를 평온하게 받아들일 자유가 필요하다. 조롱이나 비난을 받는 것이 두려운가? 그럴 수 있다. 그러나 이 역시 외모와 상관없이 일어날 수 있는 일이다. 유명 연예인들도 매일 악플에 시달리고, 학교에서 가장 예쁘다고 소문난 여학생도 괴롭힘이나 성희롱을 당하곤 한다. 스스로에게 실망하거나 자신을 포기한 것 같은 기분이 드는가? 그럴 수 있다. 그러나 진실은 당신이 이제야 진정한 자신을 되찾기 시작했다는 것이다. 당신은 온전함을 유지하고 중심을 잡으려고 노력하고 있으며, 때때로 자신을 멀리서 지켜보는 듯한 느낌이 들어도 언제든 다시 돌아올 수 있다. 당신은 실망스러운 존재가 아니다. 당신은 자신의 온전한 인간성을 포용하기 위해 열심히 노력하는 사람이다.

이상적인 몸에 대한 기대에 관한 한, 스스로에게 실망하는 것에 익숙해질 필요가 있다. 당신이 포기한 #신체목표와 대상화한 희망들, 그토록 많은 시간을 들여 추구했으나 끝내 도달할 수 없었던 목적지를 애도하는 시간을 가져보자. 당신이 수개월, 수년, 또는 평생 누군가의 시선에 맞춰 살아왔거나 그 시선을 기쁘게 받아들이기 전까지 미뤄왔던 시간을 떠나보낼 때, 다양한 감정이 올라올 수 있다. 그동안 당신이 잃어버렸거나 놓쳐왔던 것들과 대상화한 이상을 내면화함으로써 손상된 경험과 관계를 되돌아보자. 어린 시절, 청소년기, 성인기, 또는 인생의 어느 시점에서 충족되지 않은 이상에 얽매이지 않았더라면, 또는 이미 충족한 이상을 유지하느라 다른 사람들의 시선을 지나치게 의식하지 않았다면, 당신은 어떤 일들을 해냈을까?

나만의 불꽃을 피우다

당신이 속해 있는 문화와 그 신념 체계가 사실은 얼마나 인간을 대상화하고 비하하는지 깨닫게 되면 환멸을 느낄 수 있다. 자신을 대상화하는 생각과 행동이 당신이 삶을 온전히 살아가는 데 걸림돌이 되었다는 사실을 깨닫게 되면 환멸을 느낄 수도 있다. 그토록 도달하기 어려웠던 '이상적인 아름다움'에 대한 희망을 포기하는 것도 묘하게 허탈할 수 있다. 여전히 그 이상을 추구하는 사람들과 관계를 유지하는 것 역시 쉽지 않을 수 있다. **하지만 고통과 불편함은 신체 이미지 회복력을 키우는 데 필요한 과정이다. 우리의 '안전지대'는 우리의 개선과 성장을 요구하지 않기 때문이다.** 시인이자 활동가인 글로리아 안잘두아의 감동적인 말처럼, "'깨달음'은 고통스럽다. 알게 된 후에는 더 이상 같은 자리에 편안히 머무를 수 없기 때문이다. 나는 더 이상 이전의 내가 아니다."

세상과 자신을 믿어왔던 것보다 더 많은 것을 보게 되는 것 자체가 큰 혼란의 물결일 수 있다. 신체 이미지 회복력을 키우는 과정에서 가장 먼저 느끼는 감정은 불편함일 수 있다. 이 책의 내용도 불편할 수 있다. 한 여성은 우리에게 이렇게 편지를 보내왔다.

처음 당신을 팔로우했을 때 몇몇 게시물에 짜증이 났어요. 왜 그런지 곰곰이 생각하다가, 마침내 그 이유를 알게 되었죠. 그동안 그렇게 열심히 노력해 온 모든 것을 당신이 부정하는 것 같았거든요. 수십 년간의 극단적인 다이어트, 잦은 태닝, 외모 개선 운동, 머리카락 연장, 브라질리언 왁싱, 이미 충분히 반듯한 치아에 장착한 인비절라인Invisalign, 비싼 옷으로 가득한 옷장, 속눈썹 연장, 겨우 23살인데 벌써 '어려 보이게' 해준다는 피부 관리 제품까지…. 끝도 없었죠. 이 노력은 결국 유방 확대 수술, 섭식장애 치료, 티 나지 않게 코 모양을 바꾸는 비중격 교정술deviated septum surgery 상담으로 이어졌어요. 난 예쁘다고 느꼈고

예쁜 게 좋았는데, 당신은 그게 아무 의미 없다
고 말하는 것 같았어요. 마치 나를 깎아내리는 느
낌이었죠. 하지만 사실, 당신은 나에게 큰 도움을
줬어요. 손에 꼭 쥐고 있던 무가치한 금별을 떼어
내 주었어요. 마치 갇혀 있던 감방 문이 열렸는
데, 나는 그저 구석에서 움츠리고 있던 것 같았어
요. 어느 날 문득, 이미 탈출에 필요한 도구가 모
두 구비되어 있다는 걸 깨달았어요. 그저 일어나
서 그 문을 걸어 나가기만 하면 되는 거였어요.
외모가 아니더라도 나는 이미 충분히 가치 있는
존재라는 걸 믿을 용기만 있으면 됐었죠. 그래서
감방 문을 열고 걸어 나갔어요. 그러자 내가 외모
에 신경 쓰는 것보다 훨씬 흥미로운 일들에 능하
다는 걸 알게 되었어요. 이제는 허리 군살이 드러
날까 봐 걱정하면서 달리지 않아요. 마음에 안 드
는 사진 때문에 하루를 망치지도 않고, 머리가 젖
어도 신경 쓰지 않아요. 오히려 항상 머리가 젖어
있는 편이에요. 당신에게 정말 감사해요. 당신이
필요할 거란 생각도 못 했는데 말이죠.

대상화가 삶에 미친 영향을 되돌아보며 어떤 감정을 느끼
든 괜찮다는 사실을 기억하자. 짜증, 분노, 슬픔, 후회가 밀려

올 수도 있다. 그 감정이 무엇이든 있는 그대로 받아들이자. 그동안 믿고 따라온 가치 체계가 사랑과 성취로 이어지는 확실한 길이 아니었다는 사실에 분노가 치밀거나, 슬픔에 빠질 수도 있다. 괜찮다. 허비한 시간, 에너지, 돈, 자신과 타인과의 손상된 관계, 체중 감량과 미용 시술로 이루지 못한 목표와 희망을 충분히 애도하자.

이 문화가 당신과 당신이 사랑하는 사람들에게 육체적, 정신적, 영적으로 얼마나 큰 피해를 주었는지 깨닫게 되면, 고통스러운 감정을 느끼는 것도 당연하다. 당신은 몸이 도구라는 사실을 알지만, 심지어 당신이 사랑하고 의지하는 사람들과 단체들을 포함한 외부 세계조차 당신을 장식품으로 보고 있다는 것을 알게 된다. 대상화되었다는 사실은 분노를 불러일으킨다. 그러나 그 분노는 당신이 그 대상화를 받아들이고 내면화하지 않도록 지켜주는 방패 역할을 할 것이다. 이 분노가 불편하게 느껴질 수도 있다. 특히 온순하고 유쾌하고 자기희생적인 태도를 강요받아 온 여성들은 이 감정이 부적절하게 느껴질 것이다. 그러나 분노와 슬픔은 우리에게 실질적으로 피해를 주고 자기 몸과 갈등을 일으키고 수치심에 빠지게 하는 문화 시스템에 대해 느끼는 정당한 감정이다. 이 고통스러운 감정이 당신과 다른 사람의 삶에서 변화를 끌어내고 진전을 이루는 불씨가 되도록 하자.

주변을 둘러보면, 고통과 분노를 느끼는 사람이 당신만이 아님을 알게 될 것이다. 위험한 이상에 굴복하고 자신과 타인이 대상화되는 것을 지켜보는 데 지친 여성들의 집단적인 분노야말로 진정한 변화를 끌어낼 힘이다. 이 감정을 무시하거나 축소하지 말자. 부정적이거나 비생산적이라고 외면하기보다는, 이 감정과 진지하게 마주해야 한다. 분노, 슬픔, 후회는 당신이 혁명적인 변화를 겪고 있고, 더 만족스러운 삶으로 나아가고 있다는 신호일 수 있다. 당신이 겪는 대상화는 오히려 당신에게 동기를 부여하고, 당신이 진정 누구인지, 그리고 어떤 사람이 될 수 있는지를 상기시켜 줄 수 있다. 이중적이거나 비인격적이며 분열된 상태가 아닌, 온전하고, 구체화한, 완전한 당신으로 살아갈 수 있다.

자신과 온전히 재결합하려면 다른 사람들의 연대와 지지가 필요하다. 대상화를 고발하고 근절하려면, 나 자신뿐만 아니라 공동체 전체에 관심을 기울여야 한다. 대상화된 환경을 비판 없이 받아들여 공동체의 불이익을 강화한다면, 어떠한 인정, 문화적 승인, 관심, 온라인 참여, 개인적인 만족도 무의미하다. 체중 감량 전후 사진을 게시하거나 보는 것의 위험성, 또는 누군가의 체중 감량을 이유나 과정도 모른 채 칭찬하는 것의 문제점, 대상화된 이상이 실제 건강과 행복을 방해하는 다양한 문제 중 하나을 소셜 미디어에서 지적할 때마다, "여성의 성취를 질투하지 말라"거나 "그들이 '성공'을 만끽하도록 하라"는 비난이 쏟아진다. 하지만 부정적인 결과를 직접 느끼지 못하더라도 몸을 기준으로 타인의 가치를 매기고 깎아내리는 문제는 여전히 존재한다는 사실을 알아야 한다. 아름다움과 몸에 대한 평가가 우리를 무너뜨리는 것을 용납하지 않으려면, 그 평가가 우리를 추켜세워 주는 것 또한 허용해서는 안 된다.

사람들이 이해하기를 바라는 점은 대상화하는 이상을 받아들이거나 지속할 때 억압자이자 동시에 피억압자가 된다는 것이다. 개인적으로 이득을 얻거나 그 해로움을 잘 느끼지 못하더라도 마찬가지다. 몸을 외부의 시선으로 평가하면 자기 분열을 초래하는 대상화 시스템을 지지하는 것이 된다. 더 나아가 주변 사람들까지 외모로 자신의 가치나 건강을 판단하게 하여 그들 역시 분열하게 된다. 이 시스템은 특히 여성에게 불리하다. 여성은 남성보다 외모로 더 많이 평가받고, 달성하기 어렵거나 금방 사라질 위험이 있는 날씬함, 젊음, 완벽함이라는 더 좁은 이상에 갇혀 있기 때문이다. 사람들의 몸이 이상적인 외모에 가까워졌다고 공개적으로나 사적으로 칭찬할 때, 것이 된다. 외부의 칭찬을 받을 때는 잠시 만족할 수 있지만, 그 보상이 사라지면 쉽게 낙담하거나 수치심을 느끼게 된다.

여성에게 몸이 가장 큰 가치라고 끊임없이 강조하는 세상에서 살아가고, 또 성공하기란 쉽지 않은 일이다. 전 세계 인구의 절반이 외모를 자신의 가치, 건강, 행복, 권력의 주요 원천으로 여긴다면, 그 영향이 얼마나 클지 상상해 본 적이 있는가? 그들이 끊임없이 외모에만 신경 쓰며 살고 있는 상황이 세상에 어떤 영향을 미칠지 생각해 본 적이 있는가? 우리의 관심과 노력, 그리고 수입의 일부가 외모에 집중되는 동안, 세상은 얼마나 많은 것을 잃고 있을까? 얼마나 많은 소녀와 여성들이 외모로 인정받을 자격이 있다고 느낄 때까지 진정한 삶을 유보하고 있을까? 얼마나 많은 이들이 섭식장애, 우울증, 불안과 싸우고, 고통스러운 수술과 그로 인한 합병증과 씨름하며, 신체수치심으로 자해와 자기혐오에 빠져 있을까? 그 영향은 헤아리기조차 어렵다. 우리는 여성들의 존재감과 리더십, 목소리를 잃었고, 관계가 손상되었으며, 기쁨과 성취, 행복, 건강, 웰니스, 자신감, 그리고 연결의 기회들을 놓쳤다. 당신은 무엇을 잃었는가? 당신의 가족, 지역사회, 국가, 세상은 무엇을 잃었는가? 반대로, 축소를 요구하는 길을 벗어나 성장의 길을 선택할 때, 우리가 함께 얻을 수 있는 것은 무엇일까?

몸 그 이상의 해변

자신과 다시 하나가 되기 위해 미끄러질 때마다 더 많이 보고 더 큰 존재가 되어 계속해서 돌아오는 연습을 할수록, 당신은 자기 신체 이미지를 치유하고 공동체의 치유와 가능성 확장에도 이바지하게 된다. 일단 자신을 되찾아 단단히 자리 잡게 되면, 이제 해변에서 자매들을 반갑게 맞이하는 또 다른 존재가 된다. 바다에서 물 위로 간신히 머리를 내밀고 힘겹게 버티고 있는 사람들을 보면, 그들에게 다음 파도를 타고 해변으로 오라고 용기를 북돋아 줄 수 있다. 때로는 직접 그들이 있는 곳까지 다가갈 수도 있다. 자신을 둘러싼 환경을 더 비판적으로 바라보도록 도와주고, 가능성과 자아를 바라보는 새로운 시각을 보여줄 수도 있다. 그녀가 혼란의 파도를 타고 해변으로 돌아올 때, 당신은 그녀를 응원하고, 서로를 새로운 방식으로 존중하고 인정하며 깊은 유대감을 형성한다. 해변에 남겨졌던 어린 소녀가 이제 성숙해져 '상위자아higher self'에 안기는 모습을 기쁘게 지켜본다.

더 이상 위축되거나 숨지 않고 성장할 준비가 된 사람들을 부르는 목소리와 손길들이 점차 늘어날수록 해변에 모인 공동체는 점점 더 커질 것이다. 해변에 도달한 수많은 여성이 자기주도력을 갖춘 온전한 자신이 되어 함께 굳건히 서 있는 모습을 상상해 보자. 우리의 신체 이미지는 우리를 괴롭히거나 분열시키는 것이 아니라 더 강하고 온전하게 만들며 떼려야 뗄 수 없는 우리의 일부이다. 바다에서 성취감과 소속감을 찾으려 애쓰는 동안 겪었던 고통스러운 경험과 감정을 발판으로 이제는 외부의 시선과 반응에 따라 흔들리는 '가짜 힘'

과 내면에서 차오르는, 흔들리지 않는 '진짜 힘'의 차이를 분명히 구별할 수 있다. 타인의 시선을 두려워하지 않고 세상에 나아가 목소리를 내고 창조하고, 혁신하고, 움직이고, 이끌고, 봉사하고, 사랑할 때 당신은 자신의 힘과 존재 자체를 완전히 되찾을 수 있다. 우리는 함께 우리 자신과 다른 모두를 위해 더 살기 좋고, 더 행복한 세상을 만들어가고 있다. 우리가 만들 세상은 몸이 멋져 보인다고 믿는 것에 그치지 않고 몸이 어떻게 생겼든 상관없이 그 자체로 소중하다는 것을 앎으로써 얻을 수 있는 자유와 안정감을 누리는 곳이다. 그럼 우리 해변에서 만납시다!

마지막 질문

- 당신은 자신의 몸을 어떻게 느끼는가?
- 이 책을 읽으며 나 자신에 관해 새롭게 깨닫게 되었거나 되찾은 사실은 무엇인가?
- 예상했던 어려움이나 예상치 못했던 혼란을 지금 마주한다면, 가장 중요하게 가지고 갈 마음가짐이나 교훈은 무엇인가?
- 당신이 반복해서 회복탄력성의 길을 선택할 수 있도록 당신의 몸과 자신에 관해 배운 것은 무엇인가?

작가의 말

린지의 말

책을 집필하는 몇 달간 저희 작업을 지지해 주신 분들께 깊이 감사드립니다. 먼저 어머니께 감사드립니다. 수많은 강연에서 열정과 사랑을 담아 응원하시고 딸들과 관련된 댓글은 읽지 말라는 조언을 끝내 듣지 않으셨지요.

우리의 작업을 지지해 주고 격려와 친절을 베풀어주고 신체 이미지에 대한 부담에서 잠시 벗어날 수 있도록 기분 전환과 즐거움까지 선사해 준 친구들, 재키, 애슐리, 몰리, 칼리, 엘리자베스와 책이 출간되기 전에 세상을 떠난 졸린에게도 감사의 말을 전하고 싶습니다. 2009년 허접한 블로그에 처음으로 작업을 공유했을 때부터 꾸준히 지켜봐 주신 여성들, 자기 신체 이미지 변화에 관한 이야기를 공유하고 우리의 작업을 다른 사람들에게 전파해 주신 분들께도 깊이 감사드립니다.

에이전트 테라에게도 감사드립니다. 모녀의 신체 이미지에 관한 조언을 찾는 과정에서 저희를 발견해 책을 쓰도록 격려하고, 출간까지 이어진 긴 여정을 함께해 주셨죠. 또한 저희를 첫 저자로 삼아 믿고 투자해 주신 호튼 미플린 하코트 Houghton Mifflin Harcourt 출판사와 편집자 스테파니에게도 깊이 감사드립니다.

렉시! 코로나19 팬데믹 첫 3개월 동안 너희 집에 머물게 해 줘서 고마워. 그리고 최종 수정 작업 동안 작업량을 50대 50으로 맞추라는 공격적인 이메일을 단지 몇 차례 보내는 정도로 참아 줘서 고마워. 무엇보다 고마운 것은 소중한 친구와도 같은 두 조카, 로건과 레인을 내게 선물해 주고, 엄마가 끝내 무시하지 못한 댓글에서 우리를 옹호하기 위해 몰래 가짜 아이디까지 만든 든든한 남자와 결혼했다는 사실이야.

렉시의 말

앞서 린지가 언급했듯이 믿을 수 없을 만큼 지원을 아끼지 않는 남편이자 내가 아는 최고의 사람인 트래브에게 고마움을 전합니다. 트래브! 내 강연을 처음 접했을 때부터 지금까지 줄곧 나를 응원하고 글을 쓰는 동안 주말마다 아기들을 돌봐주어서 고마워. 당신은 상상 이상으로 멋진 남편이야.

사랑스러운 내 딸들, 로건과 레인! 이 책과 우리의 모든 작업이 너희가 무엇과도 비교할 수 없는 귀한 존재라는 걸 가르쳐주고 기억하게 해 주길 바란다. 너희는 몸 이상, 귀여움 이상의 존재이며, 어떤 수식어로도 표현할 수 없는 소중한 존재란다. 엄마는 너희와 너희 세대가 더 나은 사람으로 성장하기를 진심으로 바란다.

린지! 우리에게 익숙했던 치열한 경쟁 대신, 가치 있는 일에 우리의 능력을 쓸 수 있어서 정말 기뻐. 우리의 결속력은 이번 작업에서도 빛을 발했지. 책 마감일이 다가올 때, 맞은 편 방에서 이메일을 보내며 네 작업량을 확인할 때도 우리는 함께였으니 말이야.

저희 아이들을 돌봐주신 모든 분께 감사의 마음을 전합니다. 애슐리, 스테파니, 휘트니, 애날리즈, 제 딸들을 친자식처럼 사랑해 주셔서 정말 감사해요. 여러분의 도움이 없었다면 이 책은 탄생하기 어려웠을 겁니다.

그리고 쌍둥이 린지의 모든 말에 깊이 공감합니다. 부모님, 친구들, 에이전트, 출판팀, 그리고 수년간 저희 작업을 변함 없이 지지해 준 친구들과 팬 여러분에게도 감사드립니다! 넘 어져도 다시 일어나 앞으로 나아가는 데 여러분의 지지가 큰 힘이 되었습니다.

More Than A Body: Your Body Is an Instrument, Not an Ornament

© 2020 by Lexie Kite PhD and Lindsay Kite PhD

Korean translation copyright © 2025 by Korean Studies Information Co., Ltd.

Korean edition is published by arrangement with Hodgman Literary through Duran Kim Agency.

이 책의 한국어판 저작권은 듀란킴 에이전시를 통해 Hodgman Literary와 독점 계약한 한국학술정보(주)에 있습니다.
저작권법에 의하여 한국 내에서 보호를 받는 저작물이므로 무단전재 및 복제를 금합니다.

나의 몸 그 이상

당신의 몸은 장식이 아니라 도구다

초판인쇄 2025년 12월 15일
초판발행 2025년 12월 15일

지은이 린지 카이트 · 렉시 카이트
옮긴이 박순미
발행인 채종준

출판총괄 박능원
국제업무 채보라
책임편집 양수정
디자인 홍재희
마케팅 문선영
전자책 정담자리

브랜드 드루
주소 경기도 파주시 회동길 230 (문발동)
투고문의 ksibook1@kstudy.com

발행처 한국학술정보(주)
출판신고 2003년 9월 25일 제406-2003-000012호
인쇄 북토리

ISBN 979-11-7457-250-9 03330

드루는 한국학술정보(주)의 지식 · 교양도서 출판 브랜드입니다.
세상의 모든 지식을 두루두루 모아 독자에게 내보인다는 뜻을 담았습니다.
지적인 호기심을 해결하고 생각에 깊이를 더할 수 있도록, 보다 가치 있는 책을 만들고자 합니다.